# Saggezza eterna

## Volume 1

# Saggezza eterna

## Volume 1

Insegnamenti spirituali di
Sri Mata Amritanandamayi

Compilato da
Swami Jnanamritananda Puri

Mata Amritanandamayi Center, San Ramon
California, Stati Uniti

# Saggezza eterna, Volume 1

Compilato da Swami Jnanamritananda Puri

Pubblicato da:
Mata Amritanandamayi Center
P.O. Box 613
San Ramon, CA 94583
Stati Uniti

—————————— *Eternal Wisdom 1 (Italian)* ——————————

Prima edizione a cura del MA Center: agosto 2016

In Italia: www.amma-italia.it

In India:
inform@amritapuri.org
www.amritapuri.org

## Madre...

*Possa ogni mia azione*

*Essere un'adorazione a Te*

*Compiuta con completo abbandono,*

*Possa ogni suono che esce dalle mie labbra*

*Essere una recitazione del Tuo grande mantra,*

*Possa ogni movimento delle mie mani*

*Essere un mudra in Tua venerazione,*

*Possa ogni mio passo*

*Essere una circumambulazione intorno a Te,*

*Possa tutto ciò che mangio e bevo*

*Essere un'offerta nel Tuo fuoco sacro,*

*Possa il mio riposo*

*Essere un inchino a Te.*

*Madre, possa ogni mia azione,*

*Ed ogni gioia,*

*Essere in Tua lode.*

# Indice

# Prefazione

Davvero rari sono i *mahatma* (grandi anime) dotati della capacità di vedere l'intero universo all'interno dell'Atman (Sé), e l'Atman all'interno dell'universo. Anche se vengono riconosciuti, possono non essere propensi a comunicare con noi o a consigliarci, immersi come sono nell'eterno silenzio del Sé. È per noi quindi una grande fortuna quando un mahatma pienamente realizzato è pronto a consigliarci e disciplinarci con il tenero amore di una madre e l'inesplicabile compassione di un Guru. Oggi in tutto il mondo, il *darshan* e le dolcissime parole di Sri Mata Amritanandamayi Devi stanno trasformando la vita di centinaia di migliaia di persone. Questo libro, sebbene incompleto, è una preziosa raccolta di conversazioni fra la Santa Madre e i Suoi discepoli, devoti e visitatori, nel periodo compreso tra il giugno e il novembre 1985.

La saggezza dei mahatma che sono venuti con la missione di risollevare il mondo ha un significato sia immediato che eterno. Anche se delucidano valori che sono immortali, essi sono in sintonia con i bisogni dei tempi in cui vivono, e le loro parole sono una risposta al battito del cuore di chi li ascolta.

Amma pronuncia le Sue parole immortali, che trasformano la società, in un momento in cui l'uomo ha perso i suoi valori tradizionali, i sentimenti più nobili e la pace mentale nel frenetico tentativo di rafforzare il mondo esteriore dei piaceri sensoriali, del potere e del prestigio. L'insensata ricerca di queste distrazioni è costata all'uomo, che rimane ignaro del suo stesso Sé, l'armonia e la grazia della vita. Mancanza di fede, paura e competitività hanno distrutto i legami personali e i rapporti familiari. L'amore è diventato un miraggio in questa cultura dal consumismo eccessivo.

L'amore incondizionato per Dio ha lasciato il posto ad una forma di devozione motivata soltanto dai desideri. L'uomo dà eccessiva importanza ad un intelletto che ricerca i frutti di un guadagno immediato, e rifiuta la gloria duratura assicurata dalla vera saggezza. I princìpi spirituali sublimi e le esperienze nobili non risplendono nella vita della gente, ma sono relegati solo alle parole. È in un tale momento critico che Amma ci parla con un linguaggio di devozione pura, il linguaggio del cuore, della saggezza e dell'amore, che è tutta la Sua vita. Le Sue parole, dolci come il nettare, hanno una rilevanza immediata ma anche eterna.

La saggezza di Amma, che ha ascoltato personalmente gli innumerevoli problemi che Le sono stati confidati da centinaia di migliaia di persone, rivela la Sua profonda comprensione della condizione umana. La Madre riconosce i bisogni delle diverse persone e scende al livello del razionalista, del credente, dello scienziato, dell'uomo comune, della casalinga, dell'uomo d'affari, dello studioso e dell'analfabeta – uomo, donna o bambino – e dà ad ognuno la risposta appropriata, che si adatta alle loro necessità.

Amma fa riferimento alla propria vita e dichiara: "Poiché vedo ogni cosa come la Verità, o Brahman, m'inchino a quella Verità; m'inchino al mio Sé. Sono al servizio di tutti, vedendo il Sé in loro." Amma accetta l'*advaita* (non-dualità) come verità ultima; però il sentiero che generalmente consiglia è una miscela armoniosa di *mantra japa*, meditazione su una forma divina, canto devozionale, *archana*, *satsang* e servizio altruistico al mondo.

I Suoi consigli non sono soltanto teorici, ma estremamente pratici, e radicati nella vita quotidiana. I Suoi insegnamenti fanno luce sul bisogno di un'educazione spirituale e di una *sadhana* (pratica spirituale) nella vita dell'individuo e nella società, sul ruolo del servizio disinteressato nella ricerca del Sé, sull'importanza della preghiera sincera piena di devozione e amore puro. La Madre affronta anche argomenti che riguardano la condotta per le persone sposate, i problemi della vita quotidiana, il *dharma* della relazione fra uomo e donna, e agli aspiranti spirituali offre consigli pratici, e a volte enigmi di natura filosofica.

La sentiamo esortare i Suoi figli a seguire la spiritualità nella vita, ad abbandonare i lussi, ad eliminare le cattive abitudini e a servire coloro che soffrono: "Figli miei, la realizzazione di Dio è il vero scopo della vita." La spiritualità non è fede cieca, è l'ideale che disperde le tenebre. È il principio che c'insegna ad affrontare le circostanze avverse e gli ostacoli con un sorriso. È un insegnamento per la mente. Amma sottolinea che possiamo utilizzare in modo efficace ogni altro tipo di sapere soltanto se abbiamo la conoscenza della spiritualità.

L'infinita saggezza della Madre emerge nelle parole di conforto a coloro che cercano sollievo dai problemi della vita, nelle risposte a domande di persone interessate alla spiritualità, e nelle istruzioni date di tanto in tanto ai Suoi discepoli. Amma fornisce ogni risposta tenendo in considerazione la natura e le circostanze di chi le pone la domanda. Anche quando una persona non è in grado di esprimere completamente le sue idee, Amma, che conosce il linguaggio del cuore, dà la risposta appropriata. Ricevere una risposta da Amma ancor prima di aver avuto il tempo di esprimere il proprio dubbio, è un'esperienza comune per coloro che vengono da Lei.

Rispondendo ad una domanda che Le è stata posta da qualcuno, Amma spesso include dei consigli anche per qualcun altro che sta ascoltando in silenzio. Soltanto quella persona saprà che una determinata risposta era per lei. Quando si studiano gli insegnamenti di Amma, bisogna tenere a mente queste caratteristiche particolari.

Le parole di un mahatma hanno molti livelli di significato. Noi dovremmo cercare di assorbire il significato più adatto a noi. Una nota storia delle *Upanishad* racconta che quando il Signore Brahma pronunciò la parola 'da', i demoni la interpretarono come un consiglio a mostrare più compassione *(daya)*, gli esseri umani come un'esortazione a dare in beneficenza *(dana)*, e gli esseri celesti come un'esortazione a praticare un maggiore controllo dei sensi *(dama)*.

È un'esperienza dolcissima ascoltare Amma, e osservarLa parlare con espressioni e gesti vivaci, in un linguaggio che è semplice e al tempo stesso abbellito da storie estremamente appropriate e analogie tratte dalla vita attorno a Lei. L'amore che brilla negli occhi di Amma, il Suo viso radioso e compassionevole rimangono vivi nello specchio della mente degli ascoltatori e diventano oggetto di meditazione.

Oggigiorno c'è una gran produzione di letteratura spirituale, ma è triste accorgersi che gli ideali più elevati si trovano solo sulla lingua delle persone, e non nella loro vita. La Madre, invece, parla sulla base della Sua vita quotidiana. Non dà mai consigli che Lei stessa non mette in pratica nella Sua stessa vita. Amma ci ricorda spesso che i princìpi spirituali ed i mantra non devono soltanto restare sulle labbra, ma devono essere trasferiti anche nella vita. Il segreto dietro questi princìpi spirituali profondi che fluiscono ininterrottamente da Amma, che non ha studiato le Scritture né ricevuto istruzioni da un guru, non è altro che la Sua esperienza diretta del Sé.

Le vite dei mahatma sono le fondamenta stesse delle Scritture. "Il mondo intero appartiene a colui che conosce la Realtà", "La compassione verso i poveri è il nostro dovere verso Dio", "Se prendete rifugio in Dio, Egli vi darà quello di cui avete bisogno quando ne avrete bisogno": queste ed altre parole di Amma sono lo specchio della Sua stessa vita. In ognuna delle Sue azioni c'è una danza di compassione per il mondo intero, e di amore per Dio. In verità, quest'armonia di pensiero, parola ed azione nella vita della Madre è alla base della Sua affermazione che i Suoi figli non hanno bisogno di studiare nessun'altra scrittura se analizzano e studiano attentamente la Sua vita. Amma risplende nella società come una personificazione vivente del *Vedanta*.

I mahatma che santificano il mondo con la loro presenza sono *tirtha* (luoghi sacri di pellegrinaggio) in movimento. Come i pellegrinaggi regolari e i riti devozionali nei templi purificano la nostra mente quando vengono praticati per molti anni, così un solo darshan, un tocco o una parola di un mahatma ci santificano e depositano in noi semi di *samskara* elevati.

Le parole dei mahatma non sono dei semplici suoni. I mahatma riversano la loro grazia insieme alle parole. Le loro parole sono destinate a risvegliare la Coscienza, anche in chi le ascolta senza comprenderne il significato. Quando queste parole appaiono sotto forma di libro, il loro studio diventa il satsang e la meditazione migliori. Mahatma come Amma, che hanno fatto l'esperienza della Realtà, trascendono il tempo e lo spazio. Leggere o ascoltare le parole immortali della Madre ci permette di mantenere un invisibile legame interiore con Lei e di diventare degni della Sua benedizione. Questa è la vera grandezza dello studio di tali libri.

Offriamo umilmente ai lettori questa collezione delle parole immortali della Madre, con la preghiera che li possa ispirare a emulare i sublimi ideali spirituali che splendono nella vita di Amma, e a progredire sul sentiero verso la Verità ultima.

Gli editori-

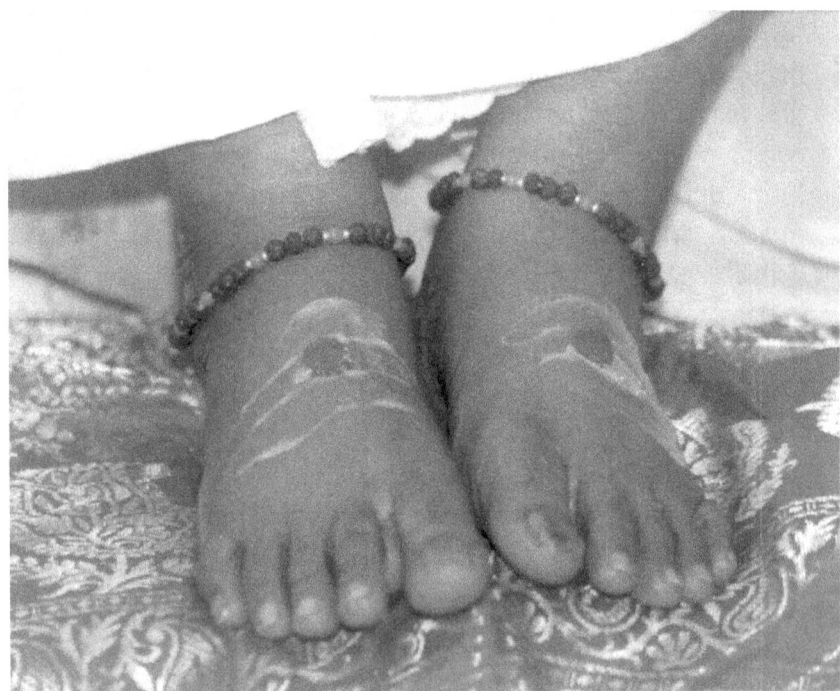

# Capitolo 1

Stava nascendo l'alba dietro il boschetto di palme da cocco dell'ashram. Si potevano sentire le dolci note della *tambura* provenire dalla stanza di Amma. Da quando un devoto, recentemente, le aveva regalato la tambura, la Madre la suonava per un po' di tempo ogni mattina. Amma prendeva in mano lo strumento solo dopo averlo toccato con riverenza ed essersi inchinata. S'inchinava di nuovo prima di riporlo.

Per la Madre, tutto è una forma di Dio. Ha detto spesso che dovremmo considerare tutti gli strumenti musicali come forme della Dea Saraswati. Durante i *bhajan*, non si sa mai con esattezza quando Amma ripone i campanellini che sta suonando, perché li appoggia con estrema riverenza ed attenzione.

## La Madre che non riposa mai

Amma arrivò nella capanna del darshan poco dopo le nove del mattino. C'erano già diversi devoti che La stavano aspettando.

Madre: "Figli miei, siete qui da molto?"

Un devoto: "Solo da un po'. Siamo stati fortunati, oggi, perché abbiamo potuto sentire Amma suonare la tambura."

Madre: "Suonando, Amma ha perso la nozione del tempo. Non ha avuto modo di dormire dopo il bhava darshan della notte scorsa. C'erano molte lettere da leggere e si era ormai fatta mattina quando erano state lette tutte. Gayatri continuava ad insistere perché andasse a letto, ma Amma diceva sempre: 'Ancora una.' Poi, vedendo la lettera successiva, Amma non riusciva a resistere, l'apriva e la leggeva. Poteva sentire il dolore di quei figli trafiggerle il cuore. Molti figli non si aspettano nemmeno una

15

risposta; vogliono soltanto che Amma conosca la loro sofferenza. Come potrebbe Amma ignorare le loro preghiere? Ogni qualvolta pensa al loro dolore, Amma dimentica completamente le proprie difficoltà.

"Quando ha finito di leggere tutte le lettere, era mattina. Non è andata a dormire per niente. Dopo aver fatto il bagno, Amma ha sentito il bisogno di un po' di solitudine, quindi ha incominciato a suonare la tambura. La mente di Amma si perde nel suono della tambura. Amma non si accorge del passare del tempo quando suona. Soltanto quando sono scoccate le nove voi figli le siete venuti in mente. Allora Amma è venuta immediatamente!"

Non c'era niente d'insolito nella routine di Amma quel giorno. La maggior parte dei giorni è così. Spesso la Madre non ha il tempo di mangiare o dormire. Nelle notti di bhava darshan, Amma ritorna in camera molto tardi e poi incomincia a leggere le lettere. Ogni giorno arrivano molte lettere, e la maggior parte raccontano storie piene di lacrime. Amma le legge tutte prima di andare a dormire. Certi giorni ha qualche minuto per leggere le lettere intorno a mezzogiorno. Ma come fa a trovare il tempo per riposare, quando presta così tanta attenzione ai problemi dei Suoi figli, che sono centinaia di migliaia? Soltanto raramente riesce a dormire per più di due ore. A volte non dorme per niente. Ma quando si ricorda che i devoti la stanno aspettando, dimentica tutto ed arriva di corsa. A quel punto, ogni traccia di stanchezza è scomparsa dal Suo viso.

## Consigli a chi vive nel mondo

Una giovane donna con i vestiti sporchi e i capelli in disordine si avvicinò ad Amma e s'inchinò, tenendo un neonato fra le braccia. Il suo viso era segnato dal dolore.

Madre: "Oggi parti, figlia mia?"

Donna: "Sì, Amma! Sono lontana da casa da ormai tre giorni."

Mise la testa sul petto di Amma e incominciò a singhiozzare. Amma le sollevò il viso e le asciugò le lacrime, dicendo: "Non ti preoccupare, andrà tutto bene."

La donna s'inchinò ancora una volta di fronte alla Madre e se n'andò.

Un devoto: "Conosco quella donna. Com'è cambiata!"

Madre: "Suo marito aveva un buon lavoro, ma ha iniziato a frequentare cattive compagnie e ha incominciato a bere. Quando non ha più avuto soldi ha chiesto alla moglie di dargli i suoi gioielli per pagarsi da bere. Siccome lei esitava, lui ha incominciato a picchiarla. Per paura lei allora ha ceduto. Lui ha venduto i gioielli e speso tutti i soldi in alcolici. Ogni sera tornava a casa ubriaco, la prendeva per i capelli e la picchiava. Con tutte le botte che si è presa, guardate in che stato è! Qualche giorno fa hanno avuto una lite per la collanina d'oro del bambino, e lei è stata picchiata selvaggiamente. Allora ha preso il bambino ed è venuta qui. Erano una famiglia così felice all'inizio. L'alcool non porta mai niente di buono. Salute, denaro, pace in famiglia – tutto perduto."

Un'altra donna: "Uno dei nostri vicini beve. Recentemente è tornato a casa ubriaco, ha preso sua figlia che ha solo un anno e mezzo e l'ha scaraventata a terra violentemente. Che tipo di mente può fare una cosa simile? Sua moglie è in uno stato pietoso, con tutte le botte che si prende."

Madre: "Figli miei, quando l'alcool rende un uomo insensibile, lui non è nemmeno in grado di riconoscere la moglie e i figli e magari torna a casa dopo essere stato picchiato in una rissa. Che tipo di felicità si può ottenere dall'alcool?

"Si pensa di poter ricavare del piacere dagli stupefacenti. La felicità risiede forse nelle sigarette, nell'alcool o nelle droghe? Ci sono persone che si fumano centinaia di rupie ogni mese. Quei soldi basterebbero per mandare un bambino a scuola. Può darsi che le droghe aiutino a dimenticarsi di tutto per breve tempo ma, in realtà, il corpo perde la sua vitalità, la persona si distrugge, la salute si rovina e conduce ad una morte prematura. Le persone che dovrebbero essere d'aiuto alla famiglia e al paese finiscono invece con il distruggere se stesse e far soffrire gli altri."

Devoto: "Amma, perché queste persone si distruggono consapevolmente?"

Madre: "Figli miei, è la ricerca egoistica del piacere che conduce l'uomo ad indulgere nel fumo e nell'alcool. Egli pensa che queste cose diano la felicità. Dovremmo spiegare a queste persone i princìpi spirituali. Ma, per farlo, dobbiamo noi stessi vivere secondo questi princìpi. Allora gli altri ci imiteranno, diventeranno più disponibili e il loro egoismo scomparirà.

"Vediamo persone che spendono migliaia di rupie in comodità e lussi sfrenati. Al medesimo tempo magari i loro vicini muoiono di fame, o il matrimonio di una ragazza è stato annullato perché i suoi genitori non si possono permettere mille rupie in dote. In un'altra famiglia, una ragazza sposata viene rimandata a casa dei genitori perché non ha portato in dote una fetta sufficiente del patrimonio del padre. I vicini, nel frattempo, spendono milioni per il matrimonio della figlia. Reca il danno maggiore alla società chi, pur avendo i mezzi economici, non è disposto ad aiutare i bisognosi. Egli tradisce anche la sua stessa anima."

## Condurre una vita spirituale per purificare il proprio comportamento

Il volto della Madre si fece serio. Disse con voce ferma: "Figli miei, tali menti egoiste possono essere rese generose solo grazie a pensieri spirituali come: 'Siamo tutti lo stesso Sé; siamo tutti figli della stessa Madre, la Madre dell'Universo. Respiriamo tutti la stessa aria. Quando sono nato, non avevo né nome né casta. Casta e religione sono venute molto dopo, quindi è compito mio abbattere queste barriere e amare tutti come fratelli e sorelle.

Posso trovare la vera felicità nella vita solo amando e aiutando gli altri. La vera devozione verso Dio è aiutare chi soffre.' Dovremmo essere immersi in pensieri simili: essi ci renderanno più aperti, e allargheranno la nostra mente. Quando afferreremo questi princìpi ci sarà un vero cambiamento nel nostro carattere. Saremo pieni di compassione.

"Oggigiorno, la maggior parte delle persone ha soltanto il concetto di 'io' e 'mio'. Pensano soltanto alla propria felicità e a quella della loro famiglia. Questa è morte. Porterà solo alla loro rovina e alla rovina della società. Figli miei, a tali persone dovremmo spiegare: 'Questo non è il modo di vivere! Non siete dei piccoli stagni in cui l'acqua ristagna e diventa sempre più sporca col passar del tempo; siete dei fiumi che devono scorrere per recar beneficio al mondo. Non siete qui per soffrire; siete qui per sperimentare la beatitudine!'

"Se sfocia in un fiume, l'acqua di uno stagno si purifica, ma se finisce in un canale di scolo diventa sempre più sporca. Il canale di scolo è l'attitudine egoistica di 'io' e 'mio'. Il fiume è Dio. Figli, rifugiamoci in Dio. Ne trarremo beneficio, sia che vinciamo o perdiamo nella vita. Rifugiandoci in Dio, sperimenteremo gioia e pace mentale. Nella famiglia e nel mondo aumenteranno la pace e la prosperità."

Guardando un devoto seduto lì vicino, Amma disse: "Quando questo figlio è venuto da Amma la prima volta, era così ubriaco che era incosciente. Alcune persone lo sorreggevano e lo hanno portato dentro." Amma rise.

Devoto: "Dopo aver incontrato Amma non ho più toccato una goccia d'alcool. Anche alcuni miei amici hanno smesso di bere quando hanno visto che avevo perso il vizio. Adesso mi dà fastidio persino sentir parlare dell'alcool."

Madre: "Figlio mio, quando sei migliorato, contemporaneamente non sono cambiati anche gli altri? E questo non ha forse portato pace anche nelle loro famiglie?

"Figli miei, nasciamo e poi diamo alla luce dei figli. Ma, a parte questo, cosa facciamo per il bene del mondo? È vero che ci prendiamo cura delle nostre famiglie, ma è questo il nostro unico dovere? Come possiamo essere in pace facendo solo questo? Saremo soddisfatti quando arriverà la morte? Poiché viviamo senza conoscere i princìpi

di una vita giusta, non solo soffriamo, ma causiamo sofferenza anche agli altri. Mettiamo anche dei bambini al mondo, che a loro volta sperimentano dolore e sofferenza. La vita d'oggi non è forse così?"

Un devoto: "Amma sta dicendo che non dovremmo sposarci e avere dei bambini?"

Madre: "No, Amma non sta dicendo questo. Dice che dovremmo imparare a trovare la pace in questa vita, invece di passare tutta la vita in un'esistenza animalesca. Invece di inseguire i piaceri, dovremmo comprendere lo scopo della vita, e vivere di conseguenza. Conducete una vita semplice. Date agli altri quello che vi resta dopo aver soddisfatto i vostri bisogni. Vivete senza nuocere in alcun modo agli altri, ed insegnate agli altri questi princìpi. Dovremmo contribuire a creare una cultura di questo tipo. Cerchiamo di essere buoni e virtuosi. Cerchiamo di rendere puri i nostri cuori, e in questo modo possiamo aiutare anche gli altri a migliorare. Questo è quello di cui abbiamo bisogno. Se facciamo così, proveremo sempre pace e soddisfazione dentro di noi, anche se ci mancano le comodità esteriori.

"Anche se non possiamo aiutare gli altri, dobbiamo per lo meno non far loro del male. Già questo è un grosso aiuto, ma non è abbastanza. Cercate di impegnarvi in lavori che siano di utilità al vostro prossimo. Limitatevi a quello che è davvero necessario e non fate niente di inutile. Cibo, pensieri, sonno e parole, tutto dovrebbe essere limitato all'essenziale. Se viviamo con questa disciplina, avremo solo buoni pensieri nella nostra mente. Chi vive in questo modo non inquina l'atmosfera, anzi, la santifica. Dovremmo considerare queste persone come i nostri modelli."

I visi dei devoti dimostravano che essi erano profondamente commossi dai consigli della Madre per il benessere dell'individuo e della società. Essi capivano che Amma stava dando loro chiare indicazioni su come comportarsi per il resto della loro vita. Inchinandosi davanti a Lei, si sentirono benedetti per aver passato dei momenti inestimabili in Sua compagnia.

## *Lunedì 10 giugno 1985*

Alle dieci di mattina, alcuni brahmachari e devoti erano seduti con la Madre di fronte al *kalari* (vecchio tempio). Alla destra del kalari c'era l'edificio che ospitava l'ufficio, la biblioteca, la cucina e la sala da pranzo. Sul retro dell'edificio c'erano tre stanzette per i brahmachari. La famiglia di Amma aveva abitato in quest'edificio finché non si era trasferita in una casa nuova. Alla sinistra del kalari c'era la scuola di Vedanta, alcune capanne, la stanza di Amma e la sala di meditazione.

## Le istruzioni del guru

Madre: "Amma ha sgridato severamente uno dei suoi figli, oggi." Si riferiva ad uno dei brahmachari.

Devoto: "Perché, Amma?"

Madre: "L'altro giorno è andato a Kollam per far riparare la macchina. Prima che partisse, Amma gli aveva detto di ritornare in giornata, sia che la macchina fosse pronta o meno. Nonostante ciò, ha passato la notte a Kollam, perché la macchina non era pronta. Quindi, quando è ritornato il giorno dopo, Amma l'ha rimproverato. Ieri è tornato a Kollam senza dirlo ad Amma e senza lasciarle un messaggio. Oggi Amma l'ha sgridato di nuovo. Amma è infelice quando deve rimproverare i suoi figli, ma la qualità di un aspirante spirituale si vede dal modo in cui obbedisce alle istruzioni. Cosa può fare Amma? A volte sembra molto crudele con i suoi figli.

"Alcuni pazienti non vogliono che il dottore faccia loro un'iniezione, perché hanno paura del dolore. Ma il dottore sa che non potranno guarire senza iniezione, e quindi gliela fa, anche se deve usare la forza. Se, per gentilezza, il medico si astiene dal fargli l'iniezione, il paziente può anche morire. La cura è inevitabile se si vuole che il paziente guarisca. In modo simile, un vero guru si assicura che il discepolo gli obbedisca. Ciò è necessario se si vuole che il discepolo arrivi alla meta. È compito del guru far sì che il discepolo faccia ciò che è necessario.

"Quando il fabbro riscalda un pezzo di ferro nella fornace, lo batte ripetutamente – non per crudeltà, ma soltanto per dargli la forma desiderata. Si può tagliare un foglio di carta in tanti pezzi, ma lo scopo è di creare un bel fiore. In modo simile, il guru rimprovera e disciplina il discepolo soltanto per rivelargli la natura del suo stesso Sé. Ogni punizione che gli infligge mostra la sua grande compassione verso il discepolo. Il discepolo deve sviluppare umiltà, abbandono e un'attitudine di servizio verso il guru. Soltanto allora il guru riverserà la grazia su di lui e lo innalzerà al suo mondo. Il discepolo dovrebbe avere l'atti-tudine: 'Io non sono niente, tu sei tutto. Io sono solo un tuo strumento.'

"Tutto, eccetto il nostro ego, appartiene a Dio. Soltanto l'ego è nostro, e non è facile liberarsene. Soltanto tramite l'obbedienza al guru possiamo distruggere l'ego. Quando seguiamo le istruzioni del guru e ci pieghiamo alla sua volontà, la grazia del guru farà scomparire l'ego.

"Un tronco che galleggia sul fiume si sposta con la corrente. In modo simile, il discepolo dovrebbe muoversi in accordo con i desideri del guru, con un'attitudine di abbandono, pensando: 'Tu sei tutto.' Questo è l'unico modo per rimuovere l'ego. Che potere abbiamo da poter definire come 'nostra volontà'? Qualcuno in cima alle scale dice: 'Sto arrivando,' ma muore dopo aver fatto solo qualche gradino. Non ci sono innumerevoli esempi di questo tipo? Se si fosse trattato della 'sua volontà', non sarebbe allora sceso fino in fondo alle scale, come aveva detto? Ma non ha potuto. Quindi, dobbiamo renderci conto che tutto è volontà di Dio."

A mani giunte, Amma pregò ad alta voce: "Oh Devi, d'ora in poi, ti prego, non farmi rimproverare i miei figli! Dona loro intelligenza e discriminazione! Concedi loro la tua benedizione!" Amma rimase in quella posizione per qualche istante. Anche le persone attorno a Lei chiusero gli occhi e pregarono a mani giunte.

## *Martedì 11 giugno 1985*

## Dimora della compassione

Alle quattro del pomeriggio la Madre scese nella capanna del darshan. Vicino alla capanna c'era un serpente, e i devoti e i brahmachari stavano cercando di farlo allontanare. Amma si avvicinò a loro e disse: "Figli miei, non fategli male! Buttategli soltanto un po' di sabbia addosso." Come se avesse sentito le parole della Madre, il serpente lentamente se ne andò. Le Scritture affermano:

> *Infiniti inchini alla Devi*
> *Che risiede in tutti gli esseri*
> *Sotto forma di compassione.*

Amma si sedette nella capanna ed incominciò a dare il darshan. Ad uno ad uno, i devoti arrivavano, si inchinavano e lasciavano i loro problemi ai Suoi piedi. Sussurravano nelle Sue orecchie i desideri e i problemi che li tormentavano. Alcuni di loro scoppiavano a piangere non appena vedevano Amma. Tutti quelli che arrivavano da Lei, sofferenti per i tormenti della vita, se ne andavano con una mente contenta e piena di pace.

Quando tutti i devoti se ne furono andati, i brahmachari si riunirono attorno alla Madre.

Un brahmachari: "Amma oggi non ha parlato di nessun argomento spirituale."

Madre: "Figlio mio, tutti i presenti erano immersi nella sofferenza. Un bambino affamato non ha bisogno di un discorso sul Vedanta o sui princìpi spirituali. Diminuiamo prima il dolore di queste persone; poi potremo parlare di spiritualità. Come potrebbero assorbire qualcosa nello stato attuale?

"D'altro lato, chi ha sete di Dio non vuole parlare di nient'altro se non di Dio, perfino quando soffre per qualche grave motivo. Egli sarà equanime, sia nel dolore sia nella felicità. Quando arriva la felicità non vi s'immerge al punto di perdere la testa, né crolla nei momenti difficili. Accetta entrambe le situazioni come volontà di Dio. Accetta sia il dolore che la gioia come una benedizione di Dio.

"Se una spina ti punge un piede mentre cammini, avanzerai facendo più attenzione. In questo modo potrai forse evitare di cadere in un fosso. Dio ci dà il dolore per salvarci. I veri credenti si aggrapperanno ai piedi di Dio anche nel dolore. Nelle loro preghiere non chiederanno mai la felicità. Non penseranno mai ad ottenere qualcosa per sé. Ma quando qualcuno che soffre viene da noi, dobbiamo confortarlo. Dobbiamo trovare il tempo di dirgli qualche parola di consolazione."

Sentendo il dolore degli altri come se fosse il Suo, la Madre prova gioia nel prendere su di Sé la sofferenza del prossimo. Lei è il fuoco sacrificale in cui viene offerto il *prarabdha* (il karma i cui frutti si manifestano in questa vita) di ognuno, e il raggio di luce della speranza per tutti coloro che soffrono.

La Madre uscì dal tempio dopo il bhava darshan, e tutti si riunirono attorno a Lei. La maggior parte dei devoti sarebbe partita con l'autobus del mattino, quindi essi si radunarono ansiosamente attorno alla Madre per inchinarsi ancora una volta a Lei e ricevere la Sua benedizione prima di andarsene. Un giovane, invece, non si avvicinò ad Amma. Rimase seduto tutto solo sulla veranda della sala di meditazione, lontano dalla folla. Un brahmachari gli chie-se: "Non vai da Amma?"

Giovane: "No."

Brahmachari: "Come mai te ne stai qui tutto solo, mentre tutti sono ansiosi di stare vicini ad Amma e di parlare con Lei?"

Giovane: "Generalmente sono anch'io come loro. Di solito aspetto fuori dal kalari, perché voglio essere il primo ad inchinarmi di fronte alla Madre quando esce dal tempio, ma oggi la mai mente non mi permette di avvicinarmi a Lei. Sono un gran peccatore."

Brahmachari: "Non ci credo. Ti stai immaginando le cose. Che errore puoi aver fatto che non ti permette di avvicinarti a Lei?"

Giovane: "Vivo a Kollam. Ho avuto per diversi anni il vizio di bere, e questo mi faceva litigare con mia moglie. Ad un certo punto la rimandai persino dai suoi genitori. La mia famiglia e i miei vicini mi odiavano. Non avevo nemmeno un amico. Decisi alla fine di porre termine alla mia vita. Fu a quel punto che ebbi l'immensa fortuna di avere il darshan di Amma. Quello fu un momento decisivo nella mia vita.

"Dopo il mio primo darshan, smisi completamente di bere. Ci fu un grande cambiamento nel mio comportamento e la gente cominciò a cambiare opinione su di me. Ma oggi ho bevuto di nuovo. Sono andato ad un matrimonio con degli amici e, sulla via del ritorno, essi hanno deciso di bere. Hanno insistito perché bevessi anch'io e io ho ceduto. Subito dopo non sono riuscito a sopportare il mio senso di colpa e sono venuto direttamente qui.

Una volta, per quanto bevessi, non avevo alcun senso di colpa, ma adesso è diverso. (La sua voce si spezzava mentre parlava.) Adesso non riesco nemmeno a guardare in faccia Amma."

Brahmachari: "Questo rimorso è in se stesso l'espiazione per il tuo errore. Non ti preoccupare. Racconta ogni cosa ad Amma e tutte le tue preoccupazioni svaniranno."

Giovane: "So per esperienza che basta che mi inchini di fronte a Lei perché tutto il mio malessere scompaia. Ma non è questo che mi preoccupa adesso. Se resto a casa i miei amici non mi lasceranno più in pace. Quindi, vorrei rimanere qui per qualche giorno, ma non ho il coraggio di chiederlo ad Amma. Mi sento così debole per aver di nuovo sbagliato agli occhi di mia Madre, che mi riempie d'amore molto di più della madre che mi ha dato alla luce."

I suoi occhi erano pieni di lacrime. Il brahmachari non aveva parole per consolare il giovane, ma c'era qualcuno che conosceva il dolore intenso del suo cuore afflitto...

Dopo aver indicato agli altri devoti dove potevano dormire, Amma si avvicinò al giovane, che si alzò immediatamente e rimase rispettosamente fermo con le mani giunte. Amma strinse le mani del giovane tra le Sue e chiese: "Sei così debole, figlio mio?"

Lacrime scorrevano sulle guance del giovane. La Madre le asciugò e continuò: "Figlio, smetti di preoccuparti. Perché dolersi di qualcosa che appartiene al passato? Non andare più con quelle persone la prossima volta che ti chiamano, questo è tutto.

"Una volta, un tempio ed un negozio di alcolici avevano entrambi un pappagallo. Mentre il pappagallo del tempio recitava mantra vedici, quello del negozio di liquori diceva parolacce. Figlio, la propria condotta è determinata dalle compagnie che si frequentano. Se ci sediamo in una stanza con la televisione accesa, finiremo per guardarla. Se non vogliamo guardarla, dobbiamo spegnerla o andare in un'altra stanza. Se ci associamo con persone piene di vizi, prenderemo le loro abitudini. Dobbiamo fare quindi particolare attenzione a non cadere in cattive compagnie. Figlio, se hai dei problemi, puoi venire da Amma. Amma è qui per te. Resta qui per qualche giorno. Prendi qualche libro da leggere, in biblioteca."

La Madre si rivolse al brahmachari: "Organizza le cose in modo che questo figlio possa stare al primo piano della casa, nel lato nord."

Quando il giovane sentì queste parole affettuose di Amma, che conosceva ogni pensiero della sua mente, non poté più controllarsi. Scoppiò di nuovo a piangere. Asciugandogli le lacrime con mani amorevoli, Amma lo consolò e disse: "Figlio, adesso va' a dormire. Amma ti parlerà domani."

Dopo aver affidato il giovane al brahmachari, Amma andò nel boschetto di palme di fronte all'ashram, accompagnata da una donna che aveva aspettato a lungo l'opportunità di parlarLe in privato. Erano ormai le tre del mattino quando Amma, dopo aver consolato la donna, si ritirò nella Sua stanza.

*Mercoledì 12 giugno 1985*

# Bhakti Yoga

La Madre arrivò nel kalari, accompagnata da quattro brahmachari e da alcuni devoti che erano venuti all'ashram per la prima volta. Amma parlava dell'importanza di avere una devozione pura verso Dio.

Madre: "Amma era solita pregare in questo modo: 'Oh Devi, voglio soltanto amarti. Non importa se non mi dai il tuo darshan, dammi soltanto un cuore che ama tutti! Non importa se tu non mi ami ma, ti prego, lascia che io ti ami!' Una persona che ama davvero Dio è come qualcuno con la febbre alta. Non prova gusto nel mangiare, non apprezza i piatti gustosi, persino i dolci gli sembrano amari. Non gli interessa affatto il cibo. Ma è molto difficile che all'inizio un aspirante spirituale provi questo tipo d'amore. Quindi, nelle fasi iniziali, bisogna cercare di controllare le proprie abitudini con *shraddha*[1], specialmente per quello che riguarda il cibo. Tutte le volte che la mente si distrae e si rivolge verso cose esteriori, bisogna riportarla su Dio. Non bisogna sprecare nemmeno un istante."

Un devoto: "Amma, io non perdo tempo. O vengo qui per stare con te, oppure vado al tempio. Non è tutto quello che posso fare?"

Madre: "Venire qui o andare al tempio va bene, ma il nostro obiettivo deve essere quello di purificare la mente. Se non riusciamo a rendere pura la mente, è tutto inutile. Non pensate di poter trovare la pace senza aver purificato la mente e le azioni. Dovremmo ricordarci di questo quando andiamo da un mahatma o a visitare un tempio. Dovremmo avere un'attitudine di abbandono. Ma oggigiorno, la maggior parte delle persone si preoccupa di prenotare una stanza d'albergo ancor prima di partire per un pellegrinaggio. Non appena partono per il viaggio, incominciano a parlare della loro famiglia e dei vicini. E continuano allo stesso modo dopo esser tornati a casa. In mezzo a tutto questo Dio viene dimenticato.

"Anche se visitiamo un gran numero di mahatma e di templi, e facciamo molte offerte, otterremo del beneficio soltanto attraverso la *sadhana* (pratica spirituale). Il nostro cuore deve essere in sintonia con Dio. Andare semplicemente a Tiruppati o a Varanasi non ci darà la liberazione. Non si guadagna un granché, né materialmente né spiritualmente, soltanto circumambulando i

---

[1] Shraddha in sanscrito significa una fede che affonda le radici nella saggezza e nell'esperienza, mentre in malayalam lo stesso termine denota un'attenta consapevolezza in ogni azione. La Madre usa spesso questa parola con il secondo significato.

templi o facendo il bagno nelle acque sacre. Se si potesse ottenere la liberazione recandosi a Tiruppati, tutti gli uomini d'affari che vivono lì sarebbero ormai liberati, non crede?

"Dovunque andiate, non dimenticate il nome di Dio. Guardate il pietrisco che viene mischiato al cemento per riparare le strade. Il cemento si solidifica bene soltanto se il pietrisco è pulito. Allo stesso modo, soltanto se purifichiamo il nostro cuore con il *japa* (ripetizione del mantra) possiamo installare Dio dentro di noi. Per purificare la mente non c'è modo migliore della recitazione del nome divino.

"Quando una stazione televisiva trasmette dei programmi, li possiamo vedere soltanto se accendiamo il televisore. Non sarebbe sciocco dare la colpa agli altri se non vediamo niente in televisione, soltanto perché non l'abbiamo accesa? La grazia di Dio scorre sempre verso di noi, ma per trarne beneficio dobbiamo sintonizzarci col Suo mondo. A cosa serve stare in casa con tutte le porte e finestre chiuse e lamentarsi del buio quando fuori splende il sole? Possiamo ricevere la grazia che Dio riversa costantemente su di noi soltanto se apriamo la porta del cuore.

"La terra si trasforma in fango quando piove, e crea disagio a tutti. Anche la pioggia che cade sulla sabbia va sprecata. Ma la conchiglia con una sola goccia d'acqua crea una perla dal valore inestimabile. Dio riversa costantemente la Sua compassione su di noi. Il beneficio che ne ricaviamo dipende dal modo in cui la riceviamo dentro di noi.

"Figli, fino a quando non saremo in sintonia con il mondo di Dio, produrremo soltanto le note stridenti dell'ignoranza, e non musica divina. Dobbiamo accettare la nostra mancanza di perfezione, non serve a niente darne la colpa agli altri.

"Siamo disposti ad aspettare un autobus tutto il tempo necessario. Non ci importa se dobbiamo passare tutto il giorno in tribunale per risolvere una faccenda legale. Però non abbiamo pazienza quando facciamo visita ad un mahatma o andiamo in un tempio. Quando andate in un ashram o al tempio, rimaneteci per un po', pensando a Dio con devozione. Recitate il nome divino e meditate per un po', o fate del servizio disinteressato. Soltanto così trarrete del beneficio dalla vostra visita."

## L'importanza dell'attitudine corretta

La Madre continuò: "Se la nostra mente è pura, e se facciamo ogni cosa pensando costantemente a Dio, la Sua grazia sarà con noi anche se non andiamo mai al tempio. D'altro canto, innumerevoli visite al tempio non ci serviranno a niente se non smetteremo di essere egoisti e di criticare gli altri.

"C'erano una volta due vicine di casa. Una era una devota di Dio e l'altra una prostituta. La devota era solita dire alla sua vicina: 'Quello che fai è peccato, ti condurrà soltanto all'inferno.' Ricordandosi di questo, la prostituta piangeva ogni giorno, pensando: 'Che peccatrice sono! Non ho altro modo per guadagnarmi da vivere, questo è il motivo per cui faccio questo lavoro. Oh Dio, mi dispiace! Per lo meno, nella prossima vita dammi l'opportunità di pregare e di venerarti ogni giorno, come fa la mia amica! Ti prego, perdona i miei peccati!'

"Il disprezzo dell'altra donna per la prostituta e per il suo stile di vita continuava persino quando era nel tempio. Infine entrambe le donne morirono ed arrivarono gli incaricati del paradiso e dell'inferno. La prostituta stava per esser portata in paradiso e la devota all'inferno. La donna apparentemente pia non riuscì a sopportare una cosa simile e chiese agli incaricati divini: 'State portando in paradiso qualcuno che ha venduto il proprio corpo per tutta la sua vita. Io ho pregato e compiuto riti devozionali al tempio ogni giorno, eppure mi portate all'inferno. Che giustizia è questa? Ci deve essere un errore.'

"Gli incaricati celesti risposero: 'Non c'è nessun errore. Persino quando ti recavi al tempio e facevi le *puja* (riti devozionali), pensavi alle cattive azioni della prostituta. Lei invece, anche se faceva la prostituta, non s'identificava con il suo lavoro, e i suoi pensieri erano per Dio; non passava nemmeno un giorno senza che lei provasse un profondo rimorso per i suoi errori, e chiedeva sempre a Dio di perdonarla. Benché fosse costretta a guadagnarsi da vivere facendo la prostituta, era una vera devota. Ecco perché sta andando in paradiso.'"

## Per gli aspiranti spirituali

I bhajan della sera erano finiti. Uscita dal kalari, Amma si sdraiò sulla sabbia, tra il kalari e la sala di meditazione. Suonò la campana per la cena e la Madre chiese ai devoti di andare a mangiare. Ad uno ad uno i devoti si allontanarono; soltanto un paio di brahmachari rimasero a meditare in presenza di Amma.

Dopo cena, tutti i devoti ritornarono e si sedettero attorno ad Amma. Una donna si mise i piedi della Madre in grembo ed incominciò a massaggiarli.

Madre: "Avete mangiato, figli miei?"

Un devoto: "Sì, Amma, abbiamo mangiato tutti."

Madre: "A casa vostra avreste mangiato dei piatti gustosi. Qui non c'è niente del genere. Probabilmente non avete mangiato abbastanza."

Un altro devoto: "Abbiamo mangiato tutti a sazietà, Amma. Anche se a casa nostra ci sono tante cose da mangiare, niente è così buono come quello che mangiamo qui."

Madre (ridendo): "Figlio, lo stai dicendo solo per amore di Amma!" Tutti risero.

Un devoto: "Amma, vorrei farti una domanda."

Madre: "Figli miei, potete chiedere qualsiasi cosa ad Amma."

Devoto: "L'altro giorno ti ho sentita dire ad un brahmachari che dovremmo fare voto di *ahimsa* (non-violenza). Non dovremmo arrabbiarci con nessuno. Anche se qualcuno si arrabbia con noi, dovremmo cercare di vedere Dio in quella persona, ed essere affettuosi nei suoi confronti. Non è una cosa molto difficile da mettere in pratica?"

Madre: "Figlio, la cosa importante non è se ci riusciamo o meno, ma se abbiamo fatto uno sforzo sincero. Chi ha dedicato la vita alla spiritualità deve essere pronto a fare dei sacrifici. La sua vita è già su questo sentiero. Se qualcuno gli crea dei problemi, egli deve considerarla come un'opportunità fornita da Dio per eliminare il suo ego. Non si deve reagire con aggressività sotto lo stimolo dell'ego. Un *sadhak* (aspirante spirituale) può crescere soltanto se vede Dio in tutti, e se è pieno d'amore e compassione."

Un devoto: "Amma, ho rinunciato a molte cose per Dio, ma non riesco a trovare la pace."

Madre: "Figlio, parliamo sempre dei sacrifici che abbiamo fatto. Ma, in realtà, che cosa abbiamo veramente a cui possiamo rinunciare? Che cosa ci appartiene? Quello che oggi consideriamo nostro, domani non lo sarà più. Ogni cosa appartiene a Dio. Soltanto con la Sua grazia siamo in grado di godere delle cose. Se c'è qualcosa che ci appartiene sono le simpatie e antipatie, gli attaccamenti e le avversioni: sono queste le cose a cui dobbiamo rinunciare. Anche se adesso rinunciamo a molte cose, non abbandoniamo l'attaccamento che abbiamo per quelle cose. Questa è la ragione della nostra sofferenza. La vera rinuncia avviene soltanto quando nel nostro cuore siamo convinti che famiglia, denaro, posizione sociale e successo non ci daranno alcuna pace duratura. Che cosa insegna la *Gita*? Non insegna forse a compiere le azioni senza attaccamento?"

## Il pericolo della ricchezza

La Madre incominciò a raccontare una storia: "C'era una volta un uomo ricco. Un giorno alcuni amici andarono a fargli visita. Essi videro un servo fuori dalla casa e gli chiesero dove fosse il suo padrone. Dopo aver controllato in casa, il servo ritornò e disse che il suo padrone stava contando dei sassolini. 'Un uomo così ricco che conta sassolini?', si stupirono gli ospiti.

"Quando, poco dopo, l'uomo arrivò, gli amici gli chiesero spiegazioni. Lui replicò: 'Stavo contando i soldi. Il mio servo è così stupido da pensare che stessi contando sassolini? Comunque, mi spiace per la confusione.' Quando i suoi amici se ne andarono, l'uomo sgridò severamente il servo.

"Qualche giorno dopo andò a trovarlo un altro amico, che chiese al servo di andare a cercare il suo padrone. Dopo aver controllato in casa, il servo riferì: 'Sta amando il suo nemico.' Il ricco stava, di fatto, contando il denaro e lo stava riponendo nella cassaforte. Ritenendo che il servo l'avesse deliberatamente insultato, s'infuriò per la sua impudenza, lo picchiò e lo licenziò. Mentre il servo se ne stava andando, il padrone gli diede una bambola e gli disse: 'Se vedi qualcuno più stupido di te, dagli questa bambola!' Il servo se ne andò senza dire una parola.

"Passarono alcuni mesi. Una notte dei ladri svaligiarono la casa del ricco. Lo derubarono di tutti i suoi averi. Quando lui cercò di fermarli, essi lo buttarono giù dalle scale e scapparono portandosi via tutto. Il mattino dopo i famigliari trovarono l'uomo sdraiato a terra, incapace di alzarsi. Venne sottoposto a molte cure, ma niente riuscì a ridargli la salute. Non aveva più un soldo, e per questa ragione anche la moglie e i figli ad un certo punto lo abbandonarono. Era malato e non c'era nessuno a prendersi cura di lui. In casa non aveva nessuna provvista, così mangiava quello che gli davano i vicini.

"Il servo di un tempo venne a sapere dei suoi guai e andò a trovarlo. Aveva con sé la vecchia bambola. Non appena arrivò, offrì la bambola al suo padrone. L'uomo si rese conto della propria follia e chiese al servo: 'Perché metti del sale sulle mie ferite?'

"Il servo rispose: 'Finalmente devi aver capito il significato di quello che ti avevo detto. Tutta la ricchezza che avevi accumulato vale forse ora tanto quanto un sassolino? I tuoi averi non si sono in realtà dimostrati i tuoi nemici? È stata la tua ricchezza a ridurti in questo stato. Non hai forse perso tutto per colpa dei tuoi averi? C'è forse qualcuno più stupido di te, che hai fatto della ricchezza l'oggetto del tuo amore? Coloro che ti hanno amato fino ad oggi, in realtà amavano il tuo denaro, non te. Svanita la tua ricchezza, per loro sei come morto. Adesso nessuno ti ama più. Renditi conto per lo meno adesso che Dio è il tuo unico amico. Chiedigli aiuto!'

"Il servo incominciò a prendersi cura del padrone con grande amore. Il ricco era pieno di rimorso. 'Non so cosa farò. La mia vita fino ad ora è stata inutile. Pensavo che mia moglie, i miei figli e la mia ricchezza sarebbero stati con me per sempre e vivevo per loro. Non mi sono mai ricordato di Dio. Ma adesso non mi è rimasto niente. Coloro che chinavano la testa di fronte a me in segno di rispetto, adesso non mi guardano nemmeno, anzi, mi sputano addosso con disprezzo.'

"Il servo lo consolò: 'Non pensare che non ci sia nessuno a prendersi cura di te. Dio è con te.' Egli rimase con il suo vecchio padrone e si prese cura di lui."

La Madre s'interruppe. Un uomo seduto in fondo al gruppo dei devoti incominciò a piangere; era la prima volta che veniva da Amma. Piangeva amaramente, incapace di controllare il proprio dolore. Amma lo chiamò vicino a Sé e lo consolò. Tra i singhiozzi, l'uomo disse: "Amma, hai appena raccontato la mia storia. Ho perso tutti i miei soldi. Mia moglie e i miei figli mi odiano. Il mio unico conforto è il mio vecchio servo."

Asciugandogli le lacrime, la Madre disse: "Ciò che è perso è perso, figlio mio. Non soffrire per queste cose. Soltanto Dio rimane per sempre. Tutto il resto se ne andrà, oggi o domani. Basta che tu viva tenendo questo a mente. Non preoccuparti."

Amma chiese a Br. Balu (ora Swami Amritaswarupananda) di cantare il canto *'Manase nin svantamayi'*:

> *Ricordati, oh mente, questa suprema verità:*
> *Nessuno ti appartiene!*
> *A causa delle tue azioni insensate,*
> *Stai vagando nell'oceano di questo mondo.*
>
> *Anche se la gente ti onora,*
> *Chiamandoti "Signore, Signore"*
> *Sarà solo per poco.*
>
> *Il tuo corpo, che è stato onorato così a lungo,*
> *Deve essere abbandonato quando la vita se ne va.*
>
> *Anche la tua amata, per cui hai faticato finora,*
> *Senza curarti nemmeno della tua vita,*
>
> *Si spaventerà di fronte al tuo cadavere*
> *E non ti accompagnerà.*
>
> *Intrappolato come sei nel sottile laccio di Maya,*
> *Non dimenticare il sacro nome*
> *Della Madre Divina.*
>
> *Dio attirerà anime piene di devozione*
> *Come una calamita attira il ferro.*
>
> *Posizione, prestigio e ricchezza sono impermanenti,*
> *L'unica Realtà è la Madre Universale.*

*Rinunciando a tutti i desideri,*
*Danziamo nella beatitudine*
*Cantando il nome di Madre Kali.*

## Mercoledì 19 giugno 1985

# Madre dell'Universo

Un giovane coi capelli lunghi e la barba arrivò all'ashram. Si avvicinò ad un brahmachari e si presentò come reporter di un quotidiano. "Abbiamo sentito dire molte cose sia belle che brutte sulla Madre," disse. "Sono venuto a scoprire cosa succede realmente in questo ashram. Ho parlato con un paio di residenti, ma c'è una cosa che proprio non capisco."

Brahmachari: "Che cosa?"

Reporter: "Come fanno persone istruite come voi a credere ciecamente in un Dio in forma umana?"

Brahmachari: "Cosa intendi per Dio? Un essere con quattro braccia, con una corona, seduto in paradiso al di là del cielo?"

Reporter: "No. Ognuno ha il proprio concetto di Dio. Generalmente immaginiamo Dio come la personificazione di tutte le qualità che consideriamo sublimi."

Brahmachari: "Allora cosa c'è di sbagliato nel considerare divino un individuo in cui sono presenti tutte queste qualità divine? Se non si accetta questo, vuol dire che si limita Dio alle immagini che l'uomo scolpisce nella pietra, installa nei templi e poi venera.

"I testi spirituali dell'India dichiarano che un essere umano, un'anima individuale *(jivatman)*, in realtà non è differente da Dio e che realizza la propria divinità quando il suo ego (la sensazione che di essere limitati) viene distrutto grazie a pratiche costanti. Se l'Assoluto, il Supremo onnipresente, può essere presente in un idolo nel tempio, perché allora non può manifestarsi in un individuo?"

Il giornalista non seppe cosa rispondere.

Il brahmachari continuò: "Nella Madre noi vediamo tutte le qualità che le Scritture attribuiscono a Dio, come l'amore, la compassione, l'altruismo, la capacità di perdonare e l'equanimità. Per questa ragione, alcuni di noi la considerano come la Madre dell'Universo. Altri la considerano la Madre affettuosa che è con loro da innumerevoli vite. Altri la vedono come il guru che risveglia la conoscenza del Sé. Lei non afferma di essere Dio, né un guru, né altro. Se dall'oceano vuoi del pesce, ottieni del pesce, ma se vuoi delle perle, puoi avere anche le perle. In modo simile, nella Madre c'è tutto. Se ci mettiamo lo sforzo personale, possiamo raggiungere quello che vogliamo.

"Il messaggio delle *Upanishad* è che ognuno di noi è l'essenza del Supremo Assoluto. Rama, Krishna e Buddha non sono forse stati sulla terra in forma umana? Se veneriamo loro, perché non possiamo venerare qualcuno che dimostra tutte le loro infinite e gloriose qualità mentre è in forma umana in mezzo a noi?"

Reporter: "Non è abbastanza considerarla un guru? Perché trasformarla in Dio?"

Brahmachari: "Sì, ma le Scritture affermano che il guru non è altri che Dio in forma umana. In un certo senso, la nostra cultura considera il guru addirittura superiore a Dio."

A questo punto, Amma era ormai arrivata nella capanna e aveva incominciato a dare il darshan ai devoti. Il brahmachari invitò il giornalista ad andare da Lei: "Entriamo. Puoi fare le tue domande direttamente ad Amma."

Sedutosi vicino alla Madre, il giornalista osservava con meraviglia i devoti che si avvicinavano ad Amma uno ad uno e Lei che accarezzava e consolava tutti con amore infinito. Quando le fu presentato il giornalista, Amma rise.

Madre: "Amma non legge né giornali né altro, figlio mio. La maggior parte dei figli qui non vede mai un giornale."

Reporter: "Ho chiesto ad un brahmachari se Amma è Dio."

Madre: "Lei è soltanto una folle! Tutte queste persone la chiamano 'Amma' (Madre), allora Lei li chiama figli."

La maggior parte delle volte, quando parla, Amma nasconde il suo vero Sé. Soltanto qualcuno che ha acquisito una certa intuizione spirituale può comprendere anche solo un po' della Sua natura innata. Molte persone immaginano che un guru sia qualcuno seduto su un trono, sorridente, sempre servito dai suoi discepoli, che dà benedizioni a tutti. Coloro che vengono all'ashram, però, devono abbandonare quest'idea. Chi vede Amma per la prima volta troverà in Lei una persona normalissima. La si può vedere spazzare il giardino, tagliare la verdura, cucinare, accompagnare i devoti nelle loro stanze o trasportare sacchi di sabbia. Nonostante ciò, per chi conosce le Scritture, è facile riconoscere la vera Madre. La Sua umiltà rivela chiaramente la Sua grandezza.

Un giorno un brahmachari chiese ad Amma: "Non appena acquisisce anche la più piccola *siddhi*, la maggior parte delle persone va in giro facendo finta d'essere Brahman, e accettando molti discepoli. E la gente si fida di loro. Perché, mentre dappertutto succedono cose di questo genere, Amma inganna i Suoi figli dicendo di non essere niente?"

La Madre diede la risposta seguente: "I brahmachari che oggi vivono qui, domani dovranno uscire nel mondo. Devono diventare un modello per il mondo. Qui essi imparano da ogni parola ed azione di Amma: se c'è anche solo una traccia di ego nelle sue parole ed azioni, si moltiplicherà per dieci in voi. Penserete: 'Se lo fa Amma, perché non posso farlo anch'io?' E questo sarà dannoso per il mondo.

"Figli miei, sapete quanto è difficile per Amma rimanere al vostro livello? Un padre deve fare uno sforzo per camminare a piccoli passi con il suo bambino. Non lo fa per sé, ma per il figlio. Soltanto se cammina piano, il bambino riesce a stargli dietro. Questo ruolo che Amma interpreta non è per se stessa, ma per tutti voi. È per la vostra crescita.

"Quando un bambino ha l'itterizia, una madre premurosa evita di cucinare cibi salati e piccanti. Nasconde queste cose perché, se il bambino le trova, le può mangiare, gli può venire la febbre e può addirittura morire. Per amore del bambino, anche la mamma mangerà del cibo insipido; anche se non è malata, rinuncia ai piaceri della gola per il figlio. Allo stesso modo, tutte le parole ed azioni di Amma sono per il vostro bene. Ad ogni passo, Lei pensa alla vostra crescita. Soltanto se il dottore non fuma, il paziente accetterà il suo consiglio di smettere di fumare. Soltanto se il dottore non beve, il paziente sarà ispirato a smettere di bere. Amma non fa niente per se stessa, ogni cosa è per il mondo. Tutto deve aiutarvi a progredire."

Il giornalista chiese alla Madre: "Amma, sei una guida, un guru, per le persone che vivono qui?"

Madre: "Questo dipende dall'attitudine di ognuno. Amma non ha avuto un guru, né ha accettato nessuno come discepolo. Amma dice soltanto che tutto funziona secondo la volontà della Madre Divina."

Reporter: "Ho un amico che è un grande devoto di J. Krishnamurti."

Madre: "Qui sono venuti molti suoi devoti. Egli piace particolarmente ai figli occidentali."

Reporter: "Krishnamurti non accetta discepoli. Nessuno vive con lui. Si può andare a trovarlo e parlare con lui. Si pensa che si possa ottenere quello di cui abbiamo bisogno anche solo conversando con lui. La sua stessa presenza è un'ispirazione. È molto allegro, e non c'è un'aura di guru intorno a lui."

Madre: "Ma la sua affermazione che non c'è bisogno di un guru, è in se stessa un insegnamento, non è così? E quando qualcuno gli è vicino e lo ascolta, non abbiamo allora un guru ed un discepolo?"

Reporter: "Lui non dà né consigli né istruzioni."

Madre: "E allora i suoi discorsi, figlio mio?"

Reporter: "Sono come delle conversazioni, di natura leggera."

Madre: "Nessun guru insiste perché gli altri gli obbediscano e vivano secondo le sue parole. Ma ogni parola di un guru è un consiglio. La sua stessa vita è il suo insegnamento. Noi ascoltiamo le parole di Krishnamurti e, quando seguiamo quelle parole, arriviamo a conoscere la nostra vera essenza, giusto? Questa prontezza a seguire non è altro che l'attitudine di un discepolo; essa sviluppa in noi l'umiltà e la buona condotta. Generalmente, soltanto i bambini che crescono seguendo i consigli dei genitori diventano dei buoni adulti.

"Obbedire ai nostri genitori instilla in noi il senso del dovere e della buona condotta. Amma non sta dicendo che il metodo di Krishnamurti sia sbagliato. Lui ha letto molti libri, è stato a contatto con molti saggi e ha imparato tante cose da loro. Inoltre, ha praticato molti metodi. Soltanto così ha raggiunto il livello in cui si trova adesso, in cui ha capito che ogni cosa è dentro di lui. Ma, figlio mio, tu non hai ancora raggiunto quello stato.

"Oggigiorno la nostra attenzione è diretta principalmente verso gli oggetti esterni. Non ci guardiamo quasi mai dentro. Quando i bambini vanno a scuola, sono interessati soprattutto a giocare; studiano principalmente per paura dei genitori. Ma quando incominciano ad avere uno scopo – diplomarsi con un voto alto, diventare ingegneri, ecc. – iniziano a studiare senza bisogno di essere spronati. Anche se abbiamo una meta spirituale, la mente scivola via a causa della pressione delle nostre *vasana* (tendenze latenti). Per controllare una mente così, è essenziale un *satguru* (un maestro che ha realizzato il Sé). Ma dopo un certo stadio, non serve più aiuto, perché il guru interiore si è risvegliato.

"Magari ci siamo dimenticati una canzone che avevamo imparato a memoria tanto tempo fa, ma se qualcuno ci ricorda il primo verso, saremo in grado di cantarla tutta. In modo simile, tutta la saggezza è dentro di noi. Il guru ce lo ricorda, risveglia ciò che è assopito.

"Implicitamente c'è un guru anche nella frase che afferma che non abbiamo bisogno di un guru. Dopo tutto, c'è qualcuno che ci dice che non abbiamo bisogno di un guru. Il guru è colui che rimuove la nostra ignoranza. Se non si è raggiunta una certa purezza mentale, è essenziale passare del tempo sotto la guida di un guru. Anche se hai un talento innato per la musica, soltanto dopo esserti esercitato sotto un maestro competente sarai in grado di esibire pienamente il tuo talento.

"Un guru ordinario può soltanto spiegare i princìpi spirituali. Ma un satguru, che ha realizzato il Sé, trasmette parte del suo potere spirituale ai discepoli. Ciò permette al discepolo di arrivare più velocemente alla meta. Proprio come la tartaruga marina fa schiudere le uova con il potere del pensiero, i pensieri del satguru risvegliano il potere spirituale nel discepolo.

"Satsang e libri spirituali hanno il potere di dirigere la nostra mente verso dei buoni pensieri, ma non bastano a farci progredire in modo costante. Il medico generico esamina il paziente e prescrive le medicine. Ma se serve un'operazione, si deve consultare un chirurgo. Allo stesso modo, per liberare la nostra mente da tutta la sporcizia, e per progredire verso la meta finale, dobbiamo prendere rifugio in un guru."

Reporter: "Le scritture non dicono che ogni cosa è dentro di noi? Che bisogno c'è allora di tutta questa sadhana?"

Madre: "Anche se ogni cosa è dentro di noi, saperlo non serve a niente, se non ne facciamo l'esperienza diretta. Per questo, la sadhana è assolutamente necessaria. I *rishi* (saggi dell'antichità), che ci hanno lasciato i *mahavakya* (grandi detti) come 'Io sono Brahman' e 'Tu sei Quello', erano delle persone che avevano raggiunto quel livello d'esperienza. Il loro modo di vivere era molto diverso dal nostro. Essi mettevano tutte le creature sullo stesso piano, amavano e servivano tutti gli esseri senza distinzione. Ai loro occhi, niente nell'universo era separato e diverso da loro. Loro avevano le qualità di Dio, mentre noi abbiamo quelle di una mosca. Una mosca vive nella sporcizia e negli escrementi. In modo simile, la nostra mente vede soltanto gli errori e i difetti degli altri. Questo deve cambiare. Dobbiamo essere in grado di vedere il buono in tutto. Fino a che non realizzeremo la Verità con la sadhana e la contemplazione, non ha senso affermare che tutto è già dentro di noi.

"Qui vengono persone che hanno studiato le Scritture e il Vedanta per quaranta o cinquant'anni; anche loro dicono di non avere pace mentale. Non riusciamo a far luce appendendo il quadro di una lampada al muro. Se abbiamo bisogno di vedere, dobbiamo accendere la luce vera. Imparare dai libri e fare discorsi non è sufficiente. Per fare l'esperienza della Verità bisogna compiere la sadhana, e scoprire il vero 'Io'. Per questo, l'aiuto di un guru è essenziale."

Reporter: "È questo l'aiuto che Amma dà qui?"

Madre: "Amma non fa niente da sola. È il Paramatman che le fa fare tutto! Queste persone adesso hanno bisogno di Amma; il ricercatore ha bisogno del guru. Perché? Perché in questa fase la loro mente non è forte abbastanza. Ai bambini piccoli piace infilare la mano nel fuoco. La mamma dirà loro: 'Non toccare, figlio mio, o ti bruci la mano!' C'è bisogno di qualcuno che dica questo al bambino per allontanarlo dal fuoco. Questo è tutto ciò che fa Amma. Ad un certo punto, abbiamo bisogno di qualcuno che richiami l'attenzione sui nostri errori."

Reporter: "Non è una schiavitù seguire ciecamente il guru?"

Madre: "Figlio mio, per conoscere la Verità, dobbiamo sbarazzarci del senso dell'"io". È una cosa difficile da raggiungere semplicemente facendo sadhana per conto proprio. Per eliminare l'ego, è essenziale fare delle pratiche spirituali sotto la guida di un guru. Quando c'inchiniamo davanti al guru, non ci stiamo inchinando a quell'indivi-duo, ma all'ideale che egli rappresenta. Facciamo così per raggiungere anche noi il suo livello.

"Possiamo elevarci soltanto con l'umiltà. Dentro di sé il seme contiene l'albero, ma se è contento di restarsene in magazzino verrà mangiato dai topi; soltanto scendendo nel terreno emergerà la sua vera forma. Quando si preme il bottone, l'ombrello si apre: a quel punto ci potrà proteggere dalla pioggia.

"Poiché abbiamo ubbidito e rispettato i nostri genitori, gli anziani e gli insegnanti, siamo cresciuti e abbiamo imparato. Essi hanno fatto sviluppare in noi delle buone qualità e una buona condotta. Allo stesso modo, l'obbedienza al guru porta il discepolo ad un livello più vasto, più elevato.

"È per diventare in futuro il Re dei re che il discepolo assume adesso il ruolo di servo. Mettiamo un recinto intorno ad una pianticella di mango, la coltiviamo e ce ne prendiamo cura, in modo da poterne ricavare in seguito i dolci frutti. Il discepolo dimostra riverenza al guru e gli obbedisce per poter raggiungere la Verità che il guru rappresenta.

"Quando saliamo su un aereo, il personale di volo ci chiede di allacciarci le cinture di sicurezza, non per ostentare il potere che ha su di noi, ma per la nostra sicurezza. Allo stesso modo, il guru chiede al discepolo di obbedire a certe regole e di osservare determinate restrizioni soltanto per elevarlo. Egli fa così solo per proteggere il discepolo dai pericoli che gli si possono presentare. Il guru sa che gli impulsi del discepolo motivati dall'ego saranno un pericolo per lui e per gli altri. La strada è fatta per essere usata dalle auto ma, se si guida come si vuole, succederanno senz'altro degli incidenti. Questo è il motivo per cui dobbiamo obbedire alle norme stradali. Non ubbidiamo forse al vigile che dirige il traffico all'incrocio? In questo modo evitiamo molti incidenti.

"Quando il senso di 'io' e di 'mio' sta per distruggerci, ci salviamo seguendo i consigli del satguru. Egli ci dà le istruzioni necessarie per evitare le stesse circostanze in futuro. La vicinanza stessa al guru ci dà forza.

"Il guru è la personificazione dell'altruismo. Noi siamo in grado d'imparare il significato di verità, *dharma* (rettitudine), rinuncia e amore perché il guru vive in queste qualità. Obbedendogli ed imitandolo, queste qualità si radicano in noi. L'obbedienza al guru non è schiavitù. L'obiettivo del guru è soltanto la salvezza del discepolo. In verità egli ci mostra il sentiero. Un vero guru non considererà mai il discepolo come uno schiavo. È pieno d'amore per il suo discepolo e vuole che lui raggiunga la meta, anche se questo significa difficoltà per se stesso. Il vero guru è proprio come una madre."

Le parole della Madre penetrarono profondamente nella mente dei presenti, sradicando i dubbi e piantando i semi della fede. Il giornalista se ne andò con la soddisfazione di aver assorbito molte cose che prima non sapeva.

*Sabato 22 giugno 1985*

# Meditazione

La Madre ed i brahmachari erano nella stanza di meditazione. Lì vicino erano seduti anche alcuni devoti laici. Non volendo perdere l'occasione di stare vicino ad Amma, un brahmachari che era arrivato da poco volle sapere qualcosa di più riguardo alla meditazione.

Brahmachari: "Amma, cosa significa meditazione?"

Madre: "Immaginiamo che stiamo per preparare il *payasam* (budino dolce di riso). Se qualcuno ci chiede perché stiamo versando l'acqua nella pentola, noi rispondiamo che è per il payasam. Ma per il momento stiamo solo scaldando l'acqua. In modo simile, quando prendiamo il riso e il *jaggery* (zucchero integrale grezzo), diciamo che queste cose sono per il payasam. In realtà il payasam non è ancora stato fatto. Allo stesso modo, quando sediamo con gli occhi chiusi diciamo che stiamo meditando ma, a voler essere precisi, questa non è meditazione, è un esercizio per raggiungere lo stato di vera meditazione. La vera meditazione è uno stato della mente, un'esperienza. Non può essere descritta a parole.

"Non usiamo forse la parola *sadhakam* riferendoci al canto anche se significa soltanto esercitarsi a cantare? Per poter cantare bene bisogna esercitarsi regolarmente e diventare esperti. Allo stesso modo, sul sentiero spirituale la sadhana è la pratica, e la meditazione è lo stato che si raggiunge come risultato.

"Meditazione è un pensiero continuo verso Dio, come lo scorrere di un fiume. Si raggiunge lo stato di meditazione soltanto acquisendo la capacità di concentrarsi su un solo punto. All'inizio bisogna purificare la mente, concentrarla e dissolverla attraverso il japa e il canto devozionale; poi si pratica la meditazione.

"Se dentro di noi non proviamo amore per Dio, non possiamo fissare la nostra mente su di Lui. Quando una persona prova vero amore per Dio, la sua mente non vagherà più verso cose materiali. Per lei, i piaceri del mondo sono come sterco di cane. I bambini piccoli raccolgono fango e terra e se li mettono in bocca. Ma saranno forse tentati di fare una cosa simile dopo essere cresciuti ed aver sviluppato un po' di discernimento?"

## I dolori della vita nel mondo

Un brahmachari portò delle lettere che erano appena arrivate e la Madre incominciò a leggerle. Mentre leggeva, Amma disse ai devoti: "Anche solo leggendo queste lettere, si capisce tutto della vita. La maggior parte raccontano storie piene di sofferenza."

Brahmachari: "Non ci sono lettere con domande su argomenti spirituali?"

Madre: "Sì, ma la maggioranza tratta di storie dolorose. Come la lettera che è arrivata l'altro giorno, scritta da una figlia. Suo marito torna a casa ubriaco tutti i giorni e la picchia. Un giorno, il figlio di due anni si è trovato in mezzo a loro. Per chi è completamente ubriaco, che differenza c'è tra un adulto ed un bambino? È bastato un calcio e l'uomo ha rotto la gamba al bambino. Adesso la gamba è ingessata. Anche dopo questo incidente il marito continua a bere come prima. La moglie si deve occupare del bambino e fare tutto in casa; ha scritto per avere la benedizione di Amma affinché il marito smetta di bere."

Un devoto: "Amma, leggi personalmente tutte queste lettere? Ce n'è un grosso mucchio anche solo con la posta di oggi."

Madre: "Quando Amma pensa alle lacrime di questa gente, come fa a non leggere tutte le lettere? Ad alcune risponde personalmente. Se ci sono tante lettere, allora Amma spiega a qualcuno cosa rispondere. È difficile leggere e rispondere a tutte. Alcune lettere sono lunghe dieci o dodici pagine. Amma non ha nemmeno il tempo di leggerle tutte. Amma legge fino all'alba. Ha una lettera in mano anche mentre mangia. Spesso Amma detta una risposta mentre sta facendo il bagno."

Amma diede le lettere ad un brahmachari dicendo: "Metti tutte queste lettere in camera di Amma, figlio. Amma le leggerà più tardi."

## Dettagli sulla sadhana

La Madre chiese ad un nuovo brahmachari: "Stai leggendo qualche libro in questi giorni, figlio mio?"

Brahmachari: "Sì, Amma. Ma quasi tutti i libri dicono sempre le stesse cose. E tutto viene ripetuto diverse volte anche all'interno dello stesso libro."

Madre: "Figlio mio, c'è soltanto una cosa da dire. Che cos'è eterno, che cos'è transitorio? Cos'è bene, cos'è male? Come si fa a realizzare l'eterno? La *Gita* e i *Purana* cercano di spiegare queste cose. I princìpi chiave vengono spiegati e rispiegati continuamente. Questo dimostra quanto siano importanti. Se la gente li ascolta ripetutamente, i princìpi rimarranno in mente. Tra i vari libri ci sono alcune differenze apparenti, tutto qui. Mentre il *Ramayana* parla della battaglia tra Rama e Ravana, il *Mahabharata* parla della guerra tra i Kaurava e i Pandava. Il principio di base è lo stesso. Come si fa a mantenere i giusti princìpi e a procedere nelle varie situazioni che la vita ci presenta? Questo è ciò che tutti i mahatma e tutti i libri cercano d'insegnarci."

Un altro brahmachari: "Amma, il mio corpo è molto debole ultimamente. Tutto è cominciato quando ho iniziato a prendere lezioni di yoga."

Madre: "Figlio mio, quando s'incominciano a praticare le posizioni yoga, per i primi mesi ci si sente affaticati. Dovresti mangiare di più. Quando il corpo si sarà abituato all'esercizio, ti sentirai di nuovo bene. Allora anche le abitudini alimentari dovranno tornare alla normalità." Amma rise: "Fa' che non ti sorprenda a rimpinzarti di cibo con la scusa che 'Amma mi ha detto di mangiare di più…'"

Tutti risero.

La Madre continuò: "I sadhak devono fare molta attenzione a quello che mangiano. È meglio non mangiare niente la mattina. Dovreste immergervi in meditazione più o meno fino alle undici. Le qualità tamasiche aumentano se si mangia troppo, e la mente si riempie di tutte le tendenze negative. Se mangiate qualcosa la mattina, deve essere un cibo molto leggero. La mente si deve concentrare sulla meditazione."

Un giovane era seduto vicino alla porta della sala di meditazione, e ascoltava attentamente le parole della Madre. Istruito e laureato, negli ultimi quattro anni aveva vissuto a Rishikesh. Il mese prima, mentre era a Delhi a trovare un amico, aveva sentito parlare di Amma. Due giorni prima era arrivato all'ashram per conoscerLa.

Giovane: "Amma, pratico la sadhana da diversi anni. Finora è stata una delusione. Perdo le forze quando penso che non sono ancora riuscito a realizzare Dio."

Madre: "Figlio mio, sai che tipo di distacco è necessario per raggiungere la realizzazione di Dio? Immagina di star dormendo profondamente nel tuo letto, quando all'improvviso ti svegli perché senti molto caldo. Scopri che intorno a te si è scatenato un incendio. In quel momento non ti verrebbe la frenesia di cercare di sfuggire all'incendio? Pensa all'urgenza con cui grideresti per chiamare aiuto, vedendoti la morte davanti. Per ottenere la visione di Dio devi gridare con la stessa urgenza. Pensa a come si sforzerà per riuscire a respirare una persona che cade nell'acqua alta e non sa nuotare. Devi lottare allo stesso modo per fonderti nel Supremo Assoluto. Dovresti provare continuamente dolore per non aver ancora raggiunto la visione di Dio. In ogni momento, il cuore dovrebbe farti male per questo motivo."

La Madre s'interruppe per un momento e poi continuò: "Non basta vivere in un ashram per ottenere la visione di Dio. Bisogna fare sadhana con immenso distacco. Bisogna pensare: 'Non voglio altro che Dio.' A chi ha la febbre alta, anche le cose dolci sembrano amare. In modo simile, se avete la febbre dell'amore per Dio, la vostra mente non andrà verso nient'altro. I vostri occhi non vorranno vedere nient'altro se non la forma di Dio. Le vostre orecchie vorranno solo ascoltare il nome divino; tutti gli altri suoni vi irriteranno e saranno dolorosi per le vostre orecchie. La vostra mente si dimenerà come un pesce fuor d'acqua finché non arriverete a Dio!".

La Madre chiuse gli occhi e si immerse in meditazione. Tutti rimasero seduti a fissarla intensamente.

Dopo diversi minuti, Amma si alzò e camminò lungo il muro esterno della stanza di meditazione. Il serbatoio dell'acqua potabile era sul lato sud, a meno di un metro dal muro della sala di meditazione, e c'era solo un passaggio stretto. L'acqua veniva pompata da questo serbatoio ad una cisterna più elevata, da cui veniva poi distribuita a tutto l'ashram.

La Madre guardò nel serbatoio. Prima di procedere verso la capanna, per dare il darshan alle persone che la stavano aspettando, disse ai brahmachari: "Si sta formando del muschio nella cisterna. Bisogna pulirla."

Era sceso il crepuscolo. Immersa in uno stato d'animo divino, la Madre era seduta sul lettino della Sua stanza e cantava un bhajan. Le fiamme delle lampade ad olio accese al tramonto erano assolutamente immobili, come se fossero assorte nel Suo canto, *'Agamanta porule jaganmayi'*.

> *Essenza dei Veda,*
> *Che pervadi l'universo,*
> *Piena di saggezza,*
> *C'è qualcuno che ti conosce?*
> *Sé pieno di beatitudine,*
> *Essere eterno, privo di dolore,*
> *Potere supremo primordiale,*
> *Proteggimi!*
>
> *Tu dimori in tutti i cuori, onnisciente,*
> *Pronta ad offrire la beatitudine della liberazione,*

*Invisibile ai malvagi, ma sempre splendente*
*Nella meditazione dei virtuosi.*

*Tu splendi*
*Nella forma della Verità eterna.*
*Devi, Eterna,*
*Indicami il sentiero della salvezza;*
*Splendi in me, stupido tra gli esseri umani.*

*Ti dico chiaramente, Madre,*
*Degnati di entrare e splendere nel mio cuore.*
*Concedimi di lodare la Tua storia*
*E liberami da questa Maya.*

Sul muro dietro ad Amma c'era un quadro di Devi Saraswati con la *vina* (strumento musicale a corde) in mano. Le dita della Devi incominciarono forse a suonare la vina quando Amma iniziò a cantare? Prima che l'eco del Suo canto si spegnesse, Amma prese il quadro e baciò ripetutamente l'immagine della Devi. Si strinse il quadro al cuore e rimase seduta immobile per un po' di tempo.

Restò seduta nella stessa posizione senza il minimo movimento. Quando nel kalari incominciarono i bhajan serali, Amma appoggiò gentilmente il quadro sul letto. Sul quadro erano visibili due rivoli di lacrime. Amma si alzò e incominciò a camminare lentamente avanti e indietro, sempre immersa nel Suo stato d'animo divino. I bhajan terminarono e l'*arati*[2] si concluse. La Madre uscì e andò nel piccolo giardino di fronte alla stanza di meditazione.

---

[2] Il rituale nel quale si suona una campanella e si offre la luce, sotto forma di canfora accesa, di fronte alla Divinità in un tempio o di fronte ad un santo, come parte culminante di una *puja* (rito devozionale). La canfora brucia senza lasciar traccia; ciò simboleggia la completa distruzione dell'ego.

## Consigli alle persone con famiglia

Alcuni devoti, che stavano aspettando in disparte, si avvicinarono alla Madre. Amma li condusse al kalari e si sedette.

Un devoto: "Amma, ho una domanda a proposito di qualcosa che hai detto ad un brahmachari questa mattina."

Madre: "Di che si tratta, figlio mio?"

Devoto: "Amma ha detto che la vita mondana è come sterco di cane. Bisogna davvero considerare così la vita nel mondo?"

Madre (ridendo): "Amma non stava forse parlando con un brahmachari? Loro devono avere questo tipo di distacco per perseverare sul sentiero spirituale. Un brahmachari che ha un forte senso della meta finale non si sentirà per niente attratto dalla vita nel mondo. Amma deve dargli un'im-magine miserabile della vita nel mondo, in modo che egli abbia la forza di procedere verso la meta finale. Altrimenti, resterà intrappolato dai piaceri materiali e perderà la sua forza.

"Un soldato riceve l'addestramento necessario per il suo lavoro nell'esercito, mentre un poliziotto viene addestrato in modo diverso per i suoi compiti come ufficiale di polizia. In modo simile, le istruzioni necessarie per un brahmachari e quelle per una persona che vive nel mondo sono diverse. Anche se l'obiettivo finale è lo stesso per entrambi, c'è una differenza nel livello d'intensità. Il brahmachari ha già rinunciato a tutte le relazioni e si è dedicato completamente a questo cammino. Egli recita il mantra del distacco ad ogni passo.

"Amma non vuol dire che il *grihasthashrama* sia inferiore. I rishi dei tempi antichi non erano forse tutti sposati? Rama e Krishna non hanno forse abbracciato la vita nel mondo? Ma chi ha fatto voto di *brahmacharya* deve considerare la vita nel mondo come sterco di cane. Solo così sarà in grado di mantenere il livello di distacco necessario per rimanere sul sentiero.

"Quindi bisogna consigliare un brahmachari in modo che raggiunga il distacco completo. Amma è molto felice di vedere il risveglio del senso del distacco nei suoi figli sposati. Essi devono solo fare attenzione che questa fiamma non si spenga, ed un giorno potranno raggiungere la meta. Amma non chiederà a nessuno di abbandonare ogni cosa e di diventare un *sannyasi* prima che si sia acquisito un senso di distacco totale.

"Il cammino che Amma raccomanda non è di andare sull'Himalaya e sedersi ad occhi chiusi pensando soltanto alla *moksha* (liberazione). Bisogna imparare a superare le circostanze avverse. Lo sciacallo, seduto nella giungla, pensa tra sé che la prossima volta che vedrà un cane non ululerà. Però nel momento in cui vedrà un cane, per via dell'abitudine, non riuscirà a trattenersi dall'ululare. Una persona veramente coraggiosa è chi che non ha attaccamenti o senso del possesso, pur vivendo in mezzo alle esperienze mondane. Il vero grihasthashrami dovrebbe essere così.

"Proprio come il fiore svanisce quando appare il frutto, i desideri materiali scompaiono quando matura il distacco. Da quel momento in poi nessun desiderio può legare una persona, che viva in casa o nella foresta. Chi ha stabilito che il suo obiettivo è la realizzazione di Dio non darà importanza a nient'altro. Ha capito che niente di materiale è permanente e che la vera beatitudine è all'interno."

Devoto: "Come si fa a richiamare indietro la mente quando va in cerca di piaceri esteriori?"

Madre: "Quando ha fame, il cammello mangia cespugli pieni di spine. La sua bocca sanguinerà a causa delle spine. Supponi di mangiare soltanto peperoncini quando hai fame, perché ti piacciono. Ti bruceranno sia la bocca che lo stomaco. Volevi soddisfare la fame, ma adesso devi sopportare il dolore. Allo stesso modo, se si dipende da cose materiali per la propria felicità, alla fine ci sarà il dolore.

"Prendi il cervo muschiato, per esempio. Per quanto a lungo cerchi il luogo da cui proviene il profumo del muschio, non lo troverà mai, perché il profumo è dentro di lui. La beatitudine non è nelle cose esterne, ma dentro di noi. Una volta che avremo contemplato questa verità, e ottenuto abbastanza distacco, la mente smetterà di inseguire i piaceri esteriori.

"Quando sappiamo che il succo è all'interno del frutto, lo peliamo e buttiamo via la buccia. Questa è l'attitudine che dovrebbe avere un sadhak. Allora la mente non andrà all'esterno e saremo in grado di apprezzare l'essenza di ogni cosa."

Devoto: "Amma, non è possibile godere della beatitudine spirituale pur vivendo una vita materiale?"

Madre: "Come si fa a sperimentare pienamente la beatitudine spirituale senza aver completamente fissato la mente su Dio? Se mischi il payasam con altri cibi, riesci a gustarne pienamente il sapore?

"Il Signore Vishnu chiese diverse volte a Sanaka e agli altri saggi di sposarsi. Ma essi risposero: 'Ogni attimo della vita matrimoniale passerebbe senza pensare a te. Abbiamo bisogno soltanto di te e di nient'altro, Signore!'

"Poiché niente è separato da Dio, alcune persone ribattono che allora la vita nel mondo va bene. Non ci sono problemi se si riesce a pensare a Dio in ogni circostanza. Ma siamo in grado di farlo? Che cosa facciamo di solito quando mangiamo qualcosa di dolce, ci godiamo il gusto o ci ricordiamo di Dio? Se anche in quei momenti non riesci a pensare ad altro che a Dio, allora non c'è problema, si può seguire quel sentiero."

Devoto: "Le nostre Scritture prescrivono quattro fasi nella vita – brahmacharya, grihasthashrama, vanaprastha, e sannyasa. Dopo la fase del matrimonio, grihasthashrama, si entra nel vanaprastha quando s'incomincia a provare distacco. Si diventa sannyasi quando il distacco è completo. Tutti i legami vengono recisi e ci si abbandona completamente a Dio. Questo è il vero scopo della vita."

Un altro devoto: "Si dice anche che si può passare direttamente da brahmacharya a sannyasa se si ha completo distacco."

Madre (ridendo): "Certo, ma i genitori non lo permettono. Alcuni dei residenti dell'ashram hanno dovuto superare serie opposizioni per poter rimanere qui."

Devoto: "Amma, ci meritiamo la realizzazione? Siamo così tristi di essere intrappolati in questa vita materiale."

Madre: "Non pensatela in questo modo, figli miei! Ragionate così: questa fase è necessaria per rimuovere tutti gli ostacoli sul cammino verso Dio. Quando andiamo a fare una gita, se vediamo qualcosa che blocca il sentiero lo rimuoviamo e poi proseguiamo il cammino, altrimenti continuerà ad essere un ostacolo. La vita nel mondo ci permette di sradicare il desiderio e la rabbia che sono in noi. Amma a volte raccomanda il matrimonio a quei figli le cui vasana sono molto forti. Se le vasana vengono represse, prima o poi esploderanno. Abbiamo bisogno di trascenderle. La vita familiare ce ne fornisce l'opportunità.

"Dobbiamo rendere forte la mente attraverso la contemplazione. Se un bambino cade mentre cerca di fare i primi passi, si deve rialzare e riprovare a camminare. Se rimane semplicemente lì per terra, non farà alcun progresso. La vita di famiglia non è per allontanarci da Dio, ma per avvicinarci a Lui. Usatela a questo scopo, figli miei, senza preoccuparvi troppo.

"La vita di famiglia ci permette di conquistare le nostre vasana. Non annegate nelle vasana; comprendetene la natura e trascendetele. Raggiungeremo la meta solo se ci distacchiamo completamente dalle vasana. Dopo aver mangiato payasam a sazietà ci sentiamo soddisfatti, ma dopo un po' ne vogliamo il doppio. Una volta che abbiamo capito la vera natura di questi desideri, la mente smetterà di corrervi dietro. Mangereste forse il payasam se vi fosse caduta dentro una lucertola?

"Quando le vasana ci tirano verso di loro, la mente resiste se sa che esse non sono la fonte della vera gioia, e che ci porteranno soltanto dolore. Ma questa consapevolezza deve essere ben radicata nella mente e nell'intelletto. Non sprecate la vostra vita, figli miei, ad essere schiavi della vostra mente! Non barattate un gioiello inestimabile con una caramella. La nostra mente si calmerà soltanto se smetteremo di dare troppa importanza ai piaceri dei sensi.

"Non preoccupatevi se al momento non avete la forza di farlo. Sedetevi in solitudine per un po' di tempo ogni giorno e riflettete su queste cose con l'atteggiamento distaccato di un testimone. Fatene un'abitudine regolare e senz'altro riceverete la forza di cui avete bisogno. Non serve a niente star seduti in un angolo a piangere perché si è troppo deboli. Trovate la forza di cui avete bisogno. Allora sarete in grado di affrontare qualunque sfida senza vacillare. Figli miei, non piangete pensando di non essere degni. Questo vi deruberà soltanto della vostra forza.

"Figlio, non rimpiangere di non esser diventato un brahmachari, o di non poter stare costantemente con Amma. Voi figli siete come le foglie di una pianta. Alcune foglie sono vicine al fiore, altre lontane, ma tutte appartengono alla stessa pianta. Allo stesso modo, voi siete tutti figli di Amma; non dubitatene minimamente. Non siate tristi pensando di non poter godere della presenza fisica di Amma poiché non vivete con Lei. Un giorno anche voi potrete raggiungere la meta finale."

Devoto: "Comunque, non abbiamo forse sprecato la nostra vita, intrappolati come siamo in tutti questi desideri materiali?"

Madre: "Perché dovresti dolerti di ciò che appartiene al passato? Vai avanti con fede.

"C'era una volta un taglialegna. Era molto povero. Andava nella foresta tutti i giorni, tagliava la legna e ne faceva del carbone che poi portava in un negozio, dove veniva venduto come combustibile. Il suo guadagno era misero, insufficiente perfino a riempirgli lo stomaco. La sua casa era soltanto una vecchia capanna, marcia fradicia. Poiché la sua salute non gli permetteva di lavorare di più, era sempre disperato. Un giorno il re capitò in quel villaggio e sentì parlare della triste condizione del taglialegna. Il re gli disse: 'D'ora in poi, non dovrai più faticare. Ti regalo una foresta di legno di sandalo. Con il ricavato potrai vivere comodamente.'

"Il giorno dopo, il taglialegna andò al lavoro come al solito. Poiché adesso aveva una foresta propria, non doveva andare alla ricerca di alberi da tagliare. Tagliò degli alberi di sandalo, ne fece del carbone e lo portò come sempre al negozio, ma non guadagnò più di prima.

"Dopo qualche anno, il re tornò al villaggio. Chiese notizie dell'uomo a cui aveva regalato la foresta di alberi di sandalo. Il re si aspettava che fosse diventato un uomo molto ricco, ma fu sbalordito nel vederlo: era forse anche più povero di una volta. Non c'era felicità sul suo viso e si era perfino dimenticato come si fa a sorridere. Il re, sbigottito, gli chiese: 'Che cosa ti è successo? Che cosa ne hai fatto della foresta che ti ho dato?' 'Ho tagliato gli alberi e li ho venduti come carbone,' disse l'uomo. Il re non riusciva a credere che l'uomo avesse dato via quegli alberi preziosi per una misera somma di denaro. 'Sono rimasti degli alberi?' 'Sì, uno,' disse l'uomo. Il re rispose: 'Sciocco! Quella che ti ho dato era una foresta di alberi di sandalo. Non dovevano essere bruciati come combustibile! Beh, per lo meno è rimasto un albero. Taglialo e vendilo senza ridurlo in carbone. Ne ricaverai abbastanza da poter vivere per il resto della vita.' Seguendo il consiglio del re, da quel momento in poi il taglialegna fu in grado di vivere comodamente.

"Figli miei, voi avete il desiderio di conoscere Dio. Questo è abbastanza. Le vostre vite andranno a compimento. È sufficiente che conduciate una vita corretta d'ora in avanti."

Una donna con due bambini piccoli si avvicinò ad Amma e s'inchinò. Mettendo la testa in grembo alla Madre, incominciò piangere amaramente raccontando la sua storia dolorosa.

Suo marito aveva avviato un'impresa con dei soldi presi a prestito ad un tasso d'interesse esorbitante. L'impresa era fallita. Essi avevano venduto la loro terra e impegnato i gioielli della donna per ripagare il debito. Non erano riusciti a riscattare i gioielli in tempo, che quindi erano finiti all'asta. A causa delle pressioni dei creditori, avevano venduto la casa e affittato un'altra abitazione. Adesso non avevano i soldi per pagare l'affitto. La donna era partita con i figli con l'idea di suicidarsi, ma poi aveva sentito parlare di Amma da un'amica ed era venuta da Lei.

Disse tra le lacrime: "Amma, sai che vita comoda facevamo? Mio marito ha rovinato ogni cosa. Non posso più vivere con lui. Non ci sono nemmeno i soldi per l'affitto. Tutti i miei parenti sono ricchi. Come faccio a farmi vedere da loro? Allora ho deciso di porre fine alla mia vita e anche a quella dei bambini."

Madre: "Figlia mia, non devi morire per questo. E comunque, la morte è forse nelle tue mani? E che diritto hai di porre fine alla vita dei tuoi bambini?

"Dove c'è fuoco c'è anche fumo, figlia mia. Dove c'è il desiderio, c'è anche il dolore. Proprio come il sole ed il suo calore. Volevate una vita grandiosa e quindi avete creato una grande impresa. Questa è la causa del vostro dolore. Se aveste imparato ad essere soddisfatti di quello che avevate, adesso non ci sarebbero problemi. La vita è piena di felicità e di dolore. Nessuna vita è tutta felicità, o tutto dolore.

"C'è un tempo per tutto. In certi momenti della nostra vita, tutte le cose che intraprendiamo finiscono in fallimento. È inutile crollare quando questo succede. Aggrappati forte a Dio. È Lui il nostro unico rifugio, e non mancherà di indicarci una via d'uscita. Per lo meno hai la salute, puoi guadagnarti da vivere.

Ci penserà Dio. È inutile restar seduti in un angolo a piangere: perderemo solo tempo e ci rovineremo la salute. Non affliggerti per quello che è stato, figlia mia! Ricordare il passato e piangerci sopra è come coccolare un cadavere.

"Il passato non tornerà più. E del futuro non sappiamo niente. Invece di sprecare tempo e rovinarti la salute rimuginando sul passato e preoccupandoti per il futuro, devi rafforzare il presente. Fissandoti sul passato e sul futuro stai distruggendo il presente. Soltanto il Paramatman conosce tutti e tre: passato, presente e futuro. Quindi, devi affidarli tutti e tre a Lui e andare avanti, ricordandoti sempre di Lui. In questo modo sul tuo viso ci sarà sempre un sorriso.

"Immagina una persona che sta mangiando un gelato. Mentre mangia, pensa: 'Nel ristorante in cui sono andato ieri, tutto il cibo era scoperto. E se uno scarafaggio o una lucertola ci fossero caduti dentro? Il mal di testa che avevo stamattina era causato da quello? Questa mattina mio figlio mi ha chiesto di nuovo dei vestiti nuovi. Come faccio a comprargli qualcosa? Non ho soldi. È da tanto che sogno una casa più bella, ma quello che guadagno non basta. Le cose migliorerebbero se solo trovassi un lavoro migliore!' A quel punto il gelato è finito. Immerso nei suoi pensieri, l'uomo non ne ha sentito nemmeno il gusto. Il passato gli disturbava la mente, e il futuro lo preoccupava; in questo modo ha perso un'occasione piacevole nel presente. Se, invece, si fosse dimenticato del passato e del futuro e avesse prestato attenzione al momento presente, avrebbe potuto per lo meno gustarsi il gelato. Quindi, godetevi ogni momento del cammino, figli miei. Abbandonate ogni cosa a Dio e salutate ogni circostanza con un sorriso. Dimenticatevi del passato e del futuro e affrontate con consapevolezza quello che succede nel momento presente.

"Se cadete, rialzatevi e proseguite con entusiasmo. Considerate la caduta come un avvenimento che è servito a rendervi più vigili. Considerate il passato come un assegno annullato. Non serve a niente rimuginarci sopra. È inutile restar seduti a preoccuparsi delle proprie ferite; bisogna medicarle il più presto possibile.

"Figlia mia, nessuno viene a questo mondo con qualcosa, né si porta via niente. Acquisiamo delle cose e poi le perdiamo. Questo è tutto. Quando capiremo che questa è la natura delle cose, non perderemo la nostra forza preoccupandocene. La vera ricchezza è la pace mentale, figlia mia. È questa ricchezza che dovremmo cercare di proteggere.

"Resta qui finché tuo marito non trova lavoro. Anche i tuoi bambini possono restare qui. Smettila di preoccuparti!"

Con le Sue mani, la Madre asciugò le lacrime della donna, portando via tutte le sue preoccupazioni.

Un'altra donna disse: "Amma, sono molto triste quando non riesco a stabilire un legame con Dio, perché ho molti brutti pensieri che mi tormentano."

Madre: "Figlia mia, non agitarti per dei cattivi pensieri. La mente è soltanto una collezione di pensieri. Prova a pensare che i brutti pensieri vengono a galla perché è ora che scompaiano. Ma fa' attenzione a non identificarti con loro.

"Quando viaggiamo in autobus, vediamo così tante cose per la strada: belle case, fiori attraenti, giardini bellissimi e così via. Ma non creiamo nessun legame con loro; li lasciamo semplicemente passare, perché non sono loro la nostra destinazione. Dobbiamo imparare a vedere nello stesso modo i pensieri che passano per la nostra mente. Osservateli, ma non stabilite un rapporto con loro. Possiamo stare sulla riva del fiume e osservarlo scorrere. Il fiume è interessante da guardare, ma se ci buttiamo in acqua perdiamo in fretta le forze. Cercate di sviluppare l'abilità di restare ad osservare come testimoni i pensieri che passano attraverso la vostra mente. Ciò renderà forte la vostra mente."

Una donna che aveva ascoltato le parole della Madre disse: "Amma, una volta che restiamo invischiati nella ragnatela della vita di famiglia è difficile liberarsene, per quanto ci si provi!"

Madre: "Un uccello appoggiato su un ramo secco di un albero mangia un frutto che ha trovato da qualche parte. Sa che il ramo si può spezzare in ogni momento, quindi sta molto all'erta mentre è lì appollaiato. Dovete capire che questo mondo è così. Si può perdere tutto in un momento. Ricordatevi di questo, figli miei. Aggrappatevi alla verità che soltanto Dio è eterno. In questo modo non ci sarà motivo di soffrire.

"Se sappiamo che intorno a noi qualcuno sta sparando mortaretti e fuochi d'artificio, al prossimo botto non ci spaventeremo e non perderemo l'equilibrio. Allo stesso modo, se comprendiamo la vera natura del mondo, non perderemo il nostro equilibrio. Dobbiamo imparare a fare ogni cosa come se fosse un dovere che ci è stato assegnato, e a procedere senza identificarci con niente.

"Guardate il direttore di una banca. Guardate quante persone lavorano sotto di lui. Egli deve prestare attenzione a tutti, e inoltre deve trattare con le persone che chiedono un prestito e che presentano vari documenti. Se il direttore si fa incantare dai loro sorrisi e complimenti e concede loro il prestito senza esaminare attentamente i documenti, finirà in galera. Sa che alcuni di loro sono disposti a tutto pur di ottenere il denaro. Sa che i soldi della banca non sono suoi, ma non per questo li dà a tutti quelli che li chiedono. Non si infastidisce con nessuno e non esita a concedere il prestito a chi ha i requisiti giusti. Fa semplicemente il suo dovere in modo corretto, questo è tutto; e quindi non ha motivo di dolersi.

"Dovremmo essere tutti così. Dovremmo essere in grado di fare ogni cosa con sincerità ed entusiasmo. Non dobbiamo scoraggiarci o impigrirci, pensando che tanto, alla fine, niente ci appartiene. Dobbiamo fare il nostro lavoro considerandolo il nostro dovere, con shraddha. Non dobbiamo sentire avversione nei suoi confronti. Cercate di vedere ogni cosa come un aspetto del Paramatman. Tutto è lo stesso Principio ultimo.

"Non vedete le caramelle incartate in carte di colori diversi – rosso, bianco, blu e verde? All'esterno sono tutte diverse. I bambini litigano per avere il loro colore preferito, 'io voglio quella blu', 'io la rossa', e così via. Il bambino che vuole la caramella rossa non è contento se gli si dà quella blu. Piangerà finché non otterrà quella rossa. Ma una volta che sono state scartate, le caramelle hanno tutte lo stesso gusto. Noi siamo come quei bambini. Non pensiamo alla caramella, ma restiamo affascinati e litighiamo per la carta colorata. In realtà, il principio che dimora in tutte le cose viventi è lo stesso. Anche se la forma esteriore ed il colore cambiano, il principio supremo non cambia. Non siamo in grado di afferrare questa verità perché abbiamo perso la nostra innocenza di bambini e la purezza interiore.

"Immaginiamo che qualcuno sia arrabbiato con noi o si comporti in maniera ostile. Se reagiamo con rabbia nei suoi confronti o lo puniamo, è come se infilassimo un dito nella sua ferita, allargandogliela, invece di applicare una medicina per farla guarire. Il pus della sua ferita cadrà sul nostro corpo e farà puzzare anche noi. Il suo ego si rafforza e la nostra ignoranza aumenta. Se invece lo perdoniamo, è come se spalmassimo un medicamento sulle sue ferite, e questo renderà più vasta la nostra mente. Quindi, figli miei, vivete una vita d'amore e di perdono. Tutto questo vi potrà sembrare molto difficile ma, se ci provate, ci riuscirete senz'altro."

Devoto: "Amma, dove possiamo trovare il tempo per la meditazione e il japa con tutte le responsabilità della vita di famiglia?"

Madre: "Niente è difficile per coloro che davvero lo vogliono. Dovete avere un desiderio sincero. Dovreste passare per lo meno un giorno alla settimana in solitudine, compiendo la sadhana.

Anche se avete delle responsabilità e del lavoro da fare, dovreste comunque mettere da parte un giorno per le pratiche spirituali. Non prendete forse un giorno di permesso se non state bene, anche se c'è tanto lavoro incompiuto, o se dovete andare al matrimonio di un parente? Qui si tratta di qualcosa di molto più importante! Quindi, almeno un giorno alla settimana, andate in un ashram e fate sadhana e seva. Quel giorno vi aiuterà a rafforzare l'amore e la cooperazione anche in famiglia.

"Quando i vostri figli combinano dei guai, spiegate loro le cose in modo amorevole. L'infanzia è il fondamento della vita. Se non prestiamo attenzione ai nostri bambini e non dimostriamo loro amore e affetto, essi potranno prendere una brutta strada. I genitori devono fare in modo di essere particolarmente affettuosi con i figli quando questi sono molto giovani, proprio come si bagna una tenera pianticella. Una volta che i figli sono cresciuti e hanno trovato lavoro, i genitori possono affidar loro le responsabilità della famiglia e ritirarsi a vivere in un ashram e fare la sadhana in solitudine. Purificate la mente con il servizio. Non è saggio rimanere attaccati alla casa e ai figli fino al momento della morte. Quando i figli sono cresciuti, diventerà forte in voi il desiderio di vedere i vostri nipoti e di aiutare ad allevarli. Tutti gli esseri viventi riescono a crescere e a sopravvivere, non è vero? Non aspettano che qualcuno li aiuti. Lasciate i vostri figli nelle mani di Dio. Questo è ciò che dovrebbero fare dei genitori affettuosi. Questo è vero amore.

"Fino ad oggi, abbiamo faticato 'per noi stessi e per i nostri figli'. In questo non c'è differenza fra noi e gli animali. Allora, qual è il frutto di questa nostra vita umana così preziosa? D'ora in poi dovremmo lavorare 'per Te'. In questo modo l'io a poco a poco scomparirà spontaneamente. E svaniranno anche le nostre preoccupazioni e i nostri dolori.

"Dopo esser saliti sul treno, continuiamo forse a reggere i bagagli e a lamentarci di come sono pesanti? Possiamo appoggiarli a terra. In modo simile, imparate a prendere rifugio nell'Essere Supremo, affidandoGli ogni cosa.

"Se un giorno alla settimana è troppo, per lo meno dovreste passare due giorni al mese nell'atmosfera di un ashram, immersi nel japa, nella meditazione e nel servizio. Ricordarsi di Dio è il vero fondamento della vita. A tempo debito riusciremo a liberarci di tutti i legami, proprio come un serpente perde la pelle, e a fonderci in Dio. Seguite una disciplina regolare. Alcune persone dicono che anche il mondo esterno è Brahman, e allora perché allontanarsene? Sì, tutto è Brahman, ma abbiamo raggiunto quel livello? Dio non vede il lato negativo in nessuno, vede solo il bene in tutto. Quando avremo la stessa attitudine, allora potremo dire che 'tutto è Brahman.' Anche se c'è una sola cosa buona tra mille negative, Dio vedrà soltanto quella.

"Un guru aveva due discepoli. Era solito affidare ad uno di loro molte responsabilità dell'ashram. All'altro discepolo la cosa non piaceva, perché riteneva di essere il migliore discepolo dell'ashram. Incominciò quindi a provare antipatia per l'altro discepolo. Un giorno chiese al guru: 'Perché non mi affidi nessun compito di responsabilità dell'ashram? Posso svolgerlo meglio di lui.'

"Il guru chiamò entrambi i discepoli e chiese loro di uscire dall'ashram per indagare sulla natura della gente. Il primo discepolo, mentre camminava, vide un uomo che dava una caramella e consolava un bambino sul ciglio della strada. Dopo essersi informato, venne a sapere che quell'uomo era in realtà un assassino. Il discepolo fu comunque contento vedendo il lato buono di quell'uomo. Continuando a camminare, vide qualcuno che dava da bere ad un uomo anziano sdraiato sul ciglio della strada, indebolito dalla fame e dalla sete. Il discepolo scoprì che l'uomo che gli stava portando soccorso era un ladro, ma fu contento di vedere che c'era della compassione persino in lui. Poi vide una donna asciugare le lacrime di un'altra donna, e consolarla. La donna gentile era una prostituta. Il discepolo non poté guardarla con disprezzo, vedendo la sua compassione. Tornò dal guru e descrisse ogni cosa, lodando in particolar modo tutte le buone azioni di cui era stato testimone.

"In quel momento tornò anche il secondo discepolo. Riferì di aver visto un uomo che picchiava un bambino. E poi aveva visto qualcuno sgridare un mendicante. E più avanti aveva visto un'infermiera trattar male un paziente. Tutto ciò aveva generato nel cuore del discepolo soltanto odio per quelle persone. L'uomo che aveva picchiato il bambino aveva in verità un cuore grande: dava infatti da mangiare e da vestire a molti bambini poveri e pagava per la loro istruzione. Ma questo bambino aveva l'abitudine di rubare. Parlargli non era servito a niente e così l'uomo era arrivato a prendere la decisione di picchiarlo, per fargli capire il suo errore. Ma il discepolo non riuscì a giustificare la cosa. Pensò tra sé: 'Nessuno, per quanto di buon cuore, dovrebbe picchiare un bambino. Cattivo!'

"La seconda persona che aveva incontrato era un uomo molto generoso col prossimo; aveva visto un uomo in salute chiedere l'elemosina, e stava cercando di convincerlo ad usare la salute che Dio gli aveva dato per guadagnarsi da vivere lavorando. Il discepolo non approvò nemmeno lui. Pensò: 'Per quanto generosa sia una persona, che diritto ha di rimproverare qualcuno? Se non voleva dargli niente, poteva semplicemente mandar via il mendicante.'

"Infine, l'infermiera che aveva visto il discepolo voleva molto bene ai suoi pazienti. Li assisteva giorno e notte. Ma il paziente in questione aveva l'abitudine di togliersi le bende e questo ritardava la guarigione delle ferite. L'infermiera lo stava rimproverando per questo motivo, per amore. Beh, al discepolo non piacque nemmeno questo. 'Probabilmente l'infermiera gli aveva applicato una pomata che gli bruciava le ferite, ecco perché il paziente si era tolto le bende. E lei l'ha sgridato, la disgraziata!'

"Dopo aver ascoltato le spiegazioni di entrambi i discepoli, il guru disse: 'Non c'è nessuno completamente cattivo in questo mondo. Per quanto malvagia sia una persona, ci sarà in lei qualcosa di buono. Uno di voi ha saputo vedere il lato positivo in un assassino, in un ladro e in una prostituta. Se c'è della bontà in noi, la vedremo anche negli altri. Questi sono gli occhi di cui abbiamo bisogno.'

"Il guru disse poi all'altro discepolo: 'Figlio mio, negli altri tu hai visto la tua stessa natura. Sei riuscito a vedere solo cose brutte, anche in chi aveva tanta bontà. Il giorno che la tua natura cambierà, sarai in grado di vedere il bene in ogni cosa.'

"Al momento attuale, la nostra mente è come quella del secondo discepolo. Anche se ci sono mille cose giuste, non le vediamo; vediamo soltanto l'unico errore. Ma Dio vede soltanto ciò che c'è di buono nei Suoi figli. Soltanto quando avremo quell'atteggiamento, potremo dire che tutto è Brahman, o che tutto è Dio.

"Ci sono persone che chiedono: 'Il guru non è forse dentro di noi? Non basta che seguiamo la nostra mente? Perché dovremmo prendere rifugio in qualcun altro?' È vero che il guru è dentro di noi, ma al momento attuale quel 'guru' è schiavo delle nostre vasana. La mente non è sotto il nostro controllo; è controllata dalle vasana. Quindi, è pericoloso seguire la mente.

"Amma vuole raccontarvi la storia di un uomo che aveva avvicinato diversi guru. Tutti gli avevano parlato solo di umiltà, fede e devozione. All'uomo la cosa non era piaciuta: 'Non voglio essere lo schiavo di nessuno', aveva deciso. Si sedette sul ciglio della strada e pensò: 'Nessuno dei guru che ho incontrato è adatto a guidarmi.' Mentre pensava queste cose, alzò gli occhi e vide un cammello che pascolava lì vicino, che dondolando la testa sembrava annuire. L'uomo fu sorpreso nel vedere che il cammello capiva i suoi pensieri. 'Questo deve essere il guru che stavo cercando', pensò tra sé e sé. Si avvicinò al cammello e gli chiese: 'Vorresti esser il mio guru?' Il cammello fece di nuovo segno di sì con la testa. L'uomo ne fu felice.

"Da quel momento in poi, non faceva niente senza prima chiedere al cammello-guru. Il cammello acconsentiva a tutto quello che lui gli chiedeva, facendo segno di sì con la testa. Un giorno l'uomo chiese al cammello: 'Ho visto una ragazza. Posso amarla?' Il cammello fece segno di sì. Dopo qualche giorno tornò dal cammello e gli chiese: 'Posso sposarla?' Il cammello-guru approvò anche questo. Passarono alcuni giorni. La domanda successiva fu: 'Va bene se bevo un pochino?' Il cammello assentì di nuovo. Quel giorno l'uomo tornò a casa completamente ubriaco, e questa divenne ben presto un'abitudine. A sua moglie la cosa non piaceva. Lui andò dal guru e gli chiese se poteva litigare con la moglie. Ancora una volta, il guru fu d'accordo. Poco tempo dopo l'uomo tornò e chiese: 'A mia moglie non piace che io beva. Posso ucciderla?' Anche in quest'occasione il cammello fece segno di sì con la testa. L'uomo si precipitò a casa e pugnalò sua moglie, ferendola gravemente. Arrivò la polizia e lo arrestò. L'uomo fu condannato all'ergastolo.

"La nostra mente è come il cammello-guru. Non si chiede se qualcosa è giusto o sbagliato e approva qualsiasi cosa ci faccia piacere. Non pensa alle conseguenze future. Se facciamo affidamento sulla mente, che è in balìa delle nostre vasana, sperimenteremo soltanto un'eterna schiavitù. Al momento, il nostro intelletto non ha alcun discernimento, quindi la cosa migliore è seguire i consigli di un vero guru. Oggi facciamo le cose sbagliate con la scusa che è Dio a farcele fare. È sbagliato pensare che il guru debba essere d'accordo su tutto quello che facciamo. Soltanto chi segue le istruzioni del guru senza obiettare sarà in grado di raggiungere la meta. È lui il vero discepolo.

"Proprio come la testuggine fa schiudere le uova col pensiero, un pensiero del guru è sufficiente a condurre il discepolo alla meta. Un satguru è colui che ha realizzato la Verità. Seguire i suoi consigli ci eleverà, anche se al momento ci sembrano scomodi. Quei 'guru' che approvano tutti i desideri dei discepoli non sono dei veri guru. Sanno solo far segno di sì con la testa, come il cammello. Non pensano al progresso dei discepoli."

Un devoto: "Amma, le Scritture non dicono forse che 'tutto è Brahman'?"

Madre: "Ma noi non abbiamo ancora raggiunto quello stadio! Quindi, dobbiamo agire con discriminazione. Non è prudente avvicinarsi ad un cane rabbioso, dichiarando che ogni cosa è Brahman. Anche l'amico che ci dice di stare alla larga dal cane rabbioso è Brahman. Se in questa situazione non avete il discernimento per decidere la cosa giusta da fare, la vostra vita sarà rovinata.

"Finché non ne avremo fatto l'esperienza diretta, a cosa serve dire che 'tutto è Brahman'? Pensate a vari oggetti fatti di vimini. Il vimine è nella sedia, nel tavolo, nella cesta. Ma si può anche dire che il vimine contiene in sé la sedia, il tavolo e la cesta. In modo simile, c'è l'oro nell'anello, nel braccialetto e negli orecchini, ma la cosa che più ci affascina è la forma esterna di queste cose. Chi non resta incantato dalla forma esterna vede l'oro in tutti quegli oggetti. Dobbiamo riuscire a sviluppare questo tipo di visione. Dobbiamo comprendere che ogni cosa contiene in sé la sola e unica verità, Brahman. Chi ha raggiunto questo stadio non può far niente di sbagliato. Sono coloro che sanno solo parlare di Brahman senza averne fatto l'esperienza, che commettono gli errori.

"L'*Advaita* (non-dualità) è lo stato in cui esiste soltanto l'Uno. È lo stato in cui vedi naturalmente che gli altri sono il tuo stesso

Sé. Non è qualcosa di cui si può parlare; è uno stato di cui si deve fare l'esperienza.

"Una volta un uomo prese in prestito dei soldi da diverse persone e acquistò un'isola. Lì costruì un palazzo tutto per sé. A tutti coloro che gli facevano visita, parlava soltanto del suo palazzo e di quanto lui fosse importante. Un giorno un sannyasi andò a chiedere l'elemosina *(bhiksha)*. Pensando che il sannyasi non gli stesse mostrando il dovuto rispetto, il ricco s'innervosì e gli disse: 'Non sai chi è il proprietario di quest'isola, del palazzo e di tutto il resto? Tutte queste cose sono mie. Sono io che ho dominio su tutto. Non c'è persona che non mi rispetti!'

"Il sannyasi ascoltò pazientemente e poi chiese: 'Qui tutto appartiene a te?'

"'Sì', rispose l'uomo.

"'Davvero?'

"'Sì, davvero.'

"Il sannyasi disse: 'Con i soldi di chi hai comprato tutte queste cose? Fa questa domanda alla tua coscienza!'

"Il ricco rimase costernato. Si rese conto del proprio errore; capì che, in verità, niente gli apparteneva. Cadde allora ai piedi del *sadhu*.

"La nostra 'conoscenza' attuale non è stata guadagnata con la *sadhana*. Abbiamo soltanto letto quello che gli altri hanno scritto e andiamo in giro dicendo: 'Io sono Brahman.' Diciamo di essere Brahman, ma non dimostriamo alcuna compassione, umiltà, o perdono nei confronti di nessuno. Persone così non hanno nemmeno il diritto di pronunciare la parola 'Brahman.'

"Se addestrate un pappagallo, anche lui saprà dire: 'Brahman, Brahman.' Ma se passa da quelle parti un gatto, il pappagallo saprà solo strillare dalla paura, e morirà strillando. Invece di ripetere semplicemente la parola 'Brahman', dobbiamo assorbirne il principio. Dobbiamo fissarlo nella nostra mente attraverso la contemplazione costante. Questo principio è simbolo di vastità e compassione. Bisogna farne l'esperienza. Coloro che l'hanno sperimentato non hanno bisogno di continuare a dire: 'Io sono Brahman'. Possiamo sentire questa qualità semplicemente avvicinandoci a persone così. Esse manterranno il sorriso in ogni circostanza.

"Adesso il Brahman in noi è come l'albero all'interno di un seme. Che effetto vi fa se il seme afferma: 'Io sono un albero'? L'albero è contenuto nel seme, ma il seme deve prima essere interrato, e poi germogliare e crescere. Quando sarà diventato un albero, ci potremo persino legare un elefante; ma se non proteggiamo il seme, qualche uccello se lo mangerà. Il Principio Supremo è davvero in noi, ma dobbiamo portarlo al livello dell'esperienza attraverso lo studio e la meditazione costante.

"Una volta un giovane si recò da un guru e gli chiese di accettarlo come discepolo. Quello era un ashram con molti residenti. Il guru disse al giovane: 'La vita spirituale è molto difficile. È meglio che tu vada via e che torni tra qualche tempo.'

"Il giovane rimase molto deluso. Vedendo ciò, il guru disse: 'Va bene, che lavoro sai fare?' Il guru suggerì diversi lavori, ma il giovane non ne sapeva fare nessuno. Infine gli disse: 'Perché non ti prendi cura dei cavalli?'

"Il giovane rispose: 'Come desiderate.'

"Gli venne affidata la responsabilità dei cavalli. Il nuovo discepolo compiva il suo dovere con grande dedizione. In breve tempo i cavalli divennero più forti e sani.

"Il guru generalmente non dava alcuna istruzione speciale ai discepoli, ma ogni mattina dava loro un verso da contemplare e da mettere in pratica nella loro vita. Questo era il suo metodo d'insegnamento.

"Un mattino, il guru diede ai discepoli i versi quotidiani prima del solito. Stava per partire per un viaggio a cavallo quando il giovane discepolo arrivò di corsa per ricevere le istruzioni. Era stato impegnato con il suo lavoro e quindi non era potuto venire quando il guru aveva chiamato. 'Maestro,' gli chiese, 'qual è la mia lezione per oggi?' Il guru replicò seccamente: 'Non vedi che sto partendo per un viaggio? È questo il momento di fare una domanda simile?' Quindi montò a cavallo e se ne andò. Il giovane non rimase deluso. Incominciò a meditare sulle parole del guru: 'Non vedi che sto partendo per un viaggio? È questo il momento di fare una domanda simile?'

"Il guru ritornò la sera. Non vedendo il giovane tra gli altri discepoli, chiese dove fosse. Gli altri risposero, deridendolo: 'Quello stupido è seduto da qualche parte a mormorare qualcosa come: "Non vedi che sto partendo per un viaggio? È questo il momento di fare una domanda simile?". Tutti si misero a ridere. Il guru capì cos'era successo, chiamò il giovane e gli chiese cosa stesse facendo. Egli rispose: 'Maestro, stavo contemplando su quello che mi avete detto questa mattina.' Gli occhi del guru si riempirono di lacrime; mise le mani sulla testa del discepolo e lo benedì. Agli altri discepoli la cosa non piacque per niente e si lamentarono con il guru: 'Maestro, tu ignori tutti noi che siamo con te da così tanto tempo. Perché invece dai tanto amore a quello stupido?'

"Il guru chiese ad uno di loro di andare a prendere del liquore. Quando arrivò il liquore, lo mischiò con dell'acqua e ne versò un po' nella bocca di tutti, poi disse loro di sputarlo immediatamente. Chiese quindi: 'C'è qualcuno che si sente ubriaco?'

"'Come sarebbe possibile? Non ci hai detto di sputarlo subito?'

"Il guru disse: 'Questo è il modo in cui prendete le mie istruzioni quotidiane. Sentite quello che dico e ve ne dimenticate immediatamente. Il giovane che criticate, invece, non è così. Accetta tutto quello che gli dico senza il minimo dubbio; ha una grande innocenza dentro. Inoltre, quando vi occupavate voi dei cavalli, questi erano pelle e ossa perché non li nutrivate correttamente. Non li lavavate, ed erano anche nervosi e tiravano calci a chiunque si avvicinasse. Da quando ho nominato lui responsabile, i cavalli sono sani e sono aumentati di peso. Adesso, se qualcuno va da loro, si avvicinano e dimostrano amore scuotendo la testa. Il giovane ha dato loro non solo cibo, ma anche amore. Ha fatto il suo dovere con sincerità e regolarità, compiendo ogni azione con dedizione. E, soprattutto, sa assorbire le mie parole in modo completo, senza dubitare.'

"Figlioli, dovremmo essere così. Non dovremmo considerare insignificante nemmeno una parola del guru. Dovremmo essere pronti a riflettere sulle sue parole e ad assimilarle completamente. Il guru non può negare la sua grazia a chi si comporta così."

Una donna tra le devote chiese: "Amma, se un uomo acquisisce distacco dal mondo dopo essersi sposato, è giusto che abbandoni la moglie ed i figli?" Il marito, che era in piedi vicino a lei, scoppiò a ridere quando sentì la domanda della moglie. Tutti si unirono alla sua risata.

Madre (ridendo): "Non temere, figlia mia. *Mon* (questo figlio) non ti lascerà per venire a stare qui. Se venisse, lo faremmo tornare di corsa da te." Tutti risero.

La Madre continuò: "Una volta che si è sposati, non si può abbandonare tutto ed andarsene. Ma se si è raggiunto un intenso distacco, e la famiglia ha mezzi economici sufficienti per vivere senza di voi, allora si può rinunciare a tutto. Ma il distacco deve essere reale – come quello di Buddha e Ramatirtha.

"È sbagliato abbracciare il sannyasa soltanto per sfuggire alle proprie responsabilità. Il senso del distacco deve essere maturo. Altrimenti, sarebbe come aprire prematuramente un uovo."

Un devoto: "Amma, non ho più voglia di andare al lavoro. Lì non viene dato nessun valore alla verità e al dharma, e i miei colleghi mi rendono le cose difficili se non mi comporto come loro."

Madre: "Non sei l'unico ad avere questo problema, figlio mio. Molti altri figli che vengono qui si lamentano della stessa cosa. Di questi tempi, è difficile fare il proprio lavoro in modo onesto. La verità e il dharma non hanno alcun valore, e quindi ne subiamo le conseguenze. Chi lavora nel mondo deve superare molti ostacoli. Chi resta fedele alla verità e all'onestà può venir disturbato dalle azioni dei colleghi. Comunque, perché essere deboli e soffrire? Figlio mio, non prestare la minima attenzione a quello che fanno gli altri. Agisci come ti detta la tua coscienza. Dio non abbandonerà coloro che si comportano così. Chi fa cose sbagliate per ottenere un vantaggio immediato non è consapevole delle sofferenze che lo aspettano. Dovrà sperimentare le conseguenze delle sue azioni, se non oggi, senz'altro domani."

La Madre s'interruppe per un attimo e poi chiese: "Che ora è, figli miei?"

Un devoto: "Sono le undici passate."

Madre: "Andate a letto ora, figli miei. Amma non ha ancora letto le lettere che sono arrivate stamattina. Lasciate andare Amma in camera sua."

La Madre si alzò e, mentre si avvicinava alla scala che porta alla Sua stanza, un devoto arrivò correndo e s'inchinò.

Madre: "Che cosa c'è, figlio mio?"

Devoto: "Parto domani mattina presto, Amma. Non ti vedrò prima di partire, ecco perché ti disturbo adesso."

Madre (ridendo): "Come potrebbe essere un disturbo per Amma?"

Devoto: "Non ho avuto l'opportunità di dirti la ragione della mia visita, Amma. Il matrimonio di mia figlia avrà luogo la prossima settimana. Tutto si è sistemato come avevi detto tu. Non dovrò dare nemmeno un *paisa* (centesimo) in dote. Lo sposo lavora nel Golfo Persico e dice che porterà mia figlia con sé. La sua famiglia se la passa bene finanziariamente."

Quest'uomo aveva cercato di combinare il matrimonio della figlia per sette anni. Nell'oroscopo della ragazza, il pianeta Marte era in una posizione sfavorevole: c'erano state diverse proposte di matrimonio, ma la maggior parte delle volte gli oroscopi non erano in armonia. Anche quando combaciavano, per una ragione o per l'altra non si era approdati a niente. Il padre era da tempo preoccupato per la faccenda. Poi aveva sentito parlare della Madre e aveva portato la figlia da Lei. Amma le aveva dato un mantra, dicendo: "Non c'è più bisogno di preoccuparsi. Recita questo mantra con devozione, figlia mia, e andrà tutto bene." Tre settimane dopo era arrivata una proposta di matrimonio, attraverso un lontano parente. Gli oroscopi erano perfettamente in armonia e così era stata fissata velocemente la data del matrimonio.

"Ho qui la fede nuziale del ragazzo. Amma, ti prego, benedicila." L'uomo diede un pacchettino ad Amma. Lei se lo avvicinò agli occhi e poi glielo restituì.

Amma salì in camera. Lilabai, una devota sposata, stava aspettando fuori dalla porta. Era triste perché il suo *tali* (la collana nuziale) era sparito.

Madre: "Figlia mia, non l'avevi portato qui per darlo ad Amma? Pensa allora che Dio l'abbia preso. Perché spiacersene?"

Lila era di Kottayam. La sua figlia più giovane viveva all'ashram, e ogni giorno si recava a scuola. Il padre di Lila non era contento che la nipote vivesse all'ashram.

Madre: "Come sta tuo padre?"

Lila: "Non gli piace per niente che veniamo qui. Ci sgrida continuamente."

Madre: "Ma questo è normale! A chi piace vedere le ragazze della famiglia prendere il sentiero spirituale?"

Lila: "Amma, non sei tu la causa di tutta questa disapprovazione?"

Madre: "Oh, davvero? Chi lo dice?" Amma scoppiò a ridere.

"Quando si entra nella vita spirituale, si possono incontrare molte obiezioni. Soltanto quando le si supera, e si va al di là, diventa chiaro quanto è davvero forte il legame con Dio. Se tuo padre è arrabbiato con te, questo è il suo *samskara*[3]. Perché preoccuparsene? Venire all'ashram è il tuo samskara.

"Supponi che si alzi un forte vento e incominci a piovere a dirotto proprio mentre stiamo per uscire. Se ci spaventiamo e restiamo in casa, non arriveremo a destinazione. Chi ha il desiderio sincero di raggiungere la meta deve ignorare questi ostacoli e proseguire. Se rimani in casa, significa che non desideri poi così tanto arrivare a destinazione.

"Sforzati di raggiungere la meta finale e trascendi tutti gli ostacoli che ci possono essere. Questo è il vero coraggio. Gli altri esprimeranno la loro opinione, a seconda della loro comprensione. Non c'è bisogno di agitarsi per quello che dicono. Da' a quelle persone solo l'importanza che si meritano, ma non arrabbiarti con loro."

La Madre entrò in camera.

La luna di mezzanotte faceva capolino tra le tende della finestra. Amma incominciò a rispondere alle lettere dei Suoi figli sparsi per il mondo, molti dei quali profondamente addormentati a quell'ora. Amma asciugò le loro lacrime con le Sue parole.

Quando vide che la brahmacharini a cui stava dettando le lettere si era addormentata sui fogli, Amma si mise a scrivere Lei stessa. Incominciò ad applicare la fresca pasta di sandalo delle Sue confortanti parole sulle menti infuocate dei Suoi figli in giro per il mondo. Può darsi che in quel momento sia anche entrata nei loro sogni, facendo illuminare con un sorriso le loro labbra arse .

ॐ

---

[3] La totalità delle impressioni delle esperienze di questa vita e di quelle precedenti, che influenzano la vita di un essere umano, la sua natura, le azioni, lo stato mentale, ecc.

# Capitolo 2

## Devozione

La Madre ed i brahmachari erano nella sala di meditazione. Con loro c'erano alcuni devoti sposati, come Padmanabhan e Divakaran.

Padmanabhan, un impiegato di banca di Calicut, menzionò la recente visita all'ashram di un dottore omeopatico e della sua famiglia.

Madre: "Amma si ricorda di loro. Lui si considera un gran credente dell'*advaita*, mentre sua moglie è piena di devozione. Può darsi che lui sia venuto al darshan soltanto perché gliel'ha chiesto lei. Quando è entrato era pieno di arie. 'Non esistono né Rama né Krishna', ha detto. Amma allora ha replicato: 'Alla fine, arriviamo tutti alla stessa meta, ma abbiamo bisogno di un'*upadhi* (uno strumento, un mezzo) per fare la sadhana. Come fai ad affermare che non esistono né Rama né Krishna? Anche se sulla mappa dell'India non trovi Ochira (un paesino vicino all'ashram), puoi affermare che non esiste un posto chiamato così? Il nostro senso di *advaita* si limita soltanto alle parole. Non si può farne l'esperienza senza la devozione'. Allora lui non ha più detto niente."

La Madre prese una biro da terra e si scrisse 'Namah Shivaya' sul braccio sinistro. Mentre scriveva quel mantra, sembrò entrare in uno stato d'animo divino. Guardando in modo assorto il mantra sul braccio, la Madre disse a Padmanabhan: "Una volta, quando andava a dormire, Amma era solita tenere il cuscino stretto al cuore, baciandolo ripetutamente. Per Amma non era un cuscino: lo riteneva la Devi. A volte, restava sdraiata con la

75

bocca contro il muro, immaginando di baciare la Madre Divina. Oppure scriveva 'Namah Shivaya' sul cuscino o sulla stuoia e poi baciava la scritta. Non si addormentava mai prima di aver praticamente perso i sensi, chiamando in continuazione la Devi e piangendo per Lei."

Amma si fece silenziosa e rimase seduta immobile. I Suoi occhi si chiusero lentamente. Sul Suo viso si potevano vedere le onde di beatitudine che si stavano sollevando dentro di Lei. Tutti rimasero seduti in meditazione, con gli occhi fissi sulla Madre.

Un brahmachari cantò il canto *Mouna ghanamrita santiniketam...*

*La dimora di un impenetrabile silenzio,*
*Di pace e bellezza eterne,*
*In cui si è dissolta la mente del Buddha,*
*Il fulgore che distrugge tutti i legami,*
*La sponda della beatitudine,*
*Che il pensiero non può raggiungere...*

*La conoscenza che dona eterna armonia,*
*La dimora senza principio né fine,*
*La beatitudine provata soltanto quando*
*I movimenti della mente si placano*
*La sede del potere,*
*La regione di piena consapevolezza...*

*La meta che dona il dolce stato*
*Dell'eterna non-dualità,*
*Descritto come 'Tu Sei Quello';*
*E' quello il luogo che desidero raggiungere,*
*Ma ciò è possibile soltanto*
*Con la tua grazia.*

Il canto terminò e, dopo qualche istante, la Madre aprì gli occhi.

## La natura del guru

Divakaran: "Ho un amico che ha vissuto per qualche tempo con uno swami e ha ricevuto un mantra da lui. Un giorno lo swami l'ha rimproverato per qualcosa e lui se n'è andato immediatamente."

Madre: "Figlio mio, nella vita spirituale, se si accetta qualcuno come il proprio guru, bisogna avere fede e dedizione totali in lui. A volte il guru può essere molto severo, ma è per il bene del discepolo; il discepolo non deve criticare il maestro per questo. Un guru può essere severo, ma non s'identifica con questo ruolo. Una mamma può dare uno schiaffo al figlio per impedirgli di mettere la mano sul fuoco. Lo fa forse per fare un dispetto al bambino? Lo fa solo per salvare il bambino dal pericolo. Il tuo amico avrebbe dovuto capire che lo swami lo rimproverava per il suo bene."

Divakaran: "Ha detto che se n'è andato perché non poteva imitare molte cose che faceva il guru."

Madre: "Il discepolo non deve fare tutto quello che fa il guru; ciò ostacolerebbe il suo progresso. Nessuno può imitare completamente il guru. Usando il discernimento, dobbiamo decidere quali azioni del guru sono appropriate e copiare soltanto quelle. Non bisogna pensare: 'Il mio guru ha fatto così, allora perché non posso farlo anch'io?' I mahatma, che hanno raggiunto la perfezione, non sono limitati da niente. Sono come degli alberi giganteschi a cui si possono legare perfino degli elefanti. Non c'è bisogno di un recinto intorno ad alberi così. Ma noi siamo come pianticelle, che devono temere le mucche e le capre; abbiamo bisogno di un recinto per proteggerci. Le azioni di un mahatma non sono come le nostre; non dobbiamo cercare di copiarle tutte.

"Le azioni di un comune essere umano derivano dalla convinzione: 'Io sono il corpo.' Ma un mahatma sa di essere pura coscienza e, quindi, molte delle sue azioni sono difficili da capire per la gente comune.

"C'era una volta un mahatma. Ogni mattina faceva bollire dell'olio, se lo versava immediatamente sul corpo e poi faceva il bagno. Uno dei suoi discepoli, vedendo ciò, pensò che questa fosse la fonte di tutti i poteri del guru. Il mattino dopo, anche lui fece bollire dell'olio e se lo versò addosso. Potete immaginarvi le conseguenze! (Tutti risero) Se imitiamo tutto quello che fa il guru, possiamo fare anche noi la stessa fine. Dobbiamo quindi copiare soltanto le cose che ci sono utili."

## La sadhana è indispensabile

Divakaran: "In nessun altro ashram che ho visitato, ho visto una routine simile a quella che si segue qui. Qui vedo che si dà molta importanza alla meditazione e al *karma yoga*. In molti altri posti si dà la priorità allo studio delle Scritture."

Madre: "Finché continuiamo ad essere disturbati da pensieri relativi al mondo materiale, per trascenderli dobbiamo praticare una rigorosa routine di japa e meditazione. All'inizio, questa pratica richiede molto sforzo, ma a poco a poco diventa naturale. Possiamo progredire solo con la sadhana. Senza la sadhana, non abbiamo niente. A cosa serve studiare libri e fare discorsi? Che differenza c'è tra una persona che tiene un discorso e un registratore? Lui parla soltanto delle cose che ha imparato, tutto qua. Ci togliamo forse la fame leggendo un libro di cucina? Dobbiamo cucinare qualcosa e poi mangiarcelo. Quello che serve sono le *tapas* (austerità). Esse accrescono le nostre qualità e le vasana positive. Purezza e concentrazione della mente sono essenziali.

"Amma non dice che studiare le Scritture non serve; ma, assieme allo studio, è necessaria la sadhana. La sadhana è la cosa principale. Bisogna compierla con assoluta regolarità. La sadhana deve diventare parte della nostra natura, proprio come lavarsi i denti e fare il bagno.

"Dopo aver ricevuto una preparazione nell'ashram, quando usciamo nel mondo con i vestiti che l'ashram ci ha fornito, migliaia di persone ci ameranno e rispetteranno. Ma Amma dice ai suoi figli che sono coloro che li insultano ad essere i loro maestri più grandi. Soltanto l'essere trattati in modo spiacevole ci farà osservare attentamente noi stessi. Quando siamo circondarti soltanto da persone che ci amano, non esaminiamo noi stessi. Quando gli altri ci dimostrano ostilità, dovremmo chiederci: 'Perché sono ostili nei miei confronti? Che errori ho fatto per meritarmi un trattamento simile?' In questo modo, le accuse contro di noi diventeranno occasioni di crescita."

Padmanabhan: "Amma, che cos'è meglio, impegnarci prima di tutto a raggiungere la liberazione o darci da fare per il bene degli altri?"

Madre: "Il nostro egoismo deve scomparire del tutto prima di poter essere in grado di pensare unicamente al bene degli altri. Dovremmo innanzi tutto cercare di raggiungere questo stato mentale. Le nostre preghiere ed azioni, fatte con questo scopo, costituiscono il sentiero verso la liberazione. Dobbiamo dimenticarci completamente di noi stessi e pensare soltanto al benessere degli altri. Quando ci dedichiamo soltanto al bene degli altri, è la nostra mente che diventa pura."

Un brahmachari che stava ascoltando la conversazione fece una domanda sui poteri del guru. Amma rispose: "Ci sono diversi tipi di guru. I satguru sono in grado di concedere la liberazione con il potere del loro *sankalpa* (decisione, risoluzione). Persino il loro respiro porta beneficio alla natura."

Brahmachari: "Si dice che il guru protegge i discepoli da tutti i pericoli. Se il discepolo è in pericolo mentre il guru è in *samadhi*, come farà il guru a saperlo e a dare la sua protezione? Madre: "In realtà, nessuno è separato dal Sé. Non siamo infatti tutti contenuti nel Sé? Anche se un fiume ha due sponde, ha soltanto un letto. Quando il guru è in samadhi, è immerso nel Sé e verrà quindi a conoscenza della situazione."

## La grandezza della devozione

Padmanabhan: "Amma, molta gente non riconosce affatto la grandezza della devozione. E molte delle persone che vanno al tempio e pregano ogni giorno, non sembrano seguire una vita molto spirituale."

Madre: "C'è la credenza che devozione significhi andare in molti templi a venerare centinaia di divinità. La devozione di gente simile è fede cieca e non si basa sulla comprensione dei princìpi spirituali. Chi vede tutto ciò può pensare che la devozione sia soltanto questo, e criticherà tutto ciò che è associato alla devozione. Le persone spirituali non sono contrarie alla *tattwatile bhakti* (devozione basata sulla conoscenza spirituale).

"Dovremmo capire che l'obiettivo della vita è la realizzazione di Dio, e dovremmo venerare Dio tenendo bene a mente la meta finale. Il principio alla base della devozione è il riconoscere che c'è un solo ed unico Dio, che si manifesta in tutti gli esseri viventi e in tutte le divinità –con tutti i nomi e in tutte le forme. Significa abbandonarsi a Lui in modo incondizionato. Questo è il tipo di devozione che dovremmo avere.

"È difficile stabilirsi nello *jnana* (saggezza spirituale) senza la devozione. Non si può costruire niente soltanto con la ghiaia; dobbiamo aggiungere del cemento per far solidificare il tutto. Non possiamo costruire i gradini che conducono a Dio senza aggiungere la qualità adesiva dell'amore.

"Anche se ci sono tanti tipi di cibo, chi soffre d'indigestione o di qualche altra malattia non può mangiare qualsiasi cosa. Ma il *kanji* (riso servito nella sua acqua di cottura), fatto con il riso spezzato, va bene per tutti. Il sentiero della devozione è così. È adatto a tutti.

"Finché persiste il senso dell'"io', abbiamo bisogno di un centro *(upadhi)* su cui focalizzare la nostra mente per poter eliminare l'ego. La devozione è l'amore per quel centro; è l'entusiasmo intenso di raggiungere la meta. La devozione può anche essere paragonata alla tintura di iodio che si usa per disinfettare una ferita. La devozione purifica la mente.

"Il campo della mente deve essere irrigato con l'acqua della devozione, in modo da poter piantare il seme della conoscenza; allora potremo mietere il raccolto della liberazione. Chi ha assaggiato *prema bhakti* – devozione unita a supremo amore – anche solo per un secondo, non vacillerà più. Ma una tale devozione non sorge in tutti. Non tutti quelli che partecipano alla lotteria vincono il primo premio, ma solo uno su milioni. La vera devozione piena d'amore è così; solo una persona su un milione ne farà l'esperienza."

Mentre stava lodando la grandezza della devozione, la Madre si fece silenziosa. La Sua mente abbandonò il mondo esterno e volò verso un piano di coscienza più elevato. Seduta con gli occhi semichiusi, la Sua forma immobile ricordava a tutti i presenti la Madre Divina, che è al di là di tutti gli attributi e che compie ogni cosa, pur dando l'impressione di essere immobile.

La dualità abbracciata per devozione è di gran lunga più bella della non-dualità.

Dopo un po' la Madre aprì gli occhi, ma non era nello stato d'animo di parlare. Il Suo viso rivelava che era in un altro mondo. Era la stessa Madre che era stata così eloquente solo qualche istante prima?

Passò ancora qualche minuto. Amma si avvicinò ad un bambino, prese due caramelle da un pacchetto che Le aveva portato un devoto e gliele diede. Stampando un bacio sulla testa del bambino, la Madre disse: "Questa caramella adesso ti dà della dolcezza, ma poi ti rovinerà i denti. Se conosci Dio, puoi godere continuamente della dolcezza e non fa nemmeno male ai denti!"

Dalla sala di meditazione Amma si recò alla capanna del darshan. Ad uno ad uno, tutti i devoti che stavano aspettando Le si avvicinarono e s'inchinarono. Una donna abbracciò forte la Madre e incominciò a piangere. Era sposata da tanti anni ma non aveva figli; questa era la causa del suo dolore.

Madre: "Figlia mia, tu piangi perché non hai bambini. Ma chi ha figli piange a causa del loro comportamento!"

Amma fece rialzare la donna e le asciugò le lacrime, dicendo: "Non preoccuparti, figlia mia. Prega Dio. Amma farà un *sankalpa* per te."

Raggi di aspettativa e speranza illuminarono il viso della donna.

## Istruzioni della Madre

La Madre chiese ad un bambino seduto lì vicino di cantare un *kirtan*. Senza traccia di timidezza od orgoglio, il bambino intonò un canto dolce. Amma batteva il tempo con le mani e si unì agli altri nel canto di *'Devi Devi Jaganmohini'*. Alcuni devoti si assorbirono in meditazione…

*Dea, Incantatrice del Mondo,*
*Chandika, che hai ucciso i demoni*
*Chanda e Munda,*
*Chamundeswari, Madre Divina,*
*Indicaci il giusto sentiero*
*Per attraversare l'oceano della trasmigrazione.*

Finito il canto, la Madre ricominciò a parlare. "Dovreste sentire Sugunacchan (il padre di Amma) fare japa. È molto interessante. Recita 'Narayana, Narayana…' molto velocemente, senza fermarsi per prendere fiato." Tutti risero sentendo Amma farne l'imitazione. "Se si recita il mantra in questo modo, la mente non divaga. Non gliel'ha insegnato nessuno, l'ha imparato da solo."

Amma andò nella Sua stanza, ma ne uscì quasi subito e incominciò a camminare avanti e indietro nel cortile. Poi si recò nell'ufficio dell'ashram e si sedette. C'erano con Lei tre o quattro brahmachari.

L'ufficio era una stanza molto piccola. Amma prese alcune buste che erano sul tavolo. Si trattava di risposte a delle lettere, pronte per essere imbucate.

Madre: "Figlio mio, chi ha scritto l'indirizzo su queste buste? È questo il modo di scrivere? È stato fatto senza la minima cura. Non bisogna scrivere l'indirizzo in modo chiaro, anche se ci si mette un po' più di tempo? Oppure fallo fare da qualcuno con una bella calligrafia. Chi riesce a leggere se scrivi in questo modo, con le lettere tutte accavallate? Bisogna rifarle. Un sadhak deve fare ogni cosa con shraddha."

Stava per dare le buste ad un brahmachari quando notò i francobolli.

Madre: "Figli miei, a cosa pensate quando fate le cose? Tutti i francobolli sono stati attaccati a testa in giù! Questa è completa mancanza d'attenzione. Dalle azioni di una persona possiamo capire chiaramente la sua *lakshya bodha* (la determinazione a raggiungere la meta).

"Tutti voi siete venuti qui in cerca di Dio. Non riuscirete ad arrivare a Lui senza pazienza e vigilanza. Come potrete raggiungere la concentrazione durante la meditazione se non dimostrate shraddha nemmeno in queste piccole cose pratiche?

La meditazione è molto sottile. Sono la shraddha e la pazienza che dimostriamo nelle piccole cose a condurci al successo nelle grandi imprese.

"Ascoltate questa storia. Un giorno, un mahatma disse a sua moglie di mettere sempre un bicchiere d'acqua ed un ago vicino a lui durante i pasti. La moglie seguì con regolarità le sue istruzioni, senza mai chiedergliene la ragione. Infine, quando l'uomo divenne molto vecchio e prossimo alla morte, domandò alla moglie: 'Vuoi chiedermi qualcosa?' Lei disse: 'Non ho bisogno di niente, ma c'è una cosa che vorrei sapere. In tutti questi anni, ho seguito regolarmente le tue istruzioni e durante i pasti ho sempre messo un bicchiere d'acqua ed un ago vicino al tuo piatto. Ma non ho mai capito a cosa servissero.' Il mahatma rispose: 'Mentre mi servivi il riso o mentre io mangiavo, se fosse caduto a terra un chicco di riso, l'avrei raccolto con l'ago, lavato nell'acqua e poi mangiato. Ma grazie alla nostra vigilanza, in tutti questi anni non abbiamo fatto cadere nemmeno un chicco di riso. Quindi, non ho dovuto usare né l'ago né l'acqua.'

"Per tutta la vita essi furono così vigili da non far cadere nemmeno un chicco di riso. Soltanto chi ha una tale shraddha diventa un mahatma."

Brahmachari: "Metteremo queste lettere in altre buste e poi le spediremo, Amma."

Madre: "Questo vorrebbe dire sprecare queste buste, figlio mio; non abbiamo soldi da buttar via così. Non dobbiamo sprecare nemmeno i francobolli. Basta scrivere gli indirizzi in modo chiaro su un pezzo di carta e poi incollarli su quelli vecchi. D'ora in poi però fate più attenzione."

Entrata nella biblioteca vicino all'ufficio, Amma si sedette sul pavimento, prima che un brahmachari avesse la possibilità di stendere una stuoia per Lei. Prese in mano un libro illustrato di storie sui giochi scherzosi di Krishna e incominciò ad osservare attentamente ogni figura. Un'illustrazione mostrava Krishna che sosteneva il monte Govardhana con il dito mignolo. Pioveva a dirotto e tutte le mucche ed i pastori si erano rifugiati sotto la montagna.

Un brahmachari vicino ad Amma vide la figura e chiese: "Amma, il Signore Krishna non fece sfoggio di una siddhi quando sollevò la montagna?"

Madre: "Il Signore Krishna non sollevò la montagna per convincere gli altri del suo potere o per guadagnarsi il loro rispetto. Era un'azione necessaria in quelle circostanze. Pioveva moltissimo. Non c'era nessun altro modo per proteggere quelli che erano con Lui. Così Krishna fece quello che era necessario."

Dopo un breve silenzio, la Madre continuò: "L'obiettivo di un mahatma è di condurre la gente sul sentiero della rettitudine. Innumerevoli persone malvagie sono cambiate completamente anche solo ricevendo il darshan di un mahatma." Sentendo suonare la campana del pranzo, Amma disse: "Figli miei, adesso andate a mangiare. Amma ha del lavoro da fare", e si ritirò nella sua stanza.

## Manasa puja (adorazione mentale)

Un brahmachari stava aspettando Amma nella Sua stanza. Le lesse un articolo che aveva scritto per *Matruvani*, la rivista dell'ashram.

Madre: "Come va la meditazione, figlio mio?"

Brahmachari: "Non raggiungo abbastanza concentrazione, Amma."

Madre: "Prova a praticare la *manasa puja*, figlio. La mente è come un gatto. Anche se ce ne prendiamo cura con grande affetto, nel momento in cui ci distraiamo infila la testa nella pentola e ruba il cibo. La manasa puja è un metodo per tenere la mente vagabonda fissa su Dio.

"Fai l'adorazione mentale gridando 'Madre, Madre!' con amore, devozione e desiderio intenso. Immagina di tenere per mano la Madre Divina e di farle il bagno rituale, versando dell'acqua su di Lei. Immagina l'acqua cadere su ogni parte del Suo corpo e poi scivolare via. Continua a ripetere 'Madre, Madre!' e visualizza la Sua forma. Immagina di star facendo *abhisheka* (bagno rituale) con latte, miele, ghee, pasta di sandalo e acqua di rose, uno dopo l'altro. Quando queste sostanze scorrono su di Lei, visualizza ogni parte del Suo corpo, dalla testa ai piedi. Parla con Lei e prega. Dopo averle fatto il bagno in questo modo, asciugale il corpo con un panno. Vestila con un sari di seta. Adornala con dei gioielli. Fai un segno vermiglio sulla Sua fronte."

La Madre interruppe la descrizione e rimase a lungo seduta in meditazione.

Poi aprì gli occhi e continuò: "Mettile le cavigliere. Mettile una ghirlanda attorno al collo e goditi la Sua bellezza. Poi fai l'*archana* (recitazione dei Nomi della Madre Divina) con dei fiori. Prendi un fiore, che rappresenta la tua mente, ed immagina di offrirne i petali, uno ad uno, ai Suoi piedi. Oppure immagina di offrire le tue vasana in un fuoco acceso di fronte a Lei. Dopo l'archana offrile il payasam del tuo amore. Immagina di fare l'arati per Lei e osserva come ogni parte del Suo corpo brilla alla luce della fiamma. Alla fine, immagina di fare una circumambulazione attorno alla Madre. Continua sempre a pregarla.

"Figlio, cerca di fare tutto ciò con *prema* (amore divino). In questo modo la tua mente non vagherà da nessuna parte."

Le parole della Madre diedero al brahmachari una nuova energia per il progresso della sua sadhana. Uscì dalla stanza della Madre con un senso di appagamento, avendo appena visto alcuni degli infiniti aspetti di Amma: il guru onnisciente che indica la strada ai Suoi discepoli, la Madre affettuosa che ha a cuore il benessere dei Suoi figli e l'amministratrice capace che dirige con grande efficienza gli affari dell'ashram.

### Venerdì 5 luglio 1985

Un insegnante ed un suo amico arrivarono alle sei di sera da Kolencheri per conoscere Amma. Dopo essersi lavati mani e piedi, entrarono nel kalari e s'inchinarono. Erano già stati preparati gli strumenti musicali per i bhajan. Uno di loro disse al brahmachari che stava accordando le *tabla* (tamburi): "Siamo partiti da casa questa mattina, ma siamo arrivati in ritardo perché non conoscevamo bene la strada. Vorremmo vedere la Madre e ritornare a casa questa sera."

Brahmachari: "Amma è appena salita nella Sua stanza. È stata qui a parlare con tutti noi fino a poco fa. Magari potete vederLa quando scende per i bhajan."

Il loro viso mostrava la delusione di essersi persi il darshan della Madre per pochi minuti.

Brahmachari: "Può essere un problema tornare a casa questa sera; non è facile trovare un autobus così tardi. Potete fermarvi qui e tornare a casa domani, dopo aver visto Amma."

L'insegnante: "Ho promesso alla mia famiglia che sarei rientrato questa sera. Si preoccuperebbero. Se potessimo vedere la Madre anche solo per un momento... Sono sicuro che se riceviamo la Sua benedizione, non ci saranno problemi."

Brahmachari: "Dove avete sentito parlare di Amma?"

Insegnante: "Mi ha parlato di Lei il padre di un mio studente. Mentre mi raccontava di Amma, i suoi occhi si sono riempiti di lacrime. Mi ha detto che sua moglie era stata costretta a letto per quattro anni. Non riusciva nemmeno ad alzarsi senza l'aiuto di qualcuno. Avevano provato diverse cure, ma non c'era stato nessun risultato. Poi, l'anno scorso, vennero da Amma e, dopo aver ricevuto la Sua benedizione, la moglie si ristabilì completamente.

Il mio amico mi ha detto che lui e sua moglie sono stati qui a trovare Amma proprio la settimana scorsa."

Il brahmachari distese a terra una stuoia per i visitatori e disse loro: "Sedetevi qui. Se davvero dovete tornare a casa questa sera, potete inchinarvi alla Madre quando viene per i bhajan e poi andare."

Insegnante: "Mio suocero è venuto a farci visita l'altro giorno. Va spesso ad ascoltare discorsi spirituali. Quando gli ho parlato della Madre, mi ha chiesto se Lei ha raggiunto la realizzazione del Sé. Cosa dovevo dire?"

Brahmachari: "L'altro giorno ho sentito qualcuno fare ad Amma la stessa domanda. Lei ha risposto: 'Oh, Amma è soltanto una matta che non sa niente!' Ma l'uomo non si è fermato lì e Le ha rifatto la domanda. Infine, Amma ha risposto: 'Non chiedere ad una donna con dieci figli se ha mai dato alla luce un bambino!'"

Era l'ora dei bhajan e tutti i brahmachari erano pronti. La Madre arrivò nel kalari e l'insegnante e il suo amico si fecero avanti e s'inchinarono.

Amma mise le mani sulle loro spalle e disse: "Siete appena arrivati, figli miei? Amma era qui fino a poco tempo fa ed è salita in camera soltanto per un po'."

Insegnante: "Siamo arrivati non appena tu te ne sei andata, Amma. Siamo molto fortunati ad avere la possibilità di vederti adesso. Abbiamo promesso che saremmo rientrati a casa stasera, altrimenti saremmo potuti restare fino a domani."

Madre: "Volete chiedermi qualcosa, figli miei?"

Amma li condusse sulla veranda della sala di meditazione, mentre nel kalari incominciavano i bhajan.

## I princìpi della vita spirituale

Insegnante: "Non ho alcun problema economico, Amma, ma sono molto preoccupato per i miei figli. Non ho nessuna pace mentale."

Madre: "Figlio mio, quando la mente è irrequieta, sforzati di recitare il tuo mantra. Se cerchi conforto in qualcos'altro, tutto andrà perduto. Se una cosa non ti dà pace mentale, cercherai qualcos'altro. E quando anche quello non ti darà i risultati sperati, cercherai di nuovo qualche altra cosa. In questo modo non riuscirai a provare nemmeno un briciolo di pace; non troverai la pace da nessuna parte. Invece, se pensi a Dio e ripeti il tuo mantra, diventerai rapidamente tranquillo e pieno di pace. La tua mente avrà il potere di affrontare qualsiasi situazione."

Insegnante: "Amma, a volte penso persino di diventare un sannyasi."

Madre: "Questa è una cosa da decidere soltanto dopo averci riflettuto molto a lungo, figlio mio. Il sannyasa non è qualcosa in cui rifugiarsi e da abbracciare quando si sta soffrendo; deve derivare dalla comprensione dei suoi ideali. La vita spirituale è possibile soltanto per chi ha molta pazienza, altrimenti il risultato sarà solo una delusione. Nella vita spirituale, c'è bisogno della stessa disciplina e controllo di sé come se si fosse in prigione. In seguito, questa prigione diventerà il sentiero verso la libertà. Un sadhak sarà in grado di raggiungere la meta finale solo se tiene sempre lo sguardo rivolto a Dio."

"Molte persone hanno chiesto ai brahmachari che abitano qui: 'Perché vivete all'ashram? Non potete trovarvi un lavoro e fare una vita comoda?' Ma loro rispondono: 'Abbiamo vissuto nel mondo con abbastanza soldi e tutte le comodità della vita, ma non avevamo alcuna pace mentale. Qui proviamo pace e tranquillità, senza nessuna di quelle comodità. Cerchiamo di mantenere sempre questa pace con il japa e la meditazione. Abbiamo imparato con l'esperienza che si può provare la vera pace soltanto ricordandosi costantemente di Dio. È per questo che vogliamo vivere all'ashram.'"

Insegnante: "Anche se questa è la nostra prima visita, abbiamo parlato con delle persone che vengono qui spesso. Ognuno di loro ti vede in modo diverso. Alcuni ti vedono come Devi, altri come Krishna e altri ancora come il loro guru. Per alcuni sei la Madre che è la dimora di affetto e amore; per altri sei soltanto una donna normale. Vorremmo sapere chi sei veramente, Amma."

Madre: "Figli miei, ognuno vede le cose secondo il proprio sankalpa. La stessa donna è moglie per il marito, madre per il figlio e sorella per il fratello. Allo stesso modo, un uomo non viene forse visto in modo diverso da sua moglie, sorella o figlia? Ci si comporta con la madre in modo diverso da come ci si comporta con i figli. La differenza è nel concetto che una persona ha, nel suo sankalpa. Prendete un bel fiore; l'ape vi si avvicina per il nettare; il poeta ci scrive una poesia; il pittore ne fa un quadro; per il verme è cibo; lo scienziato separa i petali, il polline e il seme e fa delle ricerche; il devoto lo offre alla sua divinità prediletta. Ognuno vede il fiore secondo la sua capacità e la sua cultura."

Dopo una breve pausa, Amma continuò: "Figlio, tutte le etichette vengono date dagli altri. Amma non dice di essere un Mahatma o Dio. Il suo scopo è semplicemente quello di proteggere le persone dal calore della vita mondana, portandole sotto l'ombrello di Dio. Amma cerca di produrre un cambiamento, se possibile, nella mente di chi fa del male alle persone più deboli di lui e aiutarlo a fare del bene, per essere di beneficio a se stesso e al mondo. Nella mente di Amma, non c'è differenza tra coloro che la amano e coloro che la odiano."

Insegnante: "Alcune persone dicono che questo è un posto che porta i giovani fuori dalla retta via."

Madre: "Figlio, prima di esprimere un'opinione su una qualsiasi cosa, non dovremmo forse fare delle ricerche, osservarla e metterla alla prova? Eppure, molta gente ha l'abitudine di esprimere giudizi su una cosa senza saperne niente o senza averne fatto l'esperienza. Come fa una persona che cerca sinceramente la verità ad accettare l'opinione di persone simili?

"C'erano molte persone che avevano delle pessime abitudini e sono cambiate completamente dopo esser venute qui. Chi beveva regolarmente ha smesso di bere. Allora come fai a dire che questo è un brutto posto? Perché dare valore a qualcosa che si sente dire, senza sapere o sperimentare quello che succede veramente?

"C'è gente disposta a comprare a qualsiasi prezzo un sari senza valore se si dice loro che è importato dall'estero. Non apprezzano niente che sia fatto in casa, per quanto buono sia.

"Qualcuno ascolta una canzone alla radio e dice: 'Oh, che bella canzone!' Se un suo amico gli fa notare che la cantante è la vicina di casa, egli cambierà opinione: 'Ah, davvero? Questo spiega tutto. È proprio orribile.' Questa è la natura umana. La gente ha perso la capacità di differenziare tra bene e male; decide in anticipo cosa vedrà e dirà."

Insegnante (indicando il suo compagno): "Lui è un mio grande amico. Ha delle gravi difficoltà; la sua impresa è nei guai e lui sta perdendo soldi."

Madre: "Non tutti i periodi sono favorevoli, figlio mio. Ci sono sempre dei momenti brutti. Ma ricordati sempre che Dio può aiutare moltissimo ad alleviare i problemi."

Insegnante: "Lui non crede nei templi e in cose simili."

Amico: "Amma, Dio è dappertutto, non è vero? Non è confinato nelle quattro mura di un tempio."

Madre: "Figlio, non guardare la cosa in questo modo. Il vento è dappertutto; però noi usiamo comunque i ventilatori, non è vero? Il piacere che proviamo all'ombra di un albero è qualcosa di speciale, giusto? L'atmosfera non è la stessa dappertutto. Le sensazioni che provi in un tempio, non le provi in ufficio. Non senti una pace e un fresco speciali in un tempio? Questa è la qualità dell'atmosfera in cui ci si ricorda costantemente di Dio.

"Non pensare che andare al tempio sia uno spreco di tempo. I bambini della prima elementare hanno bisogno di semi o palline per imparare a contare. Quando avranno imparato, non ne avranno più bisogno. Con l'aiuto di una tavoletta galleggiante, puoi imparare facilmente a nuotare. Una volta che hai imparato a nuotare, puoi buttar via la tavoletta.

"Un atleta che ha vinto una medaglia nel salto in lungo può saltare diversi metri, ma ci vorrà molto esercizio prima che un bambino possa saltare così lontano. Anche con la pratica, non tutti ce la potranno fare. Ci sono forse alcuni mahatma che vedono Dio in ogni cosa, ma li si può contare sulle dita di una mano. Loro non hanno bisogno di templi; però dobbiamo pensare a tutti gli altri, che possono raggiungere la Verità Suprema solo con questi mezzi."

La Madre si alzò, dicendo: "Figli, adesso Amma va ai bhajan. Aspettate tutti e due la fine dei bhajan prima di andare a casa."

Prima che loro potessero replicare, Amma si diresse verso il kalari e si unì ai canti. La dolcezza della devozione riempiva l'aria, mentre tutti cantavano *'Kannunirillatta kannukalenkilum...'*

*Anche se i miei occhi sono senza lacrime,*
*Il mio cuore palpita di dolore;*
*Anche se la mia lingua è silenziosa,*
*È piena del Tuo mantra, oh Madre!*

*Oh albero mistico che esaudisci i desideri,*
*La mia mente indugia costantemente sui Tuoi fiori*
*Ma Maya, questa cacciatrice crudele,*
*Sta cercando di abbattermi!*

*Tu, benevola,*
*Venuta per spalmare*
*Pasta di sandalo sulla mia anima,*

*Rinfrescami al chiaro di luna del Tuo amore*
*E donami la pienezza!*

Quando l'arati fu terminato, una famiglia si avvicinò e s'inchinò ad Amma. Erano anche loro di Kolencheri.

Madre: "Siete partiti oggi da casa, figli miei?"

Devoto: "Siamo venuti a trovare un parente che abita qui vicino, a Kayamkulam. Abbiamo pensato di passare dall'ashram prima di ritornare a casa."

Madre: "L'ultima volta che siete venuti qui è stato un mese fa."

Devoto: "Sì, poi non siamo più potuti venire. Mio padre è stato costretto a letto per i reumatismi."

Madre. "Adesso come sta?"

Devoto: "Adesso sta bene. Verrà qui con noi la prossima settimana."

Madre: "Amma vi darà del *prasadam* per lui. Tornate a casa questa sera?"

Devoto: "Sì, Amma; mia figlia deve andare al lavoro domani."

Madre: "Ma come farete ad andare a quest'ora?"

Devoto: "Siamo venuti con la jeep."

Madre: "Oh, ci sono qui altri due figli che vengono dal vostro paese. Avrebbero voluto tornare in autobus parecchio tempo fa, ma Amma ha chiesto loro di restare per i bhajan."

Devoto: "Non c'è problema. C'è un sacco di spazio nella jeep, siamo solo in tre."

La Madre presentò l'insegnante e l'amico alla famiglia. L'insegnante disse: "Stavamo per partire dopo aver visto Amma. Quando Lei ci ha chiesto di restare fino alla fine dei bhajan, temevamo che avremmo perso l'ultimo autobus. Adesso sappiamo che tutti i nostri problemi si risolvono se riponiamo la nostra fiducia in Amma."

La Madre chiese ad una brahmacharini di andare a prendere del *vibhuti* (cenere sacra), e lo distribuì a tutti come prasadam e ne diede una porzione speciale per il padre del devoto. Dopo aver dato istruzioni ad una brahmacharini affinché tutti cenassero, la Madre ritornò nella Sua stanza.

### Lunedì 8 luglio 1985

Erano le cinque del pomeriggio e la Madre era seduta nel kalari. Un brahmachari, che era andato in città a fare provviste, tornò con i pacchi. Trasportava un sacco pieno di riso sulla testa e teneva in equilibrio sulle spalle un sacco di verdura. Era evidente che il carico era troppo pesante per lui.

Vedendolo in difficoltà, Amma gli tolse il sacco di riso dalla testa e lo appoggiò a terra. Gli chiese: "Sei andato da solo anche se dovevi comprare tutte queste cose? Non potevi farti accompagnare da qualcuno?"

Brahmachari: "Non pensavo che sarebbe stato così pesante." Due brahmachari portarono i sacchi in cucina.

Madre: "Certo, come facevi a sapere quanto sarebbero state pesanti le borse, visto che a casa non hai mai fatto nessun lavoro e non sei abituato a portare dei pesi? Come hai fatto a metterti il sacco di riso in testa?"

Brahmachari: "Mi ha aiutato il conducente della barca."

Madre: "Povero figlio mio! D'ora in avanti non andare al mercato da solo." Amma gli passò le dita tra i capelli. Lui rimase fermo a godersi le carezze della Madre, pieno di beatitudine e dimentico di tutto il resto.

## Felicità e dolore della vita nel mondo

La Madre tornò a sedersi nel kalari. Una donna si avvicinò e s'inchinò. Amma l'abbracciò, tenendola stretta. La donna mise la testa in grembo alla Madre e incominciò a singhiozzare. "Se soltanto Amma facesse un sankalpa, tutti i miei problemi si risolverebbero," continuava a dire.

Accarezzandole la schiena, la Madre la consolò dicendo: "Figlia mia, basta davvero che Amma faccia un sankalpa? Tu devi essere pronta a riceverlo. Anche se Amma accende la luce, devi aprire la porta prima che la luce possa entrare. Se tutte le porte sono chiuse a chiave, come fai a ricevere la luce? Anche quando Amma fa un sankalpa, perché questo ti sia di beneficio devi pensare a Dio. Devi mettere da parte un po' di tempo ogni giorno per recitare il nome di Dio. Quanto tempo sprechiamo tutti i giorni! Basta dire che deve pensare a tutto Amma, mentre tu non fai alcuno sforzo?"

La donna credeva che i suoi vicini di casa le avessero fatto il malocchio e che tutti i suoi guai derivassero da ciò. Stava cercando di convincere Amma di questo e voleva che la Madre la proteggesse e punisse i vicini. Aveva fatto questa richiesta già diverse volte. La voce della Madre divenne severa quando fu chiaro che la donna non prestava alcuna attenzione a quello che diceva Amma. A quel punto la donna smise di lamentarsi e incominciò ad ascoltare Amma con paura e riverenza.

Madre: "Al momento attuale, esistono due tipi di felicità e di sofferenza. Quando non otteniamo quello che vogliamo, ci sentiamo tristi; ma quando gli altri ottengono quello che vogliono, allora siamo ancora più tristi. In modo simile, siamo felici quando abbiamo successo in qualcosa, ma siamo ancora più felici quando gli altri falliscono. Dimenticandoci di tutte le nostre sofferenze, ci rallegriamo quando vediamo le sofferenze altrui. Se nostra figlia non si è ancora sposata, siamo felici che anche la figlia del vicino non lo sia; poi ci rattristiamo quando quest'ultima si sposa. Figli miei, questa è una perversione della mente, una grave malattia che corrode la nostra pace. È un cancro della mente.

"Una volta due vicini di casa andarono a comprare delle travi di legna. Uno dei due comprò una trave sola, mentre l'altro ne comprò tre. Quando il primo uomo tagliò la sua trave, si rese conto che era vuota all'interno. Si sentì molto infelice per aver sprecato i soldi e perse l'appetito. Poi sua moglie gli comunicò la notizia che tutte e tre le travi del vicino erano marce all'interno. L'uomo, che era stato tanto triste fino a quel momento, provò all'improv-viso una grande gioia. 'Oh, davvero? Portami del tè,' disse ridendo allegramente. 'Se lo merita! Ne ha comprate tre perché pensa di essere molto ricco.'

"Figli miei, la prima cosa che bisogna fare è cambiare quest'at-titudine. Quando la nostra mente è così, anche il japa non serve a niente. Non riusciremo ad ottenere la grazia di Dio e nemmeno la pace mentale. Un recipiente che ha contenuto qualcosa di acido deve essere lavato per bene prima che ci si possa versare del latte, altrimenti il latte andrà a male. Figli, prima d'ogni altra cosa, dobbiamo pregare di sviluppare un cuore che gioisca per la felicità altrui e provi empatia per la loro sofferenza.

"Se il nostro vicino di casa è un pazzo, avremo anche noi dei problemi; non saremo in grado di dormire a causa del rumore che fa di notte. Magari non avremo pace nemmeno durante il giorno. Pensate a quanto saremmo infelici se tutti i giorni nostro fratello tornasse a casa ubriaco e incominciasse a litigare. La nostra pace andrebbe completamente perduta. D'altro canto, se nostro fratello ha una natura gentile, ciò ha un effetto positivo su di noi. Dobbiamo renderci conto che quando gli altri vivono una vita pacifica e tranquilla, siamo noi i primi a beneficiarne. Per lo meno, loro non ci causano guai! Dobbiamo essere in grado di gioire per la loro felicità e provare compassione per il loro dolore. Se lo facciamo, significa che stiamo progredendo interiormente. È in cuori così che Dio ama risiedere. I veri figli di Dio sono coloro che considerano la felicità e il dolore degli altri come se fossero i propri."

A questo punto la donna stava ormai piangendo e Amma s'interruppe per asciugarle le lacrime. "Non rattristarti, figlia mia. Ripeti regolarmente il mantra che ti ha dato Amma. Andrà tutto bene."

Sentendo queste parole, la donna si consolò, s'inchinò e si alzò. Se ne andò dopo aver depositato il suo fardello di dolore ai Piedi della Madre, che è il rifugio di tutti coloro che soffrono. Siamo sicuri di ricevere conforto bagnandoci in questo torrente di pace ininterrotta che scorre verso tutti i cuori pieni di dolore.

## *Sabato 20 luglio 1985*

### Nessun compromesso nella disciplina

Nel cielo d'oriente non erano ancora apparse le prime luci dell'alba. I brahmachari stavano facendo l'archana nella sala di meditazione, mentre Amma camminava avanti e indietro sulla veranda, al buio, con le mani dietro la schiena. C'era un'aria di serietà nel modo in cui camminava. Due uomini con delle pile elettriche passarono lungo le rive del canale, al lato sud dell'ashram; erano pescatori che si preparavano a gettare le reti.

In quel momento, un brahmachari arrivò di corsa per unirsi all'archana; doveva essersi svegliato tardi. Mentre apriva silenziosamente la porta della stanza di meditazione, la Madre lo bloccò, chiudendo con decisione la porta. Il brahmachari rimase fermo vicino alla porta con la testa china.

Dopo qualche istante Amma disse: "Non sai che l'ar-chana incomincia alle cinque del mattino? Se le persone continuano ad entrare ad una ad una dopo l'inizio dell'ar-chana, tutti quelli che sono dentro perderanno la concentrazione. Quindi, adesso resta a fare l'archana qui fuori. Da domani in poi dovrai essere nella sala di meditazione alle quattro e mezza. Devi avere disciplina nella sadhana, altrimenti non farai alcun progresso."

Il brahmachari mise la sua *asana* (tappetino da meditazione) sulla veranda e si sedette. Dalla sala di meditazione risuonavano i mantra. Il brahmachari comprese chiaramente il significato di ogni mantra quando si concentrò sui santi piedi della Madre, che camminava di fronte a lui con passi gentili.

*Om nakhadititsamchanna namajjana*
*tamogunayai namah...*

*Rendiamo omaggio a Colei*
*le cui risplendenti unghie dei piedi*
*dissipano l'ignoranza dei devoti*
*che si inchinano di fronte a Lei!*

*Rendiamo omaggio a Colei*
*i cui piedi superano in splendore*
*i fiori di loto!*

*Rendiamo omaggio a Colei*
*i cui sacri piedi di loto sono adornati*
*di cavigliere d'oro incastonate di gemme preziose che*
*scintillano dolcemente!*

*Rendiamo omaggio a Colei*
*il cui passo è lento e gentile come*
*quello di un cigno!*

Uscendo dopo l'archana, i brahmachari furono piacevolmente sorpresi nel vedere la Madre e s'inchinarono di fronte a Lei. Amma mise le mani sul capo del figlio che era arrivato in ritardo e lo benedì.

Madre: "Figlio, ti sei intristito quando Amma ti ha impedito di unirti all'archana?"

Che dolore ci può essere quando il cuore si scioglie nell'amore della Madre, proprio come la pietra *chandrakanta* si scioglie alla luce della luna piena?

Madre: "Questo è un ashram, figlio mio. Quando recitiamo l'archana durante il *brahma muhurta* (l'ora sacra prima dell'alba), tutti i brahmachari devono parteciparvi. A quell'ora, nessuno deve dormire, fare il bagno o cose simili. Tutti devono prendere posto a sedere cinque minuti prima dell'inizio dell'archana."

Brahmachari: "C'era solo un filo d'acqua che usciva dal rubinetto e quindi ho finito di fare il bagno tardi."

Madre: "Se hai un esame o un colloquio di lavoro, puoi arrivare in ritardo dicendo che mancava l'acqua o la luce? Devi fare la sadhana con la stessa attitudine.

"Quando tanti di voi recitano l'archana in gruppo, la Madre Divina è sicuramente presente. Non si può dormire, parlare o arrivare in ritardo. Questa è la ragione per cui Amma ti ha detto di fare l'archana fuori, perché dentro gli altri avevano già incominciato."

La Madre accarezzò affettuosamente con gli occhi tutti i Suoi figli e poi andò nella Sua stanza. Verso le sette uscì di nuovo con una brahmacharini, si diresse verso il lato settentrionale dell'ashram e si mise a raccogliere le foglie delle palme di cocco che erano cadute. Un brahmachari le portò tutte vicino alla cucina e approfittò dell'occasione per farsi chiarire alcuni dubbi.

Brahmachari: "Amma, si può eliminare completamente la mente?"

Madre: "La mente è una collezione di pensieri. I pensieri sono come le onde dell'oceano; continuano a sollevarsi, l'uno dopo l'altro. Non si possono fermare le onde con la forza. Ma quando l'oceano è profondo, le onde si placano. In modo simile, cerca di concentrare la mente su un pensiero solo, invece di cercare di fermare con la forza tutti i pensieri. Allora l'oceano della mente diventerà più profondo. Diventerà calmo. Anche se in superficie ci saranno delle piccole onde, in profondità sarà calmo."

## Amma e il seva della mucca

La Madre arrivò vicino alla stalla. Un brahmachari stava lavando una mucca appena acquistata, di nome Shantini, "la pacifica"; ma non c'era alcuna connessione fra il nome ed il comportamento. Fino a quel momento, tutti quelli che avevano cercato di farle il bagno si erano presi per lo meno una frustata con la coda. Mungerla era una battaglia, ci volevano tre persone e bisognava anche legarle le zampe. Sembrava che la mucca avesse fatto un voto che tutto il latte dovesse finire per terra o che, per lo meno, chiunque cercava di mungerla si facesse un bagno di latte.

Questo brahmachari, che conosceva bene la natura di Shantini, stava usando una brocca per versarle l'acqua addosso. La bagnò un paio di volte e ritenne d'averla lavata, ma la mucca aveva ancora terra e sterco attaccati al corpo. Alla Madre questo modo di lavare la mucca non piacque affatto. Prese il secchio d'acqua dalle mani del brahmachari, mentre una brahmacharini andava in cucina a prendere un pezzo della buccia ruvida del cocco che si usa per strofinare le pentole. Facendo vedere al brahmachari il modo corretto di lavare la mucca, la Madre rimosse con cura tutto lo sterco che era rimasto attaccato alla pancia e alle zampe della mucca e la lavò per bene.

Tutti furono sorpresi nel notare l'improvvisa docilità di Shantini; non avevano mai visto una cosa simile. La mucca era immobile, come un bambino obbediente; forse era da tempo che aspettava un'occasione simile.

Mentre faceva il bagno alla mucca, Amma disse: "Figlio, non stare in piedi dietro ad una mucca quando la lavi, perché potrebbe scalciare. Questa qui è un po' indisciplinata, quindi devi lavarla facendo attenzione, mettendoti di lato." La Madre fece anche vedere come legare la mucca nella stalla.

Sentendo che Amma stava lavando la mucca, due devoti vennero a guardare. Mentre usciva dalla stalla, la Madre disse loro: "I figli che abitano qui non sono abituati a fare questo tipo di lavori. Sono venuti qui subito dopo aver finito l'università e fino a quel momento erano stati coccolati dai loro genitori. Non sanno nemmeno lavarsi i vestiti. Ieri, Amma ha visto che uno di loro cercava di usare il 'Super-bianco' (un liquido blu in cui s'immerge il bucato per qualche secondo dopo averlo lavato) per lavare i panni. Sarebbe stato molto divertente se Amma non fosse arrivata in tempo. Aveva versato una bottiglietta intera in mezzo secchio d'acqua ed era sul punto di immergervi i vestiti quando è arrivata Amma. Immaginate quello che sarebbe successo! (Amma rise). Ha finito in un lavaggio il 'Super-bianco' che basta per un mese. Amma gli ha fatto vedere come mischiare qualche goccia di liquido blu all'acqua e poi immergerci i vestiti."

## Consigli a persone con famiglia

La Madre era seduta sulla veranda della sala di meditazione e i devoti si erano radunati attorno a Lei. Il Sig. Menon, di Palakkad, iniziò la conversazione.

Menon: "Amma, io pratico la meditazione ma, per vari problemi, non sono mai libero dai dispiaceri. Ho parlato con molte altre persone con famiglia e la maggior parte è nella stessa spiacevole situazione. A volte mi chiedo addirittura perché fare japa e meditazione."

Madre: "Figlio, non basta fare japa e meditazione; bisogna assimilare i princìpi fondamentali. Quando Amma era giovane, era solita tagliare i rami di un albero di *kampatti*[4]. La prima volta che si è dovuta arrampicare sull'albero si è bruciata tutto il corpo. Aveva la faccia così gonfia che non riusciva a tenere gli occhi aperti. Ci vollero due o tre giorni prima che tornasse normale. Poi, Amma scoprì che prima di salire sull'albero ci si deve spalmare

---

[4] Albero dalla corteccia velenosa, che provoca irritazioni.

il corpo d'olio. Da quel momento in poi, ha sempre usato l'olio come protezione prima di salire a tagliare i rami dell'albero del kampatti. In modo simile, voi dovreste avere il rivestimento protettivo dell'amore per Dio prima di formare una famiglia. Così non ci sarà motivo di dolore.

"Bisogna avere la convinzione che il nostro unico vero parente è Dio. Figli, dovreste sapere che, alla fine, tutte le altre relazioni e gli oggetti del mondo non vi daranno altro che dolore. Fate che il vostro unico legame sia con Dio. Questo non significa che dovete abbandonare moglie e figli o trattarli come degli sconosciuti. Prendetevi buona cura di loro, ma sappiate che l'unico parente duraturo che avete è Dio. Tutti gli altri vi lasceranno, oggi o domani; quindi rifugiatevi sempre e soltanto in Lui. Pensate che le difficoltà della vita sono per il vostro bene; in questo modo ci sarà sempre pace e felicità in famiglia."

Un devoto: "Possiamo vivere come le persone che fanno tante tapas?"

Madre: "Amma non sta dicendo che le persone con famiglia debbano compiere delle austerità rigorose, ma cercate di recitare il nome di Dio mentre compiete le vostre azioni. Non dovete preoccuparvi della purezza del corpo mentre recitate il nome divino. Dio è dappertutto. È sempre nel nostro cuore, solo che noi non lo sappiamo. Un diamante ha uno splendore naturale, ma quando cade nell'olio perde la sua lucentezza. In modo simile, non siamo in grado di riconoscere Dio a causa della nostra ignoranza.

"Al mattino, dopo aver fatto il bagno, recitate il nome di Dio per almeno dieci minuti. Meditate almeno un po'. Fate la stessa cosa la sera. Qualsiasi cosa vi faccia soffrire, portate le vostre lamentele nella stanza della puja, dove c'è il vostro vero amico. Oltre al marito o alla moglie, dovreste avere un amico e quest'amico deve essere Dio. Se vostra moglie o vostro marito vi rendono infelici, raccontatelo a Dio e a nessun altro. Se il vostro vicino di casa si mette a litigare con voi, entrate nella stanza della puja e lamentatevi: 'Perché gli hai permesso di trattarmi così? Non eri lì con me?' Aprite il vostro cuore e raccontate tutto a Dio. Questo diventerà un satsang.

"Quando qualcuno vi rende felici, dite anche questo a Dio. Dimenticarsi di Dio nei momenti felici e ricordarsi di Lui soltanto nei momenti di sofferenza non è un segno di vera devozione. Dovremmo essere in grado di vedere che sia la sofferenza che la felicità ci vengono da Dio.

"Ogni momento libero che avete dopo il lavoro, dovreste impiegarlo nella lettura di libri spirituali come la *Gita* e il *Ramayana* o di biografie di mahatma, o dei loro insegnamenti, invece di andare al cinema o di dedicarvi ad altri divertimenti mondani. Non perdete mai l'opportunità di partecipare ai satsang. Condividete con gli amici le cose di cui avete sentito parlare nei satsang e questo porterà pace mentale anche a loro. Osservate brahmacharya (celibato) per lo meno due o tre giorni la settimana. Ciò è essenziale se volete trarre beneficio dalla vostra sadhana."

Ridendo, Amma aggiunse: "Non abbiamo una sola moglie: gli occhi, il naso, la lingua, le orecchie e la pelle sono tutti nostre 'mogli'. Dobbiamo tenere sotto controllo anche il nostro attaccamento nei loro confronti; solo allora potremo conoscere la vera essenza che è dentro di noi."

Una devota: "Amma, dov'è il tempo per i satsang e la lettura dopo aver fatto i lavori di casa ed essersi occupati dei figli?"

Madre: "Chi vuole, il tempo lo trova. Anche quelli che dicono continuamente di non aver tempo si precipiteranno all'ospedale con il figlio malato, non è vero? E anche se la cura richiede tre o quattro mesi, non lasceranno l'ospedale per andare a lavorare. Per quanto vi lamentiate di non aver tempo, quando si tratta della salute di vostro figlio, il tempo riuscite sempre a trovarlo. In modo simile, quando sarete convinti che è Dio che vi protegge e che non ci sarà pace in questa vita a meno che non vi rifugiate in Lui, allora il tempo lo troverete.

"Se non riuscite a trovare il tempo per venerare Dio, cercate di essere come le gopi. Loro non avevano un momento speciale per la preghiera. Vedevano Dio mentre erano immerse nel loro lavoro. Ripetevano il nome di Dio mentre sbattevano il latte nella zangola, mentre macinavano il grano e in tutte le loro faccende domestiche. I contenitori del pepe e del coriandolo e di tutte le altre spezie, avevano l'etichetta con i nomi del Signore. Quando volevano il pepe, chiedevano di Mukunda. Quando davano del coriandolo a qualcuno, offrivano Govinda. Chi veniva a comprare il latte e lo yogurt usava i nomi del Signore. Le gopi erano immerse nella recitazione dei nomi di Krishna in ogni momento ed in ogni luogo. In questo modo, si ricordavano sempre del Signore senza fare uno sforzo speciale. Chi non può dedicare una parte del suo tempo alla sadhana, può comunque mantenere il ricordo di Dio in questo modo.

"Cercate di capire che soltanto Dio è vero ed eterno. Ripetete il mantra mentre fate il vostro lavoro. In questo modo, non ci sarà bisogno di un momento particolare per ricordarsi di Dio. La vostra mente sarà sempre focalizzata su di Lui."

Devoto: "Non basta meditare sul Sé? È necessario recitare il mantra e via dicendo?"

Madre: "A scuola si chiede ai bambini di ripetere le poesie e le tabelline in modo che le imparino a memoria. Non a tutti basta leggere le cose una volta sola per memorizzarle. In modo simile, non tutti riescono a fissare la mente sul Principio Supremo soltanto con la meditazione. Sono necessari anche il japa e i canti devozionali in solitudine. Se una persona è in grado di fissare la mente su Dio con la meditazione, allora non ha bisogno d'altro. Ma quando si ripete il mantra o si cantano i kirtan, la mente si concentra molto velocemente e non corre verso gli oggetti esterni così facilmente come in altri momenti. È una cosa che possono fare tutti."

All'ashram stavano arrivando i devoti, che si radunavano attorno alla Madre per bere il nettare delle Sue parole. Quando il numero dei devoti fu considerevole, la Madre andò nella capanna e incominciò a dare il darshan.

Una giovane donna che aveva perso l'equilibrio mentale arrivò accompagnata dai genitori. Vedendo la loro disperazione, Amma diede loro il permesso di fermarsi all'ashram per qualche giorno. Qualcuno doveva rimanere costantemente con la ragazza; se nessuno la sorvegliava, lei scappava via. C'era quindi sempre qualcuno che la teneva per mano. Amma diede un pezzo di legno di sandalo al padre e gli disse di applicare sovente la pasta di sandalo sulla fronte della ragazza.

Quando i bhajan furono finiti, la Madre si sedette con i devoti ed i brahmachari nel cortile di fronte al kalari. La ragazza malata uscì dalla sua stanza e cercò di scappare, mentre la madre e la sorella la inseguivano. Una brahmacharini ed un'altra devota riuscirono a fermarla e la portarono dalla Madre, che la fece sedere accanto a Sé. La ragazza continuava a fare ad Amma delle domande senza senso. Amma ascoltava con grande attenzione e ogni tanto le rispondeva, per calmarla.

Dietro istruzione della Madre, la ragazza fu portata vicino al rubinetto dell'acqua fuori dalla sala di meditazione. Amma riempì un secchio d'acqua e lo versò tutto sulla testa della ragazza. Ripeté la stessa cosa diverse volte, tenendo stretta la mano della ragazza perché lei non scappasse. Continuò così per circa mezz'ora, dopodiché ci fu un leggero cambiamento nel comportamento della ragazza. Amma preparò della pasta di sandalo e l'applicò sulla fronte della ragazza. Prima di rimandarla nella sua stanza con la mamma, Amma non si dimenticò di darle un bacio affettuoso sulla guancia.

La Madre tornò a sedersi nel cortile di fronte al kalari. Chiamò Br. Balu e gli chiese di cantare un kirtan. Br. Srikumar[5] suonava l'harmonium. L'atmosfera dell'ashram si riempì della musica devozionale piena di beatitudine di '*Sri chakram ennoru chakram…*'

*Nella ruota mistica dello Sri Chakram,*
*Dimora la Dea Sri Vidya.*
*La Devi che è la natura del movimento,*
*L'Unico Potere che muove la*
*Ruota dell'Universo.*

*A volte cavalcando un leone,*
*A volte a cavallo di un cigno,*
*Manifestandosi come la Shakti del Signore Brahma;*
*Madre, che conduci e controlli*
*La Divina Trinità,*
*Non è forse la Dea Katyayani*
*Un'altra delle Tue forme?*

*I devoti rendono omaggio alle Tue forme*
*Per essere alleviati dalle loro sofferenze.*
*Madre, chi tra gli esseri umani,*
*Catturati da Maya, comprende la verità*
*Che questo corpo umano è spregevole?*

*Madre, che ti diletti cavalcando una tigre,*
*Come può chi vive nell'ignoranza sperare di*
*Rendere lode alla Tua sublime maestosità?*

---

[5] Swami Purnamritananda

### Martedì 6 agosto 1985

Amma scese dalla Sua stanza, vestita di bianco immacolato. Tutti i devoti che La stavano aspettando a mani giunte incominciarono a ripetere sottovoce 'Amma, Amma…' La Madre si recò nel kalari accompagnata da tutti i Suoi figli. Visto che all'interno non c'era abbastanza spazio per tutti, chi non aveva un posto a sedere aspettava fuori il proprio turno. Il largo sorriso della Madre infondeva pace in tutti. I Suoi occhi pieni di compassione recavano sollievo ai cuori sofferenti.

Una giovane donna mise la testa in grembo ad Amma e incominciò a singhiozzare. Sollevandole la testa con le mani, la Madre le asciugò affettuosamente le lacrime. Amma consolava la ragazza dicendole: "Non piangere, figlia mia! Amma è qui per te! Non piangere!" Ma la donna continuava a piangere, incapace di controllare la sua tristezza. La Madre la strinse a Sé e l'accarezzò con amore, massaggiandole gentilmente la schiena.

La giovane donna proveniva da una famiglia ricca e si era innamorata di uno degli amici di suo fratello. Ma poiché il giovane apparteneva ad un'altra casta, la sua famiglia era contraria alla loro relazione. Nonostante ciò il loro amore aveva avuto la meglio e si erano sposati. Avevano iniziato la loro vita in comune prendendo in affitto una casa; il marito aveva avviato un'impresa con dei soldi presi a prestito. L'affare era fallito e, poiché i creditori continuavano a far pressione, il marito se n'era andato di casa senza dir niente a nessuno.

"Amma, ha abbandonato me e i bambini. Non c'è nessuno che si prenda cura di noi!" La donna continuava a ripetere queste parole, piangendo sulla spalla della Madre.

Amma cercava di consolarla. "Smettila di preoccuparti, figlia mia. Non gli è successo niente, ritornerà."

La giovane donna sollevò la testa dalla spalla della Madre e chiese: "Amma, mio marito tornerà?"

Madre: "Certo che tornerà. Non ti preoccupare, figlia mia!"
Dopo un breve silenzio, la Madre proseguì: "Amma ti darà un
mantra. Tieni sempre a mente la Devi e recita regolarmente il
mantra. Tra un mese tutti i tuoi problemi saranno risolti."
Il volto della donna s'illuminò. Aspettative e speranze le
brillavano negli occhi. Amma chiuse gli occhi e rimase in meditazione per un po'. Poi riaprì gli occhi, ripetendo: 'Shiva, Shiva!'

## Il divino stato d'animo di devozione della Madre

Ad uno ad uno i devoti s'inchinarono di fronte alla Madre e si
allontanarono. Il sig. Bhaskaran Nair di Thrissur si fece avanti
e s'inchinò. Da quando era morta sua moglie, passava tutto il
tempo in pratiche spirituali. Veniva spesso all'ashram a far visita
alla Madre. La pace che aveva sul viso, la sua umiltà, il mala di
grani di *tulasi* al collo, tutto rivelava la sua natura *sattvica*.

Amma aprì il pacchetto che il sig. Nair Le offrì. Conteneva
un quadretto ed una biografia di Chaitanya Mahaprabhu[6]. La
Madre diede un'occhiata al libro, poi lo aprì e lo diede al sig.
Nair, dicendo: "Leggi un po', figlio mio. Amma ti ascolta." Lui
fu molto contento e incominciò a leggere:

"Quando l'amore per Dio incomincia a sbocciare nel tuo
cuore, allora, nessun altro pensiero vi entrerà più. Può la bocca
che ha gustato lo zucchero candito desiderare la dolcezza di qualcos'altro? L'anima benedetta che ha sviluppato amore per Dio è
continuamente inebriata. L'aman-te languisce in ogni momento
per il desiderio di unirsi all'amato. Non si preoccupa affatto se
l'amato ricambia il suo amore oppure no. In ogni istante pensa
al suo beneamato, soffrendo per la separazione.

"L'amore di Mahaprabhu era così. Il fiume di *prema* che
scorreva dal lago del suo cuore diventava sempre più impetuoso.

---

[6] Un mahatma del Bengala

Il Ganga del suo amore, al contrario dei ruscelli, non si prosciugava mai. Un momento rideva, l'attimo dopo danzava. Per tutta la notte i suoi abiti s'inzuppavano di lacrime mentre lui piangeva, senza dormire un solo istante. Gemeva profondamente, chiamando: 'Krishna, oh Krishna!' Mahaprabhu divenne incapace di compiere le normali azioni quotidiane, come fare il bagno, mangiare o pregare al crepuscolo. Non era in grado né di parlare né di ascoltare altro se non le gesta di Krishna. Non riconosceva nessuno se non il suo adorato Krishna."

Mentre leggeva, il sig. Nair sollevò gli occhi per guardare Amma. Era diventata completamente dimentica di questo mondo. I Suoi occhi lentamente si chiusero. Lo splendore del Suo volto divino sembrava riempire l'atmosfera. Le Sue guance si rigarono di lacrime. Il divino stato d'animo di devozione di Amma contagiò tutti i devoti che Le erano vicino; tutti rimasero immobili ad osservarLa, senza un battito di ciglia. Una donna piangeva, gridando: 'Amma, Amma!' Il sig. Nair smise di leggere e, con le mani giunte in segno di devozione, rimase ad osservare intensamente il viso di Amma. Sopraffatta dalla devozione, una donna incominciò a cantare *'Ayi! Giri nandininandita mohini...'*

*Figlia della Montagna! Incantatrice,*
*Venerata da tutti, venerata da Nandi,*
*Tu che giochi con l'universo,*
*Tu che risiedi sul Monte Vindhya,*
*Che sei la moglie di Shiva,*
*Tu che hai una grande famiglia,*
*Tu che hai compiuto*
*Molte gesta meravigliose, Vittoria a Te,*
*Tu che hai ucciso il demone Mahisha,*
*Meravigliosa beneamata di Shiva,*
*Figlia di Himavat!*

Riaprendo gli occhi dopo circa un'ora e mezza, la Madre continuò a dare il darshan ai devoti. Poi, uscì dal tempio e si sedette all'ombra tra la scuola di Vedanta e la capanna. Alcuni devoti e brahmachari si raccolsero attorno a Lei. Uno di loro era Surendran, che una volta vendeva alcolici. Dopo aver incontrato la Madre, aveva lasciato quel lavoro e adesso gestiva un negozio di alimentari vicino a casa.

## Il passato è un assegno annullato

Surendran: "Amma, ho fatto tanti errori nella vita e il ricordo di tutte quelle cose mi tormenta ancora moltissimo."

Madre: "Figlio mio, perché ti preoccupi degli errori del passato? Ciò che è passato è passato. Se ti angosci per queste cose, perderai la forza che hai adesso. Adesso prendi la ferma risoluzione che non commetterai più gli stessi errori. È questo ciò di cui hai bisogno. Così, le buone azioni purificheranno la tua mente. Il tuo desiderio d'essere buono nei pensieri e nelle azioni e lo sforzo fatto in quella direzione rivelano la purezza della tua mente.

"Quando hai compiuto quelle cattive azioni, non sapevi che erano sbagliate; ma adesso che lo sai, stai cercando di evitarle. Questo è sufficiente. Quando un bambino tira una palla contro la sua mamma, lei gli sorride, lo prende tra le braccia e gli dà un bacio. Ma se lancia qualcosa contro la madre quando è cresciuto, lei non sarà altrettanto paziente. In modo simile, abbiamo fatto tante cose sbagliate fino ad ora, senza rendercene conto. Dio ci perdonerà ogni cosa. Ma non perdonerà gli errori che commettiamo dopo aver capito che sono sbagliati. Dobbiamo quindi sforzarci di non ripetere gli stessi errori.

"Non c'è bisogno di dispiacersi per il modo di vivere che abbiamo avuto fino ad ora. Il passato è come un assegno annullato. Oppure, è come gli errori che si fanno quando si scrive a matita. Hai una gomma e puoi cancellare gli errori, ma lo puoi fare soltanto un paio di volte. Se cerchi di cancellare troppe volte nello stesso punto, farai un buco nel foglio. Dio perdonerà gli errori che abbiamo commesso senza saperlo. La peggiore trasgressione è continuare a fare qualcosa che sappiamo essere sbagliato; questo non lo dobbiamo fare."

Devoto: "Amma, sono degno di pregare Dio? Ho la purezza mentale per farlo?"

Madre: "Non pensare in questo modo, figlio mio. Non pensare di non avere la purezza mentale per pregare perché hai fatto molti errori nella vita, o che pregherai soltanto quando la tua mente sarà pura. Se pensi di fare il bagno in mare soltanto quando tutte le onde si saranno placate, non lo potrai mai fare. Non si può imparare a nuotare sedendosi sul bordo della piscina: bisogna entrare in acqua. Cosa succederebbe se il dottore dicesse al paziente di venire da lui soltanto dopo esser guarito? È Dio che purifica la nostra mente; è per questo che prendiamo rifugio in Lui. Soltanto grazie a Lui possiamo purificarci."

Surendran: "Amma, se crediamo in Te e abbiamo vera devozione verso di Te, non possiamo fare niente di sbagliato. Chiediamo quindi soltanto la Tua grazia, affinché Tu ci conceda fede e devozione."

Madre: "Figli miei, basta che abbiate fede in Dio. Se avete una fede salda in Lui, non farete errori e nella vostra vita ci sarà soltanto felicità."

Surendran: "Ma Tu non sei forse Dio, Amma?"

Madre: "Ad Amma non piace dire una cosa simile. Supponiamo che su una pianta sbocci un fiore profumato. La pianta non dovrebbe esclamare: 'Guardate il mio fiore! Che bello! E che profumo meraviglioso! Tutto questo grazie al mio potere!' Se dice così, nutre l'ego. Tutti i poteri vengono da Dio. Non dovremmo mai pensare che qualcosa ci appartiene. Niente di tutto questo è dovuto al potere di Amma. Lei è sbocciata grazie al potere di

Dio. È Lui che l'ha resa profumata. Amma non dice che qualcosa di tutto questo le appartiene."

## La causa della sofferenza ed il rimedio

Un devoto: "Amma, qual è la ragione della sofferenza?"

Madre: "La causa di tutta la sofferenza è l'attitudine di 'io' e 'mio'.

"Una volta, stavamo tornando da Calicut. Sull'autobus c'erano un signore e suo figlio. Il padre era seduto e giocava con il bambino che teneva in grembo. Dopo un po' si addormentarono entrambi e, qualche istante dopo, il bambino scivolò e cadde a terra. Il padre non se ne rese subito conto, perché si svegliò soltanto quando il bambino incominciò a piangere. A quel punto si mise a piangere anche lui, dicendo: 'Oh, figlio mio, bambino mio!' Incominciò subito a cercare segni di possibili ferite. Quindi, la sua attitudine di 'io' e 'mio' si è trasformata in sofferenza non appena lui si è svegliato. Se questa attitudine è assente, non c'è dolore.

"Due ragazzini stavano giocando con un bastone. Un terzo bambino li vide e si mise a piangere perché ne voleva uno anche lui. Poiché continuava a far storie, arrivò la madre, tolse il bastone agli altri bambini e lo diede a lui. Il bambino incominciò a giocarci, ma poco dopo si addormentò. Il bastone gli scivolò dalle mani, ma lui non se ne accorse affatto. Solo qualche minuto prima aveva pianto per averlo ma, nel sonno, perse l'attitudine di 'io' e 'mio'. Ciò lo rese calmo e il bambino fu in grado di dormire in pace, dimenticandosi di tutto. In modo simile, la pura beatitudine deriva da Brahman, che dimora all'interno. Se abbandoniamo l'attitudine di 'io' e 'mio', possiamo fare l'esperienza di questa beatitudine. A quel punto, non c'è più sofferenza. Ma dobbiamo abbandonare l'attitudine dell''io', e smettere di considerarci esseri individuali e separati."

Devoto: "Amma, è una cosa così facile?"

Madre: "Provaci, figlio mio! Magari non siamo in grado di scalare una montagna, ma possiamo almeno rimuovere un po' di terra. Se preleviamo una manciata d'acqua dall'oceano, esso avrà una manciata d'acqua in meno. Cerchiamo di vedere le cose in questo modo. Inoltre, se avete una dedizione completa e vi sforzate con costanza, niente è impossibile. Se continuate a versare acqua in una bottiglietta d'inchiostro, il colore a poco a poco sbiadirà, fino al punto in cui non saprete dire se una volta c'era davvero dell'inchiostro. Allo stesso modo, quando la mente si espande grazie al ricordo costante di Dio, il senso d'individualità lentamente si dissolve e infine scompare. La mente individuale diventa la mente universale."

Un altro devoto: "Amma, molte persone mi odiano soltanto perché ho tanti soldi. È sbagliato essere ricchi?"

Madre: "Figli, non c'è niente di sbagliato nell'avere dei soldi. Ma lo scopo della vita non è soltanto accumulare denaro. Potete risparmiare i soldi per le vostre necessità, ma non in eccesso.

"In un villaggio c'era una volta un ombrellaio. Mentre lavorava, recitava il nome di Dio e parlava di argomenti spirituali con chi veniva da lui. Viveva felice, soddisfatto di quello che aveva, e tutti gli volevano bene.guadagnava abbastanza per i suoi bisogni quotidiani.

"Un giorno, un proprietario terriero comprò un ombrello da lui. Soddisfatto della buona qualità e del prezzo moderato dell'ombrello, il proprietario terriero s'interessò all'ombrellaio, di cui apprezzava le buone qualità, e gli regalò una grossa somma di denaro. Non appena l'ombrellaio ricevette il denaro, il suo carattere cambiò. Non riuscì più a concentrarsi sul suo lavoro, perché incominciò a preoccuparsi: 'Come faccio a custodire i soldi? Sono al sicuro in casa? E se qualcuno me li ruba?' Quando sorsero in lui questi pensieri, il japa cessò. Non riusciva più a finire il suo lavoro con puntualità, perché i suoi pensieri erano diretti verso progetti futuri. 'Devo costruire una casa o ingrandire l'impresa?' Questi erano i suoi unici pensieri e, a causa di ciò, lui non prestava più attenzione al lavoro.

"Non gli piaceva più parlare con gli altri, perché si era dimenticato come si parla con amore. Quando qualcuno gli chiedeva qualcosa, s'innervosiva, perché disturbava i suoi pensieri. Nel suo negozio venivano sempre meno persone e il suo reddito colò a picco. I pensieri relativi al denaro gli rubarono la pace mentale. Con l'aumentare dell'egoismo e dell'avidità, egli divenne irrequieto e depresso. Ben presto, tutti i soldi che aveva ricevuto in regalo finirono e lui non aveva più lavoro. L'uomo, che aveva condotto una vita felice prima di ricevere il denaro, adesso conosceva soltanto il tormento.

"Figli miei, andare agli eccessi in qualunque cosa pone fine alla nostra pace. Cercate quindi di condurre sempre una vita semplice. Questo basta a darci pace mentale. Non abbiamo bisogno di eccessi."

La Madre usa uno stile semplice per rimuovere i dubbi dei Suoi figli. Loro però desiderano sempre riascoltare le Sue parole di nettare, che impartiscono la conoscenza attraverso storie di tutti i giorni ed esempi che contengono inestimabili gemme di saggezza. I figli di Amma pregano come Arjuna pregava Krishna: "Il nettare che ho ascoltato non è abbastanza. Ti prego, fammene ascoltare ancora ed ancora!"

ॐ

# Capitolo 3

La Madre era seduta sulla sponda del canale che lambisce l'estremità dell'ashram, rivolta verso il Mar d'Arabia. Tutti i brahmachari andarono a sedersi attorno a Lei per la meditazione. L'atmosfera era solenne e piena di pace e rendeva la mente introspettiva senza alcuno sforzo. Persino le onde dell'oceano ad occidente sembravano essersi calmate. Tutti cercavano di meditare. La Madre guardò i presenti con occhi pieni compassione e lentamente incominciò a parlare.

## Meditazione

"Figli miei, quando vi sedete per la meditazione, non pensate di poter calmare immediatamente la mente. Prima dovreste rilassare ogni parte del corpo. Allentate i vestiti se sono troppo stretti e assicuratevi che la spina dorsale sia eretta. Poi chiudete gli occhi e concentrate la mente sul respiro. Siate consapevoli dell'inspirazione e dell'espi-razione. Normalmente respiriamo senza esserne consci, ma non dovrebbe essere così; dovremmo diventare consapevoli del processo. In questo modo la mente sarà vigile.

"Se restate seduti in questo modo per qualche tempo, la mente si calmerà. Potete continuare la meditazione concentrandovi sul respiro, oppure potete incominciare a meditare sulla forma della vostra divinità preferita. Se la mente divaga, dovete riportarla indietro. Se non siete in grado di farlo, è sufficiente osservare dove sta andando. La mente deve essere tenuta sotto osservazione, così la smetterà di correre di qua e di là e sarà sotto il vostro controllo.

"Adesso incominciate a meditare, figli miei."

## Colei che rimuove tutti i pericoli

Tutti i brahmachari si assorbirono in meditazione ma, dopo un po', Amma interruppe bruscamente la Sua meditazione. Vedendo il Suo insolito cambiamento d'umore, un brahmachari Le chiese che cosa stesse succedendo.

Madre: "È successo qualcosa ad uno dei miei figli." S'interruppe per un momento e poi proseguì: "Quel figlio che viene regolarmente da Kolencheri, è lui che ho visto. Quando è stato qui la settimana scorsa, Amma gli ha detto di fare attenzione quando viaggia. Amma gli ha detto specificatamente di astenersi dal guidare per tre mesi."

La Madre sembrava particolarmente preoccupata e ritornò in fretta nella Sua stanza.

Le parole della Madre fecero venire in mente quello che, l'anno prima, era successo ad Haridas, un devoto di Pattambi. Egli aveva descritto l'accaduto in questo modo: "Io e la mia famiglia venivamo sempre a trovare Amma con la jeep. Un giorno, mentre ero qui, Amma mi disse: 'Non guidare per un po' di tempo, figlio mio. Amma vede che stanno arrivando momenti cupi!' Quindi, nel viaggio di ritorno, feci guidare la jeep a mio fratello. Due mesi dopo, io e mio fratello andammo a Sultan Battery a trovare un amico. Quando arrivammo lì, a mio fratello venne un problema allo stomaco, tanto che non era in grado di guidare e nemmeno di viaggiare. Io dovevo tornare a casa entro la mattina successiva per alcune ragioni d'affari e quindi non mi potei fermare lì. Lasciai mio fratello a casa dell'amico e partii quella sera stessa.

"Siccome mi ricordavo le parole della Madre, guidavo piano e con molta attenzione, recitando il mio mantra. Mentre viaggiavo mi venne sonno; mi fermai quindi per bere una tazza di tè, lavarmi la faccia con dell'acqua fredda e poi ripresi il viaggio. Ma dopo aver guidato per un po', mi venne di nuovo sonno. Continuavo a guidare lottando per restare sveglio. Infine, mi assopii per un attimo e persi il controllo della jeep, che sbandò verso destra.

"All'improvviso, sentii che qualcuno afferrava il volante e lo sterzava a sinistra. Proprio in quell'istante gridai: 'Amma!' e frenai. La jeep si fermò, toccando quasi una grossa roccia sul lato sinistro della strada. Nell'oscurità non si riusciva a vedere niente con chiarezza. La strada era costruita sul lato di una montagna, con la montagna sulla sinistra e a destra un profondo precipizio. Fu soltanto quando vidi che la jeep si era fermata sul lato sinistro della strada, che mi convinsi che l'aiuto dell'invisibile soccorritore non era stato soltanto una mia immaginazione.

"La settimana dopo venni all'ashram. Non appena mi vide, Amma mi chiese: 'Figlio, hai guidato anche se Amma ti aveva detto di non farlo?' Io non potei far altro che guardarla con le lacrime agli occhi."

Amma protegge i Suoi figli, proprio come una mamma col suo bambino appena nato, tenendoli tra le braccia, senza mai lasciarli un momento. La Madre è consapevole di ogni pensiero dei Suoi figli, e di ogni loro respiro.

## Il futuro è predestinato?

La Madre scese dalla Sua stanza dopo i bhajan. Una famiglia di Bhopal era venuta a trovarLa. Erano in vacanza e stavano visitando il loro paese d'origine in Kerala, quando avevano sentito parlare di Amma. Volevano vederLa prima di tornare a Bhopal la settimana seguente. Il marito aveva assorbito i princìpi spirituali da suo padre, un ardente devoto di Sri Ramakrishna, e anche la moglie e i figli avevano una profonda fede in Dio. Trovavano sempre il tempo per la sadhana anche se avevano una vita molto impegnata. Avevano programmato di ritornare a casa dopo aver ricevuto il darshan della Madre e, siccome avevano la macchina, viaggiare la sera tardi non era un problema.

Quando ebbe l'opportunità di parlare con la Madre, il marito disse: "Amma, recentemente nella mia vita i problemi sono aumentati moltissimo. Mia moglie è stata in ospedale per un mese. Quando è tornata a casa, si è ammalato mio figlio, che ha dovuto passare una settimana in ospedale. Mia moglie dice che i nostri guai finiranno se facciamo analizzare i nostri oroscopi e seguiamo i consigli che ci vengono suggeriti."

Madre: "C'è qualcuno che conoscete che può studiare i vostri oroscopi?"

Marito: "Il padre di mia moglie conosce l'astrologia; ogni giorno lei continua ad insistere che vuole mandargli l'oroscopo di tutti noi. Io invece non ho nessuna fede negli oroscopi e in cose simili. Dobbiamo affrontare tutto quello che è destinato a succedere, quindi perché interessarsi a queste cose?"

Madre: "Non è giusto dire che queste cose non hanno un significato. Studiando la posizione dei pianeti, possiamo conoscere in una certa misura il nostro futuro. Se conosciamo il sentiero che abbiamo davanti, possiamo evitare dei guai. Non è vero che possiamo evitare un filo spinato o un fosso, se sappiamo che sono lì?"

Marito: "Allora possiamo cambiare il destino?"

Madre: "Il destino può essere cambiato con le tapas e la sadhana. Persino la morte può essere evitata. Non conosci la storia del saggio Markandeya? Il suo destino non è forse cambiato quando ha ardentemente pregato nel momento della morte? Qualsiasi evento del nostro destino può essere trasceso se compiamo le azioni con un'attitudine di totale abbandono a Dio. Ma dobbiamo essere pronti ad agire, invece di star seduti senza far niente dando la colpa al fato. Incolpare il destino senza darsi da fare è segno di pigrizia."

Marito: "In quel caso, l'oroscopo che predice il futuro si rivelerebbe sbagliato, vero?"

Madre: "Lo sforzo personale farà la differenza. Amma ti racconta una storia. Due amici si fecero fare l'oroscopo. Secondo i loro oroscopi, erano entrambi destinati a morire per il morso di un serpente. Uno di loro incominciò a preoccuparsi costantemente. La sua ansia lo fece ammalare mentalmente, facendo perdere la pace anche alla famiglia. L'altro uomo non si fece prendere dall'ansia, ma pensò alle possibili soluzioni. Divenuto consapevole della sua incapacità di evitare la morte, si rivolse a Dio e si abbandonò a Lui. Ma non solo; usando il corpo sano e l'intelligenza che Dio gli aveva dato, prese tutte le precauzioni possibili per evitare di essere morso da un serpente. Rimase in casa, pensando costantemente a Dio.

"Una notte, mentre entrava al buio nella stanza della puja, il suo piede urtò contro qualcosa. Nella stanza c'era un idolo a forma di serpente, con la lingua sporgente. Il piede lo aveva urtato proprio all'ora che l'oroscopo aveva previsto per il morso del serpente. L'uomo si ferì ma, siccome questo era un serpente senza vita, non aveva alcun veleno. Gli sforzi che aveva fatto e la sua dedizione a Dio diedero i loro frutti. Il suo amico, invece, divenne una vittima dell'ansia prima ancora che gli succedesse qualcosa e così sprecò la sua vita. Conduci una vita basata sullo sforzo personale, figlio mio, senza incolpare il destino. In questo modo si possono superare tutti gli ostacoli."

Marito: "Amma, ho una domanda."

Madre: "Dimmi, figlio."

Marito: "Se il fato può essere cambiato, non avrebbe potuto Sri Krishna far cambiare idea a Duryodhana ed evitare la guerra? Duryodhana avrebbe fatto la guerra se Krishna gli avesse rivelato la sua forma divina?"

Madre: "Il Signore rivelò la sua forma suprema sia ai Pandava che ai Kaurava. Grazie alla sua umiltà, Arjuna fu in grado di riconoscere la grandezza del Signore, mentre l'egocentrico

Duryodhana non ci riuscì. Non serve a niente far vedere qualcosa a qualcuno che non ha sa abbandonarsi. I princìpi spirituali possono essere impartiti soltanto a qualcuno che se lo merita, e che ha la giusta disposizione. Duryodhana considerava importante la glorificazione del corpo e non aveva la predisposizione ad assorbire i consigli del Signore. Il suo punto di vista era che qualsiasi cosa Krishna dicesse, non era per il suo bene, ma solo per aiutare i Pandava. Prendeva nel senso opposto qualsiasi cosa gli dicesse Krishna. L'ego di gente simile può essere distrutto solo con la guerra."

Il viso della Santa Madre assunse un'espressione seria. Si alzò all'improvviso. I Suoi pensieri si erano spostati verso qualcos'altro. La famiglia s'inchinò e si allontanò. La Madre andò nel boschetto di palme da cocco e si mise a camminare tra gli alberi. Cantava a bassa voce dei versi di un bhajan. Poi, sollevò entrambe le braccia al cielo e continuò a cantare lo stesso verso, con grand'emozione e con voce spezzata.

Dopo un po', la Madre si sedette sulla sabbia e chinò il viso a terra. Stava versando lacrime per i Suoi figli? Nessuno osava interrompere la Sua solitudine. Silenziosamente, si eclissarono tutti. Amma si sdraiò sulla sabbia e rimase in quella posizione per diverse ore. La debole mente dell'uomo si ritira sconfitta quando cerca di comprendere la natura insondabile delle azioni della Madre. L'unica possibilità è di abbandonarsi completamente.

### Sabato 10 agosto 1985

Il giorno stava appena nascendo. Durante la notte era arrivato all'ashram un uomo di mezza età, troppo ubriaco per riuscire a camminare. Adesso, due giovani stavano discutendo con lui per i soldi che doveva loro. La notte prima, aveva noleggiato il loro rickshaw per venire all'ashram. Per strada, si era fermato in tutti i negozi di alcolici e quando era arrivato all'ashram non aveva più un soldo. Loro chiedevano sessanta rupie, ma lui aveva solo qualche spicciolo. Alla fine, diede loro il suo orologio di valore e li mandò via.

L'uomo camminava con passi incerti. I brahmachari lo aiutarono ad arrivare sulla veranda della scuola di Vedanta e lo fecero sdraiare. Seguendo il consiglio di un devoto, l'uomo bevve un po' di latticello. Qualcuno lo aiutò a cambiarsi i vestiti.

Quel giorno, ci sarebbe stato un programma di archana e bhajan all'ashram di Kollam, alla divina presenza della Madre. Alle otto della mattina, la Madre scese dalla Sua camera, pronta per partire. L'uomo che era arrivato ubriaco, adesso corse verso la Madre. Aveva fatto un bagno e si era ricoperto di cenere sacra. S'inchinò di fronte alla Madre e incominciò a recitare ad alta voce degli inni alla Madre Divina. Raccontò alla Madre anche i suoi problemi. Pur sapendo che l'uomo aveva bevuto, Amma lo consolò con tenero amore materno e gli disse: "Amma ritornerà questa sera. Resta qui stanotte, figlio mio. Puoi tornare a casa domani dopo il bhava darshan."

Anche alcuni devoti andavano a Kollam con Amma e i brahmachari. Quando Amma salì sulla canoa che faceva da traghetto sul canale, tutti salirono sulla stessa barca, ansiosi di poterLe star vicino, ma così erano in troppi. La Madre, che non vuole vedere infelici i Suoi figli, non chiese a nessuno di scendere. Se la canoa si fosse inclinata anche solo un po', sarebbe entrata l'acqua. Se in quel momento fosse passata una barca a motore, la canoa sarebbe senz'altro colata a picco nella sua scia. Ma tutti erano sicuri che non avrebbe potuto succedere niente di male, poiché Amma era con loro.

"Figli, ci sono alcune persone che non sanno nuotare, quindi fate molta attenzione. Se fate oscillare la barca, si affonda," disse la Madre con tono serio. Delicatamente la barca scivolò via dalla sponda.

## Il viaggio spirituale

La Madre disse: "Figli, il viaggio spirituale è proprio come questa traversata. Dobbiamo restare seduti con autocontrollo, trattenendo addirittura il respiro, finché non raggiungiamo l'altra riva. La barca può affondare se non facciamo attenzione. Allo stesso modo, finché non arriveremo sull'altra sponda dell'oceano del *samsara* (ciclo di nascita, morte e rinascita), finché non raggiungeremo *purnam* (completezza) dobbiamo fare ogni passo con molta attenzione. Una volta che saremo arrivati a destinazione, non ci sarà più da preoccuparsi."

La Madre era seduta sul sedile di legno della barca e teneva gli occhi fissi sull'acqua. Quando la Madre è con i Suoi figli, tenendoli stretti per mano, di cosa si può aver paura? Nessuno era preoccupato. Quando arrivarono sull'altra riva, tutti salirono sull'autobus. Durante il viaggio, Br. Venu[7] disse ad Amma: "Recentemente, un devoto mi ha detto di non aver fede in alcuni mahatma perché essi vivono nella ricchezza, accumulando addirittura miliardi."

Madre: "Non possiamo giudicarli su queste basi. Guarda tutti i gioielli che adornano le statue delle divinità nei templi. Diamo forse la colpa a Dio per questo? La gente non tiene in considerazione tutte le buone azioni dei mahatma."

Venu: "Si è lamentato anche di Te, Amma. Pensa che Amma ignori le donne."

Madre (ridendo): "Oh, davvero?"

Venu: "Anche se Amma è una donna, lui si lamenta che qui non ci sono molte brahmacharini."

Madre: "Può Amma ignorare le donne, dopo aver desiderato di compiere tapas per rimuovere la loro debolezza? Per fare una vita di sannyasa, si ha bisogno di una buona dose di *purushattwam* (l'essenza 'maschile'). Si dovrebbero accettare negli ashram

---

[7] Swami Pranavamritananda

soltanto ragazze con buone qualità di *purushattwam*, come la capacità di far affidamento soltanto su se stesse e la forza mentale. Altrimenti, finiranno col creare più male che bene, anche se sono venute qui con la speranza di aiutare il mondo. Se i maschi commettono degli errori, il mondo non li colpevolizza più di tanto e, anche se lasciano l'ashram, possono trovare un lavoro e guadagnarsi da vivere. Ma (in India) per una ragazza è diverso. Le ragazze devono fare molta attenzione. Dovrebbero essere in grado di mantenersi, se scoprissero di non essere adatte per la vita dell'ashram. Questa è la ragione per cui Amma insiste affinché tutte le ragazze che sono qui completino la loro istruzione.

"Le ragazze devono essere indipendenti. Sono compassionevoli di natura e formano facilmente degli attaccamenti. Per questa ragione poi soffrono e vengono tradite. Si salveranno però, se la loro tendenza a creare un legame con tutto viene diretta verso Dio. Se una donna ha il distacco di un uomo, acquisirà il potere di dieci uomini."

Brahmachari: "Amma, che cosa ha più valore, il servizio disinteressato o la meditazione?"

Madre: "Figli miei, cosa ne pensate?"

Tutti diedero la loro opinione e la cosa finì in una discussione accesa. La Madre si divertiva, ascoltando con un sorriso sul viso. Infine, tutti si calmarono e La guardarono: "Amma, per favore, diccelo tu."

Quando la loro insistenza aumentò, la Madre disse: "Avete bisogno di entrambi. Compiere soltanto tapas non è sufficiente, bisogna anche agire. Non basta il sapone per lavare i vestiti, bisogna anche strofinarli per farli diventare puliti. Per superare le circostanze, il *karma* (azione) è essenziale. Dovremmo essere in grado di ricordarci costantemente di Dio, qualsiasi cosa stiamo facendo, e non soltanto quando siamo seduti in meditazione. Inoltre l'azione disinteressata aiuterà a sviluppare la purezza necessaria per la meditazione. L'azione è anche necessaria per mettere alla prova il progresso che si è fatto in meditazione. D'altro canto, senza meditazione un'azione disinteressata non è possibile. Le azioni di un uomo che compie tapas hanno un potere speciale, e sono di beneficio per tutti."

Quella sera, il dr. Sudhamsu Chaturvedi, un professore universitario, venne all'ashram per incontrare la Madre. Era nato in Uttar Pradesh, nel nord dell'India, ma viveva da molti anni in Kerala. Parlava fluentemente il malayalam e, mentre aspettava che la Madre tornasse dal viaggio, discusse di diversi argomenti con i brahmachari. Secondo lui, la cosa più importante era lo studio delle Scritture.

Quando la Madre ritornò da Kollam, andò a sedersi vicino al kalari. Sudhamsu s'inchinò e si sedette accanto a Lei. Senza alcuna introduzione, la Madre incominciò a parlare.

Madre: "Figlio, tu viaggi spesso. Quando sei alla stazione, come fai a sapere gli orari dei treni o degli autobus?"

Sudhamsu: "Chiedo al banco informazioni, o guardo gli orari affissi."

Madre: "Dopo aver letto il cartellone che ti dà l'orario e la destinazione di un autobus, rimani lì a guardare il cartellone oppure cerchi l'autobus e vi sali sopra?"

Sudhamsu: "Quando ho l'informazione che voglio, ovviamente salgo sull'autobus e parto. Questo è l'unico modo per arrivare a destinazione."

Madre: "Allo stesso modo, le Scritture ti indicano soltanto la strada. Se resti semplicemente seduto a leggere le Scritture, non arriverai alla meta. Quando sei voluto venire qui, hai cercato l'autobus giusto e l'hai preso. È così che sei riuscito ad arrivare. In modo simile, soltanto facendo la sadhana descritta nei testi sacri riuscirai ad avere delle esperienze spirituali. Mangiando il disegno di una banana, non ne sentirai il gusto né ne trarrai nutrimento.

Lo studio delle Scritture è necessario ma, allo stesso tempo, per derivarne beneficio devi praticare la sadhana."

Il professore era sconcertato dal fatto che Amma sapesse esattamente quello di cui lui e i brahmachari stavano discutendo appena prima che Lei arrivasse. Fece una pausa per un attimo, e poi fece una domanda.

Sudhamsu: "Se Gesù era davvero un mahatma, non avrebbe potuto impedire ai suoi nemici di crocifiggerlo?"

Madre: "Gesù si sacrificò per insegnare agli altri la grandezza del sacrificio e del perdono. I mahatma possono rimuovere la loro sofferenza in un attimo, se vogliono. Ma ciò che loro desiderano è di essere d'esempio al mondo intero, anche se questo comporta la propria sofferenza. Nessuno può fare niente ai mahatma. Non possono nemmeno essere avvicinati senza il loro consenso: nessuno può far loro del male se essi decidono il contrario. Accettano volontariamente la sofferenza per insegnare al mondo come affrontare le forze negative e le circostanze avverse."

Sudhamsu fece un'altra domanda: "Come mai tutti questi brahmachari sono venuti a vivere qui permanentemente?"

Madre: "Quando un fiore sboccia, non c'è bisogno di mandare a nessuno l'invito a venire a gustarsi il nettare. L'ape arriverà spontaneamente. Questi figli avevano già un *samskara* (disposizione) spirituale, e incontrare Amma l'ha semplicemente risvegliato. Non ti torna forse in mente una canzone che avevi dimenticato quando senti il primo verso? Questi figli erano pronti a condurre una vita in accordo con il samskara che era già dentro di loro. Amma li sta soltanto guidando, tutto qua."

Sudhamsu: "Pratico la meditazione e il japa da molto tempo, ma non ho fatto abbastanza progressi."

Madre: "Devi anche amare Dio. Senza amore, nessun japa o meditazione darà dei frutti. Quando il tuo amore per Dio diventerà molto forte, tutte le vasana negative dentro di te se ne andranno automaticamente. Remare una barca contro corrente è difficile, ma se c'è una vela diventa facile. L'amore per Dio è come una vela che aiuta la barca a procedere.

"Quando due innamorati sono seduti assieme, non gradiscono se qualcun altro si avvicina. Un vero sadhak ha la stessa attitudine. Non gli piace niente che non sia connesso con Dio. Vive con il pensiero di Dio sempre in mente, e non sopporta nessun ostacolo tra sé e Dio. In confronto al suo amore per Dio, tutto il resto per lui è senza valore.

"Figlio, bisogna avere una vera *lakshya bodha* (determinazione a raggiungere la meta); soltanto allora la sadhana diventa profonda. Quando qualcuno parte con il forte desiderio di arrivare in un determinato posto, nessun ostacolo può fermarlo. Se perde l'autobus, prenderà un taxi. Ma se gli manca l'interesse, se perde l'autobus può decidere di tornare a casa, pensando che ci potrà riprovare il giorno dopo. Figli miei, senza intensità nella sadhana è difficile raggiungere la meta.

"Prima di piantare il seme, bisogna preparare il terreno, togliendo l'erba e le erbacce. Altrimenti, è difficile che il seme possa germogliare. Allo stesso modo, possiamo godere della beatitudine del Sé soltanto se liberiamo la mente da tutte le cose esteriori e la dirigiamo verso Dio.

"Hai mangiato, figlio mio? Parlando, Amma se n'è dimenticata."

"Sì, Amma."

La conversazione si spostò sui problemi personali dei devoti. I loro cuori, che bruciavano per il calore del samsara, furono rinfrescati dal nettare dell'amore della Madre.

### Lunedì 12 agosto 1985

Il bhava darshan era finito tardi la notte prima ma, una volta terminato, la Madre aveva continuato a parlare e a consolare i devoti. Aveva cercato di consolare in modo particolare una donna che da un anno veniva a trovare la Madre.

Prima d'incontrare Amma, sua figlia era stata ricoverata in ospedale per un cancro. Erano state provate diverse cure, ma non erano servite a niente. La donna era in uno stato di estremo malessere, sia mentale che fisico. A causa di questa situazione, stava anche affrontando la rovina economica. Avendo sentito parlare di Amma da un'amica, la donna era venuta a trovare la Madre, che le aveva dato della cenere sacra per la figlia malata. Subito dopo aver preso la cenere, la figlia aveva incominciato a riprendersi; il dolore era scomparso e lei si era sentita forte abbastanza da affrontare qualsiasi cosa.

I dottori, che si erano arresi credendo che il suo caso fosse disperato, erano rimasti sbalorditi dal miglioramento. Nel giro di poco, la donna era stata dimessa dall'ospedale. Dopo il suo rientro a casa, la donna era venuta diverse volte a fare visita ad Amma accompagnata da sua madre ma, durante l'ultima visita, Amma le aveva detto che presto sarebbe stata necessaria un'operazione. Una settimana dopo, le condizioni della figlia erano peggiorate, e lei era stata di nuovo ricoverata in ospedale. I dottori raccomandavano un'altra operazione, che doveva avvenire due giorni dopo. Adesso la mamma era venuta a ricevere la benedizione della Madre prima dell'operazione. Sarebbe ritornata a casa il mattino dopo e allora Amma organizzò le cose in modo che la donna potesse tornare a Thrissur con una famiglia di devoti.

Quando Amma fu pronta a tornare nella Sua stanza, i corvi avevano incominciato a gracchiare, annunciando l'arrivo di un nuovo giorno.

Fu solo verso le tre del pomeriggio che la Madre scese nella capanna del darshan. Essendo il giorno dopo il bhava darshan, il numero dei devoti era relativamente poco. Un brahmachari stava meditando nella capanna. Vedendo la Madre, s'inchinò e afferrò l'opportunità di fare una domanda alla Madre prima che arrivassero i devoti: "Amma, qual è la relazione tra il karma e la rinascita? Si dice che la rinascita sia causata dal karma."

Madre: "Figlio, intorno al nostro corpo c'è un'aura. Proprio come le nostre parole possono essere registrate su un nastro, le nostre azioni lasciano il segno sull'aura. L'au-ra diventa dorata se le azioni sono buone. Qualsiasi cosa facciano le persone con un'aura così, gli ostacoli vengono eliminati e tutto funziona per il meglio. Ma l'aura di chi compie cattive azioni diventa scura. Tali persone non sono mai libere da ostacoli e problemi. La loro aura rimane sulla terra dopo la loro morte, diventando cibo per i vermi e gli insetti, e loro rinasceranno qui."

Quando i devoti incominciarono ad arrivare per il darshan, il brahmachari s'inchinò di nuovo e se n'andò.

La Madre incominciò ad informarsi sulle condizioni dei devoti. Uno di loro depose ai Suoi piedi un pacchetto regalo, avvolto in carta colorata.

Madre: "*Mone* (figlio mio), come sta tuo figlio?"

Devoto: "Per grazia di Amma, ha riavuto il lavoro. L'altro giorno abbiamo ricevuto una lettera da sua moglie, che dice che ha smesso di fumare marijuana, si comporta bene e parla solo di te. Mi ha persino mandato la sua prima paga e mi ha chiesto di darti tutte le notizie e di ricevere la tua benedizione. È questa la ragione della mia visita."

Madre: "Ad Amma basta sapere che ha smesso di fumare marijuana. Figlio, digli che Amma è più contenta del cambiamento nel suo comportamento che del regalo che ha mandato."

Il figlio del devoto lavorava a Bhilai. Aveva perso il lavoro quando aveva incominciato a fumare troppa marijuana; era dovuto tornare a casa e passare un anno in Kerala senza lavoro. In quel periodo, era venuto a trovare la Madre. Il cuore di Amma si era sciolto nel vedere il suo sincero desiderio di liberarsi dal vizio.

Amma gli aveva dato alcune pillole di muschio con la Sua benedizione, e gli aveva detto di prendere una pillola ogni qualvolta gli veniva il desiderio di fumare marijuana. Gradualmente, era stato in grado di ridurre il vizio e infine era riuscito a smettere completamente. Qualche mese prima era inaspettatamente riuscito a riavere il suo vecchio lavoro.

Il devoto continuò: "Tutte le pillole che Amma gli ha dato sono finite prima che lasciasse il Kerala. Adesso tiene del muschio in tasca e dice che l'odore è sufficiente."

Madre: "Questo succede perché ha fede. Se c'è la fede, non solo il muschio ma anche le pietre daranno dei risultati."

Amma non dice mai che qualcosa succede grazie ai Suoi poteri. Lei, che risiede nel Supremo, insegna attraverso le Sue azioni cosa significa il completo abbandono al Divino.

### Sabato 24 agosto 1985

Venerdì, Amma si recò a Kodangallur per partecipare ai bhajan serali che avevano luogo nel tempio della Devi. Coloro che viaggiavano con la Madre passarono la notte a casa di un devoto. Il mattino dopo, i brahmachari recitarono l'archana del *Lalita Sahasranama* e la Madre ufficiò l'arati con la canfora. Dopo aver fatto visita ad altri tre devoti, Amma e il Suo gruppo iniziarono il viaggio di ritorno verso l'ashram.

Per pranzo, si fermarono sul ciglio della strada. Il pasto era stato preparato dalla famiglia che li aveva ospitati la notte precedente. Tutti si sedettero in circolo mentre Amma serviva il pasto su foglie di banano. Dopo aver recitato il quindicesimo capitolo della *Gita*, essi ripeterono *'brahmar panam'* e poi incominciarono a mangiare. Qualcuno prese in prestito un contenitore da una casa lì vicino e lo riempì d'acqua, in modo che tutti potessero lavarsi le mani. Le persone che osservavano questa scena, forse si chiedevano chi fossero e da dove venissero questi nomadi. La Madre viaggia per tutto il paese senza pensare a mangiare o a dormire, diffondendo la luce della pace eterna sul sentiero dei Suoi figli, che brancolano nell'ignoranza. Come fanno loro a conoscere il Suo sacrificio supremo, quando Lei arriva correndo per confortare i Suoi figli, ingannati da *Maya*, e per dar loro tutto quello che ha?

## Chiarire i dubbi dei brahmachari

Dopo pranzo il gruppo non si fermò a riposare e il viaggio proseguì. Br. Venu aveva un forte mal d'orecchi, che era incominciato la sera prima e che gli aveva impedito di dormire. La Madre lo fece sedere accanto a Sé sul furgone, e chiese agli altri seduti lì vicino di spostarsi, in modo che Venu si potesse sdraiare. Amma gli fece appoggiare la testa sul proprio grembo e lo confortò. "Questo mal d'orecchi ti è venuto perché hai trattenuto forzatamente il respiro facendo pranayama," gli disse Amma.

Venu: "Stai dicendo che è sbagliato fare pranayama?"

Madre: "No, non è sbagliato. Ma voi figli non avete la pazienza di farlo correttamente. Ai vecchi tempi, le persone erano sane e avevano pazienza. Sapevano praticare queste cose in modo corretto. Oggigiorno, la gente non ha né salute né pazienza. È molto pericoloso praticare il pranayama senza la diretta supervisione di un guru."

A causa delle folle di devoti all'ashram, i brahmachari avevano raramente la possibilità di parlare con la Madre di questioni spirituali. Soltanto quando viaggiavano con Amma, potevano sedersi tutti vicino a Lei e ascoltare le Sue parole divine.

Un brahmachari: "Amma, chi è più grande, Dio o il guru?"

Madre: "In essenza, Dio e il guru sono la stessa cosa. Ma si può dire che il guru sia più grande di Dio. La grazia del guru è qualcosa di unico. Se il guru vuole, può rimuovere l'effetto del malcontento di Dio. Ma nemmeno Dio può rimuovere il peccato che si commette disonorando il guru. Quando realizzerete Dio, potrete dire di essere una cosa sola con Lui. Ma nemmeno allora, potrete dire di essere una cosa sola con il guru. È il guru che ha iniziato il discepolo al mantra che l'ha portato alla realizzazione del Sé. È il sentiero che gli ha mostrato il guru che ha condotto il discepolo alla meta. Il guru manterrà sempre uno status speciale. Anche dopo aver realizzato la Verità, il discepolo avrà la più grande umiltà nei confronti del guru."

Brahmachari: "Amma, quante volte dobbiamo recitare il mantra che ci hai dato per ottenere le *mantra siddhi*?"

Madre: "L'importante non è quante volte si ripete il mantra, ma *come* lo si ripete. Anche se lo recitate milioni di volte, come fate a trarne qualche beneficio se, allo stesso tempo, conducete una vita distratta, senza shraddha? Quante volte bisogna ripetere il mantra dipende da quanto è lungo. Bisogna fare japa con concentrazione e, quando lo si fa con la massima attenzione, il numero delle ripetizioni non è importante. Anche un numero relativamente piccolo porterà alle mantra siddhi.

"Bisogna concentrarsi sul suono o sulla forma del mantra. Quando lo recitate, potete anche focalizzarvi su ogni lettera del mantra separatamente. Non sempre riuscirete a concentrarvi completamente. Questa è la ragione per cui si dice che bisognerebbe ripetere il mantra decine di milioni di volte; più lo si recita, e più si ottiene concentrazione.

"Chiedere quante volte bisogna recitare il mantra è come chiedere quant'acqua bisogna dare ad una pianta prima che possa dare dei frutti. Bisogna annaffiarla, ma la quantità d'acqua dipende dal tipo di pianta, dal clima, dalla qualità del terreno, e così via. L'acqua da sola non basta. La pianta ha bisogno della luce del sole, di fertilizzante, di aria e di protezione contro gli insetti nocivi. In modo simile, sul sentiero spirituale, recitare il mantra è soltanto uno degli aspetti. Sono necessari anche buoni pensieri, buone azioni e la compagnia di persone virtuose (satsang). Quando ci sono tutte queste cose, allora se ne ricava il beneficio secondo la volontà di Dio."

Brahmachari: "Si possono ottenere delle *siddhi* recitando il mantra?"

Madre: "Le siddhi dipendono dalla vostra concentrazione. Fare japa può condurre alle siddhi. Però, se si usano tali siddhi senza discriminazione, si scivolerà via dal sentiero che porta alla meta finale. Non pensate di poter condurre qualsiasi tipo di vita dopo aver ricevuto l'ini-ziazione al mantra. Amma vi tiene d'occhio. Supponete di star viaggiando in autobus. Avete comprato il biglietto ma, se quando il controllore viene ad ispezionarlo voi non ce l'avete, vi farà scendere dall'autobus. Non ci sarà clemenza.

"Una volta che avrete raggiunto la realizzazione del Sé, avrete tutte le siddhi. La realizzazione trascende tutte le siddhi. Dopo aver raggiunto la realizzazione, il mondo intero sarà nelle vostre mani. Se, invece di volere la realizzazione, chiedete a Dio le siddhi, è come faticare per arrivare alla corte reale e, una volta al cospetto del re, chiedergli dell'uvaspina."

Brahmachari: "Quanto tempo ci vorrà per ottenere la visione di Dio?"

Madre: "Non possiamo prevedere quando vedremo Dio. Dipende dall'intensità del desiderio dell'aspirante e dai suoi sforzi. Se viaggiamo su un autobus normale, non possiamo essere sicuri di quando raggiungeremo la nostra destinazione, poiché l'autobus fa molte fermate lungo la strada. Un autobus espresso, invece, si ferma soltanto in un numero limitato di posti, e l'ora dell'arrivo si può quindi predire più o meno accuratamente. In modo simile, se pen-siamo a Dio senza perdere nemmeno un istante e proce-diamo con totale distacco, possiamo raggiungere la meta in breve tempo. Se nella nostra sadhana non c'è intensità, non è facile dire quando arriveremo a destinazione.

"Le Scritture a volte affermano che non ci vuole nemmeno un istante per raggiungere la realizzazione di Dio. Ma in altri passi, si dice che è difficile raggiungere la realizzazione perfino in cento vite. L'intensità della sadhana e il samskara delle vite precedenti determinano il tempo necessario per raggiungere la meta. Sadhana non significa soltanto stare seduti da qualche parte con gli occhi chiusi; dobbiamo avere una costante consapevolezza della meta e sforzarci continuamente. Più d'ogni altra cosa, abbiamo bisogno della purezza del cuore. Quando il nostro cuore è puro, è facile ricevere la grazia di Dio."

Brahmachari: "Amma, avere la visione di Dio vuol dire realizzare Dio?"

Madre: "Alcune persone hanno delle visioni quando meditano. Nella meditazione, si è in uno stato che non è né veglia né sonno; possiamo chiamarlo lo stato di sogno della meditazione. È in questo stato che di solito si hanno visioni di varie forme divine. Non possiamo chiamare queste esperienze 'visioni di Dio', né dobbiamo restarne affascinati, ma dobbiamo procedere."

Due brahmachari seduti nel retro del furgone non stavano ascoltando la Madre. Erano impegnati in una discussione su un brano delle *Upanishad* che stavano studiando. Guardavano spesso la Madre per vedere se Lei li stesse ascoltando. Infine, Amma interruppe quello che stava dicendo e si voltò verso di loro.

Madre: "Figli, non perdete il vostro tempo cercando di decidere se il frutto sull'albero è del tutto maturo, o se sembra soltanto maturo, o se è marcio. Salite sull'albero e raccoglietelo! Non perdete tempo a discutere di questo o quell'altro. Recitate costantemente il vostro mantra. Se volete progredire spiritualmente dovete sforzarvi continuamente. Non c'è nessuna scorciatoia."

## Esperienze che fanno meravigliare

A questo punto il mal d'orecchi di Br. Venu era scomparso, vuoi per il tocco divino della Madre, vuoi perché stava bevendo il nettare delle Sue parole. Quando raggiunsero Alleppy, il furgone si fermò improvvisamente e si rifiutò di ripartire. Br. Ramakrishnan[8], che era al volante, era preoccupato, perché non riusciva a trovare nessuna ragione per il guasto improvviso. Guardò la Madre con aria impotente. Lei non disse niente, ma scese dal furgone sorridendo e incominciò a camminare. I brahmachari andarono con Lei e anche Br. Ramakrishnan La seguì, chiedendoLe se doveva chiamare qualcuno per riparare il furgone, o affittarne un altro in caso di complicazioni. La Madre, però, non disse nemmeno una parola in risposta. Un Suo devoto, Shekhar, abitava lì vicino e Amma andò dritta a casa sua.

I membri della famiglia furono contentissimi di vederela Madre. Era da tempo che speravano che la Madre visitasse la loro casa. Sapendo che quel giorno Amma sarebbe ritornata da Kodangallur, avevano pregato che la Madre facesse loro visita. In realtà, stavano proprio discutendo di questa possibilità e uno di loro stava dicendo di dubitare che la Madre sarebbe venuta senza esser stata invitata, quando all'improvviso Amma entrò in casa. Non potevano credere ai loro occhi. Le diedero il benvenuto con molta riverenza e La condussero nella stanza della puja, dove Lei compì l'arati con la canfora. Amma chiamò poi ogni membro della famiglia e rimosse il loro dolore con il balsamo delle Sue dolci parole.

Poco dopo, la Madre uscì dalla casa. Ramakrishnan era lì che rimuginava in silenzio. Poiché la Madre si stava dirigendo verso il furgone senza dire una parola, Ramakrishnan gentilmente Le ricordò: "Amma, il furgone non è ancora stato riparato." Salendo

---

[8] Swami Ramakrishnananda

sul furgone e sedendosi, la Madre disse: "Cerca di farlo ripartire, figlio." Ramakrishnan accese il furgone, che partì senza alcun problema. Lui si girò verso la Madre con volto raggiante, e Lei sorrise semplicemente.

Dopo aver fatto visita ad altri due devoti lungo la strada, raggiunsero l'ashram alle sette e mezza. Erano in corso i bhajan serali. Br. Anish[9], uno studente della Missione Chinmaya di Bombay, stava aspettando di conoscere la Madre. Questa era la sua prima visita all'ashram, ed il primo darshan della Madre. Sedendosi nel cortile, tra la scuola di Vedanta e il kalari, la Madre parlò con Anish per un po'. I brahmachari che avevano accompagnato Amma nel viaggio si unirono ai bhajan nel kalari. Infine, anche Anish entrò nel kalari. Incantato dai bhajan, rimase lì in piedi, dimentico di tutto il resto. Gli sembrava che il canto che stavano cantando raccontasse la storia della sua vita: *'Akalatta kovilil...'*

*In un tempio lontano, una lampada era tenuta*
*Costantemente accesa,*
*Guidando coloro che brancolavano nel buio.*
*In questo modo,*
*La Madre mostrava la Sua compassione.*

*Un giorno mentre vagavo lungo quel sentiero,*
*La Radiosa mi chiamò con un cenno della mano;*
*Aprì la porta sacra,*
*Prese della cenere benedetta*
*E me la passò sulla fronte.*

*Cantò i canti di Dio,*
*E mi preparò un posto per dormire*
*Con le Sue stesse mani.*
*Feci un tipo di sogno insolito*

[9] Swami Amritagitananda

*Che dichiarava questa verità:*
*Perché piangi?*
*Non sai che sei arrivato*
*Ai sacri piedi di Dio?*

*Mi svegliai con un sospiro*
*E vidi con chiarezza quel Volto di Loto,*
*Lo vidi con grande chiarezza.*

**Giovedì 5 settembre 1985**

## La Madre instancabile

Un gruppo di devoti arrivò dopo mezzanotte. Benché fossero partiti da Kollam in serata, avevano avuto dei problemi con la macchina per strada, e c'era voluto molto tempo per poterla riparare. Avevano pensato di tornare a casa visto che era così tardi ma, per l'insistenza di uno dei figli, erano invece venuti all'ashram. Non si aspettavano affatto di vedere la Madre quella notte, ma mentre si avvicinavano trovarono Amma da sola nel boschetto di palme di cocco di fronte all'ashram, come se stesse aspettando qualcuno. Tutti i pensieri dei loro problemi si dissolsero nell'istante in cui La videro. La Madre si sedette e parlò con loro fino alle quattro di mattina.

Amma fece un bagno e alle cinque uscì di nuovo. Un brahmachari che La vide, La supplicò di riposarsi un po', poiché non aveva dormito per niente durante la notte. La sera seguente ci sarebbe stato il bhava darshan, e quindi Amma avrebbe di nuovo saltato il sonno. La Madre replicò: "Non bisogna dormire durante l'archana. Facciamo tutto questo con un sankalpa divino. Tutti devono essere svegli e fare l'archana. Dormire a quest'ora porta sfortuna. Se oggi Amma dorme durante l'archana, domani voi farete tutti la stessa cosa, e non ci sarà più disciplina nell'a-shram."

Brahmachari: "Ma Amma, se non Ti riposi, non Ti rovini la salute?"

Madre: "Di questo se ne prenderà cura Dio. Amma non è venuta per prendersi cura del suo corpo. Se voi seguite sempre le regole, alla salute di Amma non succederà niente."

Sapendo che era inutile insistere ulteriormente, il brahmachari si ritirò. La Madre entrò nella stanza di meditazione e si unì ai brahmachari per l'archana. Dopo l'archana, andò nel boschetto di palme e si sedette. Gayatri Le portò una tazza di tè, Amma ne bevve metà e restituì la tazza a Gayatri.

La Madre chiamò Sarvatma, che era venuto a trovarLa. Sarvatma di solito viveva in Francia, dove diffondeva gli insegnamenti della Madre. Egli arrivò, s'inchinò e si sedette accanto a Lei.

Sarvatma: "Amma, so che non hai dormito per niente la notte scorsa; questa è la ragione per cui non sono venuto a salutarTi. Questa notte è di nuovo bhava darshan; dovresti riposarti almeno un po'. Verrò da Te più tardi."

Madre: "Figlio, non devi ripartire? Non preoccuparti del comfort di Amma. La maggior parte delle notti, Amma non dorme. Dov'è il tempo per dormire durante le notti di bhava darshan? E le altre notti, Amma legge le lettere e finisce sempre molto tardi.

"Restare sveglia tutta la notte è diventata un'abitudine per Amma. Non è una cosa recente, Amma è stata così fin dall'infanzia. Non dormiva per il dolore di non aver ancora visto Dio. Se le veniva sonno, si feriva il corpo per restar sveglia. Era impegnata tutto il giorno con le faccende di casa e quando la sera finiva di lavare i piatti, gli altri erano tutti già addormentati. Solo allora aveva un po' di tempo per pregare senza essere disturbata. Aveva l'abitudine di stare sveglia tutta la notte a piangere per il Signore.

"La notte è il momento migliore per pregare. La natura è tranquilla, nessuno ti disturba. Nessuno si accorgerà se vai alla spiaggia, e lì puoi stare solo."

Gli occhi di Sarvatma si riempirono di lacrime pensando ai sacrifici e alle intense tapas della Madre. Amma cambiò argomento e disse: "Figlio, che cos'è che volevi chiedere ad Amma?" Sarvatma non riusciva a parlare e La guardava silenziosamente negli occhi.

## Chiarimenti sul lavoro di missione

Amma disse a Gayatri, che era lì vicino: "Questo figlio è andato in molti posti a tenere conferenze. In certi luoghi c'erano molti ascoltatori, ma in altri molto pochi. Quando le persone erano poche, ha incominciato a preoccuparsi. Ha pensato che magari la gente non veniva perché i suoi discorsi non erano belli. (Rivolgendosi a Sarvatma) Figlio, perché dovresti preoccuparti di quante persone vengono ad ascoltarti? Non stai facendo quello che Amma ti ha chiesto di fare? Fai soltanto attenzione ad una cosa: mostra grande umiltà nelle tue parole ed azioni. Dobbiamo scendere al livello delle persone per poterle elevare.

"Ai bambini interessa giocare; essi non rientrerebbero in casa nemmeno per mangiare. È compito della mamma dare da mangiare al bambino all'ora giusta, ma sgridarlo o sculacciarlo non funzionerà. Deve chiamarlo con amore, deve parlargli al suo livello; allora lui verrà a mangiare. Allo stesso modo, le persone magari non accettano subito le idee spirituali, quindi dobbiamo renderle interessate. A tutti piace essere trattati con umiltà. Tutti desiderano ardentemente amore. Dobbiamo avvicinare ogni singola persona secondo il suo livello e poi elevarla."

Sarvatma: "Alcune persone chiedono se sia appropriato formare organizzazioni nel nome dei mahatma."

Madre: "Figlio, si può evitare di usare il nome di una persona, ma se si forma un movimento di qualche tipo, alla fine bisognerà comunque dargli un nome. Per esempio, invece del nome dell'individuo si può prendere un ideale, come il Sentiero dell'Amore, o il Sentiero dell'Atman. Qualunque esso sia, bisogna dargli un nome. Ci saranno poi i seguaci, che formeranno un gruppo o un'organizza-zione. Sarà conosciuta come un'organizzazione che rappresenta, per esempio, l'amore o il sacrificio. Dopo un po', ci sarà la foto di chi l'ha fondata, e alla fine sarà conosciuta sotto il nome di quell'individuo, o magari di un gruppetto di persone.

"Abbiamo bisogno di un qualche strumento per trasformare ed espandere la mente umana, che è egoista. Dobbiamo legare la mente a qualche ideale. È come mettere un cavallo selvaggio in un recinto e domarlo. Alcune persone si recano da un satguru per questo. Il nome del guru simboleggia gli ideali che lui rappresenta, attraverso l'esempio della sua stessa vita. Altri possono adottare metodi diversi. Se si evita la struttura di un'organizzazione, è difficile portare gli insegnamenti alla gente. Perché dovremmo rinunciare al grande servizio di un'organizzazione solo a causa di qualche difetto minore?

"Ci si può chiedere perché c'è un recinto intorno all'orticello di una fattoria, ma il recinto ha senz'altro il suo scopo. Qualsiasi cosa s'intraprenderà, avrà delle limitazioni. Non preoccupartene; cerca di vedere soltanto il lato buono di ogni cosa, e insegna alla gente a fare lo stesso. Si dice che se si dà ad un cigno un miscuglio di latte e acqua, esso riesce ad estrarre soltanto il latte. Cerca di vedere ogni cosa con mente aperta. Prendi solo ciò che è buono. Conduci la tua vita con la consapevolezza di ciò che è transitorio e ciò che è eterno.

"In certe parti dell'India, si usa la prima lettera del nome del padre come iniziale per il proprio nome. Il padre ne ricava forse qualcosa? Quando si fonda un'istituzione, moltissime persone verranno e ne trarranno beneficio. Un sannyasi non vive per se stesso; vive per insegnare agli altri il Principio Supremo. I discepoli diffondono gli insegnamenti del loro guru unicamente per questa ragione. Anche gli ashram hanno questo scopo. "Non considerare i mahatma come degli individui. Essi rappresentano un ideale, il principio ultimo. È a questo che dobbiamo guardare. Il guru è l'essenza del Sé che pervade l'intero universo, anche se a noi può sembrare un individuo. Possiamo considerare individui coloro che vivono per la loro famiglia, o per soddisfare soltanto i propri desideri; ma i mahatma sono forse così? Essi fanno del bene al mondo intero e portano pace a migliaia di persone.

"Figlio, la maggior parte di noi è cresciuta appoggiandosi a vari individui. Poche persone sono in grado di crescere facendo affidamento soltanto sui propri princìpi interiori. Nell'infanzia, dipendiamo dai nostri genitori. In seguito, ci appoggiamo agli amici o al partner. Di conseguenza, impariamo ad amare e a servire solo le singole persone. Siamo incapaci di vivere soltanto per i princìpi spirituali. I mahatma, invece, hanno trasceso il nome e la forma, anche se continuano ad avere un nome e una forma. Anche se li vediamo comportarsi come individui, in loro non c'è ego, non c'è senso d'individualità. Se facciamo affidamento sui mahatma, progrediremo molto velocemente, e la nostra mente si espanderà."

La Madre lentamente si alzò, e Sarvatma s'inchinò davanti a Lei. Dopo aver dato un bacio a questo figlio che stava per partire, la Madre entrò nella capanna per dare il darshan ai devoti.

Tra la capanna per il darshan e la scuola di Vedanta, c'erano dei vasi con delle piante in fiore. Due brahmachari erano lì fermi a godersi la bellezza dei fiori. Vedendo che la Madre stava arrivando, si fecero da parte. Mentre Amma passava davanti ad una delle piante, che stava appassendo, disse loro: "Da questo si vede quanto siete vigili nelle cose esterne. Questa pianta sarebbe forse appassita se aveste avuto un po' di shraddha? Non si è forse seccata perché nessuno l'ha annaffiata in tempo? Si può vedere quanta shraddha un brahmachari ha verso il mondo semplicemente guardando le piante attorno a lui. Chi ama Dio, ama tutte le cose viventi e se ne prende cura secondo le necessità."

La Madre andò nella capanna e incominciò a ricevere i devoti.

## Unniyappam

Una devota aveva portato degli *unniyappam* (un dolce fatto con farina di riso e zucchero di canna, fritto nell'olio) per i brahmachari, e li offrì alla Madre.

Madre: "Figlia mia, se portate cose di questo tipo ai ragazzi, a che cosa serve che se ne siano andati da casa? Sono qui per praticare la rinuncia. Che cosa può fare Amma se qui arriva del cibo dalla casa di ciascun brahmachari?"

Donna: "Amma, portiamo queste cose solo ogni tanto; che male può fare?"

Madre: "Dar loro le cose che desiderano significa far loro del male, figlia mia. Questo non è amore. Il vero amore è astenersi dal dar loro cibo che piace al palato. Il vero amore è ispirarli a controllare il palato e la mente, ed incoraggiarli in questo. Chi ha il completo controllo sulla mente, può gustarsi il nettare senza problemi. Ma dopo esser passato per la gola, il cibo diventa escremento. Non si può controllare la mente senza controllare il palato. Se questi figli vogliono del cibo gustoso e le coccole dei genitori, perché venire a vivere qui? Hanno rinunciato alla loro famiglia e al loro ambiente e sono venuti qui con una meta diversa in mente."

Gli occhi della donna si riempirono di lacrime. "Amma, non sapevo che stavo commettendo un errore così grave. Considero questi ragazzi come figli miei e non penso ad altro che al loro benessere."

La Madre avvicinò la donna a Sé e l'abbracciò.

Madre: "Figlia, Amma non voleva renderti triste; voleva solo capire le tue ragioni. Qui c'era probabilmente qualcuno che aveva un desiderio intenso di unniyappam, ecco perché li hai portati!" La Madre scoppiò a ridere e tutti i presenti si unirono a Lei. "Anche se Amma dice queste cose, a volte prepara Lei stessa pasti gustosi per i suoi figli, pensando: 'Questi figli erano abituati ad avere tante comodità quando erano a casa loro! Sono contenti di quello che si mangia qui? Adesso chi se non Amma può preparare per loro qualche prelibatezza?' Quindi, ci sono giorni in cui Amma stessa prepara degli snack speciali per loro.

"Altre volte, quando Amma pensa queste cose, arrivano dei devoti con delle leccornie. Per grazia di Dio, i figli qui non hanno sentito la mancanza di nulla. Altre volte però, il suo comportamento cambia e Amma serve loro solo riso bollito, senza contorno. A volte, Amma crea situazioni in cui loro soffrono la fame. Dopo tutto, devono abituarsi anche a questo. Non bisogna essere schiavi della gola. Se si rinuncia al gusto del palato, si può godere del gusto del cuore."

La Madre chiamò Gayatri e le disse di distribuire gli unniyappam ai residenti dell'ashram. Gayatri non aveva sentito la conversazione che aveva avuto luogo nella capanna; prese il pacchetto da Amma e Le bisbigliò qualcosa nell'orecchio. La Madre incominciò a ridere fragorosamente, e tutti La guardavano chiedendosi cosa stesse succedendo.

Madre: "Non aveva detto Amma che ci doveva essere qualcuno qui con una voglia intensa di unniyappam? Apparentemente, uno dei brahmachari ha raccontato a Gayatri di quando li mangiava a casa, e che gli sarebbe piaciuto assaggiarli di nuovo." Tutti risero.

Il darshan finì alle due del pomeriggio. Prima di ritornare in camera, la Madre andò nella sala da pranzo e si assicurò che tutti avessero mangiato. Alle cinque, la Madre sarebbe di nuovo scesa per i bhajan serali, che incominciavano prima del solito, visto che era un giorno di bhava darshan.

### Venerdì 6 settembre 1985

Br. Neal Rosner[10] era impegnato a riprendere le attività quotidiane dell'ashram su una videocassetta, utilizzando la cinepresa che un devoto aveva portato dall'America il giorno prima. Aveva già filmato i canti vedici e il Lalita Sahasranama, che avevano avuto luogo la mattina presto. Ma la registrazione non era di buona qualità, forse perché Amma non aveva permesso l'uso di nessun'illuminazione aggiuntiva.

"Se accendi delle luci troppo forti durante l'archana, tutti perderanno la concentrazione," aveva detto a Nealu. "La mente deve essere completamente focalizzata sulla divinità scelta o sul mantra. Quando facciamo l'archana la Madre Divina è presente. Dobbiamo cercare di capire che lo scopo dell'archana è di concentrare la mente." La Madre ci ricorda sempre di concentrarci totalmente su qualsiasi cosa stiamo facendo al momento.

La Madre spesso dice che gli aspiranti spirituali non dovrebbero lasciarsi fotografare. "La luce del flash deruba l'aspirante di un po' della sua *ojas* (energia sottile)."

Inizialmente, la Madre non aveva autorizzato le riprese video, ma la sera precedente Nealu l'aveva seguita dappertutto, dicendo: "Amma, ogni giorno riceviamo lettere dall'estero che chiedono una Tua videocassetta. Ci sono così tanti figli oltreoceano che non sono in grado di venire qui. Facciamolo per loro. Anzi, sono stati loro a mandare questa telecamera. Ti prego, Amma, solo questa volta…" Alla fine, Amma aveva acconsentito. "Va bene, se proprio insisti. Ma non ostacolare la meditazione dei ragazzi o cose

---

10  Swami Paramatmananda

del genere. E non starmi davanti tenendo in mano quell'affare!"
Nealu aveva dovuto accettare le condizioni.

Nealu si mise dietro ad un albero di cocco, aspettando che la
Madre arrivasse nella capanna del darshan, ma a causa degli alberi
non c'era luce sufficiente, e la Madre non aveva permesso nessuna
illuminazione supplementare. Infine Amma arrivò. Camminò
verso la capanna, illuminando le zone ombrose sotto gli alberi di
cocco. Nealu La seguiva, godendosi la scena attraverso l'occhio
della telecamera.

## Il rinunciante e la famiglia

La madre biologica di uno dei brahmachari stava aspettando di
vedere Amma. Con lei c'era anche la figlia. La donna s'inchinò
alla Madre e Le spiegò il motivo della propria tristezza.

Donna (indicando il brahmachari): "Amma, stiamo per
celebrare il compleanno di suo padre. Ti prego, lascialo venire a
casa per un paio di giorni."

Madre: "Ma Amma non ha proibito a nessuno di lasciare
l'ashram. Certo che puoi portarlo con te se lui vuole venire."

Donna: "No, lui non vuole venire; obbedisce soltanto a te,
Amma."

Il brahmachari era lì con la testa china, mentre la Madre e la
sorella supplicavano Amma. La Madre si girò verso di lui: "Figlio,
non vai con loro?" Il brahmachari acconsentì, ma a malavoglia.
Tutti e tre s'inchinarono davanti a Lei ed uscirono.

Nel pomeriggio, la Madre uscì dalla capanna dopo che l'ultimo devoto se ne fu andato e fu accolta dalla faccia triste del
brahmachari.

Madre: "Non sei andato? Dove sono tua mamma e tua
sorella?"

Brahmachari: "Sono partite. In qualche modo sono riuscito
a mandarle via."

Madre: "Non vuoi andare a casa per la festa di compleanno di tuo padre?"

Brahmachari: "No, Amma. Sarò felice se tu non mi spingi ad andare. Mi dispiace soltanto di non averti ubbidito."

La Madre stava andando in camera Sua, ma si fermò. Non sorrideva e il Suo viso era serio, ma anche pieno d'amore. Sedendosi sui gradini, la Madre guardò dritto negli occhi il brahmachari, che si sedette ai Suoi piedi,.

Madre: "Figlio mio, un brahmachari non dovrebbe mantenere legami con la sua famiglia; altrimenti è come remare su una barca legata ad un albero. Non si può progredire nella sadhana. La stessa cosa succede se la mente è piena di pensieri. È come remare su una barca attraverso un lago infestato d'alghe. Anche se remi cento volte, la barca non si sposta di un centimetro.

"Quando parli con i membri della tua famiglia o leggi le loro lettere, sei esposto a tutte le notizie sulla famiglia e sui vicini. Allora che significato ha dire che hai lasciato casa? La tua mente continuerà a gravitare intorno alla tua famiglia e ai tuoi vicini. Con tutti quei pensieri, come farai ad avere concentrazione? Nella tua mente ci saranno soltanto continue onde di pensieri.

"All'inizio, gli aspiranti spirituali non dovrebbero nemmeno leggere i giornali. Quando leggi il giornale, tutte le notizie del mondo lasciano un'impronta nella tua mente. Alcuni figli leggono il giornale e poi vengono a raccontare tutte le notizie ad Amma. Amma fa finta di ascoltare ogni cosa, per esaminare la loro mente. Il giorno dopo vengono di nuovo con altre notizie, ma questo non è ciò che Amma si aspetta da voi. Un brahmachari dovrebbe avere l'attitudine di completo abbandono a Dio. Dovrebbe avere la convinzione che Dio si prenderà cura della sua famiglia. Se c'è una fede così salda, Dio si prenderà davvero cura della sua famiglia. Krishna non è forse andato Lui Stesso in aiuto a Kururamma[11]? "Figlio, se versiamo dell'acqua sulle radici di un albero, l'acqua arriverà fino ai rami. Ma se versiamo acqua sui rami, l'albero non ne ricava alcun beneficio, ed il nostro sforzo sarà sprecato. Amare Dio equivale ad amare tutti; e tutti ne traggono beneficio, perché Dio dimora in ognuno. Amando Lui, amiamo tutti. Costruire dei legami con le persone, invece, conduce soltanto al dolore.

"Quando stiamo imparando a guidare, dobbiamo andare ad esercitarci in uno spiazzo deserto. Altrimenti, potremmo essere un pericolo per noi stessi e per gli altri. Quando avremo imparato a guidare bene, potremo viaggiare persino nel traffico più caotico. Allo stesso modo, nelle fasi iniziali un sadhak dovrebbe star lontano dalla famiglia e dagli amici, e praticare la solitudine, altrimenti sarà difficile unire la mente a Dio. Ma quando sarà progredito nella sadhana, sarà in grado di vedere Dio in ogni persona, e di amare e servire tutti. La sua forza spirituale non andrà sprecata.

"Figlio, se mantieni i rapporti con la tua famiglia, perderai tutta la forza che hai. È sufficiente scrivere una lettera a tua madre. Scrivi soltanto di argomenti spirituali. Se ti capita di andare a casa, dormi solo nella stanza della puja e se qualcuno viene a raccontarti cose di famiglia, non prestargli attenzione. Parla soltanto di cose spirituali."

---

[11] Santa del Kerala, associata al celebre tempio di Guruvayur, dedicato a Krishna. Kururamma era molto devota a Krishna sin dall'infanzia. Rimasta vedova molto giovane, assunse il ruolo tradizionale delle vedove indiane: quello di serva di famiglia. Un giorno, un brahmino assetato le chiese da bere. Secondo la tradizione, una vedova non può avere contatti con un uomo, quindi Kururamma sperava che arrivasse qualcuno che potesse portare da bere al brahmino. In quel momento comparve un ragazzino, che lei non aveva mai visto prima, che portò da bere al brahmino. Da quel momento in poi il ragazzino tornò ogni giorno ad aiutarla nelle faccende domestiche. A poco a poco Kururamma capì che il ragazzino non era altri che Krishna, apparsole sotto quella forma.

Le parole della Madre misero in pace il cuore del brahmachari. Egli s'inchinò e se n'andò, e la Madre salì in camera.

## In riva al mare

Alle cinque e mezza di sera, la Madre scese dalla Sua stanza e
disse a tutti i brahmachari di andare in riva al mare. Quando essi
raggiunsero la spiaggia, la Madre era già in meditazione profonda.
Tutti si sedettero attorno a Lei e chiusero gli occhi. La presenza
della Madre ed il suono dell'oceano annegarono tutti i pensieri
relativi al mondo esterno.

Due ore dopo, la Madre aprì gli occhi, si alzò e incominciò
a camminare lentamente lungo la spiaggia. Mentre si avvicinava all'acqua, le onde dell'oceano sembravano competere per
baciarLe i piedi; le poche fortunate che ci riuscivano tornavano
a dissolversi nel mare, pienamente soddisfatte. Scese l'oscurità, e
gli abiti bianchi della Madre sembravano avere una luce propria.
Continuando a camminare in riva al mare, la Madre incominciò
a cantare sottovoce, con gli occhi fissi all'orizzonte. Sembrava
immersa in uno stato d'animo divino. Coloro che la seguivano
si unirono a Lei nel canto *'Omkaramengum'*.

*Il suono 'Om' risuona ovunque,*
*E la sua eco è in ogni atomo;*
*Con una mente piena di pace,*
*Cantiamo 'Om Shakti'.*

*Le lacrime di tristezza traboccano,*
*E ora la Madre è il mio unico sostegno.*
*Benedicimi con le Tue bellissime mani,*
*Dato che ho rinunciato a*
*Tutti i piaceri del mondo.*

147

*La paura della morte è scomparsa,*
*Il desiderio di bellezza fisica è sparito.*
*Mi ricordo costantemente della Tua forma*
*Che splende della luce di Shiva.*

*Quando sarò pieno di una luce interiore*
*Che traboccherà e splenderà di fronte a me,*
*E sarò ebbro di devozione,*
*Mi fonderò nella bellezza della Tua forma.*
*La Tua forma*
*È ciò che più ho desiderato vedere.*
*Tutto l'incanto del mondo si è cristallizzato*
*E manifestato in questa ineguagliabile Bellezza.*
*Oh, adesso le mie lacrime traboccano...*

Quando il canto terminò, la Madre tornò verso l'ashram e tutti
La seguirono in silenzio. Arrivati all'ashram la Madre si sedette
sulla sabbia. Vedendo che desiderava stare sola, i brahmachari si
ritirarono, ad uno ad uno.

## Istruzioni ai brahmachari

Dopo aver dato il darshan ai devoti, la Madre uscì dalla capanna e
si diresse verso le capanne dei brahmachari. Ogni tanto ispeziona-
va le loro stanze, controllando se tutto era in ordine, se qualcuno
aveva delle cose non necessarie per uso personale e se le stanze
venivano pulite ogni giorno. Non voleva vedere più di un libro
della biblioteca nella stanza di ognuno, né un dhoti o una camicia
in più del necessario – ed era impossibile ingannare la Madre.

Un giorno, notando che un brahmachari aveva la stuoia per
dormire distesa su un tappeto, la Madre aveva commentato: "Noi
dormivamo sul cemento o sulla nuda terra. Di solito non c'erano
né stuoie né lenzuola. A volte, tutta la famiglia dormiva insieme

su delle stuoie stese in terra e i bambini vi facevano la pipì sopra. Siamo cresciuti così. Gayatri vi può dire che anche adesso Amma dorme quasi sempre sul pavimento, anche se ha una branda e un materasso. Voi figli a casa vostra siete cresciuti nel comfort. Per voi sarebbe difficile dormire per terra."

Il brahmachari mise immediatamente via il tappeto.

Quel giorno la Madre entrò in una delle capanne e raccolse un pacchetto da sotto lo scrittoio. Sembrava sapesse esattamente dov'era il pacchetto, come se l'avesse messo lì Lei stessa.

"Cos'è questo, figlio mio?", chiese al brahmachari che viveva lì. Lui impallidì. Amma si sedette sul pavimento e aprì il pacchetto; conteneva *ariyunda* (palline dolci fatte di farina di riso).

"I tuoi genitori l'hanno portato per il loro caro figlio, giusto?"

Il brahmachari chinò la testa. Era vero. I genitori avevano portato i dolci il giorno prima; lui aveva chiesto loro di dare il pacchetto di dolci a Gayatri perché li distribuisse a tutti, ma i genitori non ne avevano voluto sapere. Avevano detto: "Abbiamo portato un altro pacchetto per Amma e per gli altri. Questo è soltanto per te." Quando loro avevano insistito, egli non aveva obiettato.

Qualche altro brahmachari aveva seguito la Madre dentro la capanna e Amma diede un ariyunda ad ognuno.

Madre: "Figlio, Amma vorrebbe vederti tagliare persino una banana in cento parti e darne un pezzo a tutti. Molte persone portano dei dolci e degli snack per Amma, ma Lei non può mangiare niente da sola. Tiene tutto per i suoi figli. A volte se ne mette un po' in bocca, giusto per farli contenti. Sai quanto è difficile per alcune persone preparare qualcosa per Amma, impacchettarlo, portarlo qui, spendendo i soldi per l'autobus e per le altre cose?" Si interruppe e chiese al brahmachari: "Figlio, Amma ti ha reso triste?"

La Madre fece appoggiare la testa del brahmachari sul Suo grembo. Spezzò uno dei dolci e dopo essersene messa un pezzettino in bocca, diede a lui il resto. Questo non fece altro che aumentare il suo dolore. "Non piangere, figlio mio. Amma dice queste cose soltanto perché tu non rimanga attaccato alla tua famiglia. Per lo meno non te li sei mangiati tutti, ma ne hai tenuto qualcuno da parte." La Madre disse agli altri con un sorriso: "Se si fosse trattato di qualcun altro, non avremmo trovato nemmeno la carta, giusto?"

Per cambiare argomento, Amma prese in mano un libro, che era pieno di polvere. La Madre batté via la polvere; il libro era un manuale di sanscrito.

Madre: "Non stai andando a lezione di sanscrito?"

Brahmachari: "Non sono andato le ultime due o tre volte, Amma. La grammatica non mi entra proprio in testa."

Madre: "Guardando questo libro, sembra che tu non l'abbia toccato per lo meno da un mese. Figlio, non devi avere questa negligenza verso i tuoi libri di testo. Il sapere è una forma della Dea Saraswati. Devi trattare il sapere con shraddha e devozione. Tutte le volte che prendi o posi un libro, dovresti toccarlo con riverenza e inchinarti ad esso. Tieni i libri ordinati e puliti. Questo è ciò che abbiamo imparato a fare tutti.

"Se sei riluttante ad imparare il sanscrito, come farai a capire le Scritture? Il sanscrito è la nostra madrelingua. Non puoi apprezzare pienamente le *Upanishad* o la *Gita* senza capire il sanscrito. Per comprendere i mantra e i canti, bisogna impararli nella loro lingua d'origine. Il sanscrito è la lingua della nostra cultura. Non si può separare la cultura dell'India dal sanscrito. È vero che possiamo comprare la traduzione dei testi delle Scritture in altre lingue, ma non è la stessa cosa. Se vuoi conoscere il gusto del miele, devi assaggiarlo puro. Se lo mischi a qualcos'altro, non ne ricaverai il vero sapore. Persino pronunciare parole in sanscrito fa bene alla nostra salute mentale.

"Però, figli, è importante che non impariate il sanscrito soltanto per mettere in mostra la vostra conoscenza. Dovreste farlo per accrescere la vostra finezza mentale. Considerate il sanscrito soltanto come uno strumento per questo scopo. Dopo aver scoperto da un annuncio sul giornale dove si possono trovare dei manghi, la cosa intelligente da fare è di comprare i manghi e gustarseli, invece di limitarsi a fissare il loro disegno sul giornale. Comunque non ti preoccupare, figlio mio. Per lo meno, d'ora in poi cerca di imparare il sanscrito con diligenza.

"Va bene conoscere il sanscrito, ma non c'è bisogno di passare tutta la vita ad imparare la grammatica. Se facciamo sfoggio della nostra conoscenza del sanscrito, la gente non l'apprezzerà. Tutte le Scritture sono emerse dalla mente dei saggi che hanno fatto una vita di tapas. Le tapas rendono tutto chiaro e trasparente. Chi compie tapas può imparare in un giorno quello che una persona comune impara in dieci. Quindi, sono le tapas che contano. Anche il sanscrito e il Vedanta sono importanti e vanno studiati, ma impariamo queste cose per capire qual è il nostro obiettivo nella vita, e quale sentiero ci condurrà alla meta. Una volta che lo sappiamo, dobbiamo cercare di avanzare sul sentiero.

"Quando arriviamo alla stazione, guardiamo gli orari, compriamo il biglietto e saliamo sul treno giusto. Molti di coloro che si considerano degli studiosi sono come chi resta alla stazione ad imparare a memoria gli orari dei treni. Essi non usano quello che hanno imparato.

"Se abbiamo un sacco di zucchero, dobbiamo mangiarlo tutto per sapere che è dolce? Quando abbiamo fame, mangiamo soltanto quanto basta a toglierci la fame, e non tutto quello che c'è in cucina. I cosiddetti eruditi non la pensano in questo modo.

Sembrano volersi mangiare tutto e sprecano la vita in questo modo.

"La maggior parte degli eruditi d'oggi ha soltanto il sapere e nessuna esperienza; e qual è il risultato? Anche dopo aver studiato fino a novant'anni, non sono ancora liberi dal dolore. La maggior parte di loro sta seduta in casa a ricordarsi di quello che ha studiato. Se avessero imparato il necessario e, contemporaneamente, fatto delle tapas, allora la loro conoscenza avrebbe fatto del bene a loro stessi e al mondo. Questa è la ragione per cui Amma dice che bisogna imparare le Scritture fino ad un certo punto, e poi compiere tapas. Soltanto questo porterà il vostro sapere al livello dell'esperienza, dandovi la pace e permettendovi di fare del bene al mondo.

"Dopo aver studiato e guadagnato forza attraverso le discipline spirituali, servite gli altri e aiutateli. Ci sono certe persone che si siedono davanti al tempio a leggere le *Upanishad* e la *Gita*, ma scappano se qualcuno li avvicina, e gridano: 'Non toccarmi, non toccarmi!' Che tipo di devozione è questa? Un registratore ripete quello che hanno già detto altri. In modo simile, queste persone sputano soltanto le parole di saggezza che qualcun altro ha detto prima di loro, ma non sanno mettere in pratica la conoscenza nella loro vita. Non sanno dimostrare amore a nessuno, perché non sono liberi dall'orgoglio e dalla gelosia. A cosa serve una tale erudizione? Figli miei, dobbiamo amare il nostro prossimo ed avere compassione verso chi soffre. Senza questo, non arriveremo mai a Dio. Se non abbiamo amore per gli altri, siamo soltanto delle creature egoiste."

Un brahmachari, che stava ascoltando la Madre, chiese: "Se la meditazione conduce alla vera conoscenza, perché non possiamo semplicemente meditare tutto il tempo? A cosa servono le lezioni? A cosa serve il *karma yoga*?"

Madre: "Sì, hai ragione, ma chi riesce a meditare tutto il giorno? Se ci sediamo in meditazione per un'ora, riusciamo a concentrare la mente almeno per cinque minuti? Ecco perché Amma dice che, dopo aver meditato, dobbiamo lavorare per il bene del mondo. Non bisogna appisolarsi in nome della meditazione e diventare un peso per il mondo. Per un motivo o per l'altro siamo nati; e adesso dobbiamo essere di beneficio al mondo prima di ripartire.

"Se qualcuno riesce a meditare ventiquattro ore al giorno, va bene. Amma non lo manderà da nessuna parte, gli darà tutte le agevolazioni di cui ha bisogno. Ma quando si siede per meditare, deve meditare veramente. Non è meditazione se la mente girovaga in mille luoghi diversi mentre si è seduti in un posto. Bisogna fissare la mente su Dio: questa è meditazione. Se lavorate ricordandovi di Dio e recitando il mantra, anche questa è meditazione. Meditazione non è soltanto sedersi immobili."

Brahmachari: "Come suggerisci che serviamo il mondo?"

Madre: "Oggigiorno, le persone sono perse e non conoscono il significato della nostra cultura. Dovremmo far loro capire qual è il vero samskara. Innumerevoli persone soffrono per la povertà, sia materiale che spirituale. Dovremmo cercare di eliminarla. Se non abbiamo cibo da dare a chi ha fame, dovremmo andare a mendicare del cibo per sfamarli. Questa è la vera forza. Non dobbiamo fare tapas soltanto per la nostra liberazione; bisogna fare tapas per acquisire la forza necessaria per servire il mondo. Quando la nostra mente diventa così compassionevole, la realizzazione di Dio non è lontana. Possiamo raggiungere più velocemente la meta con il servizio e la compassione che soltanto con le tapas. Ma (ridendo) a cosa serve qualcuno seduto, mezzo addormentato nel nome delle tapas, che non è utile a nessuno?"

Brahmachari: "Amma, lasciaci prima capire chi siamo. Non possiamo aspettare fino a quel momento per servire il mondo?

Oggigiorno, tante persone affermano di servire il mondo, ma il mondo non è cambiato per niente. D'altro lato, non è vero che basta una persona che ha raggiunto la liberazione per cambiare il mondo intero?"
La Madre chiuse gli occhi. Rimase con lo sguardo rivolto all'interno per un po' e poi aprì lentamente gli occhi.

Madre: "Figli, se dite che non potete servire, che volete soltanto la liberazione, allora dimostrate questa intensità! Chi ha questo intenso desiderio non lascia passare nemmeno un momento senza ricordarsi di Dio. Mangiare e dormire non avranno alcun'importanza per lui. Il suo cuore sarà sempre in agonia per Dio."

## Ricordi d'infanzia della Madre

Gli occhi della Madre si riempirono di lacrime. Ricordò poi alcuni momenti commoventi della Sua infanzia.

Madre: "Quando Amma incominciò a cercare Dio, si contorse dal dolore finché non raggiunse la meta. Le lacrime non si fermavano mai. Non dormiva. Quando tramontava il sole, il suo cuore si agitava violentemente. Un altro giorno non era forse andato perduto? Non aveva sprecato un altro giorno senza aver conosciuto il Signore? Il dolore era troppo intenso da sopportare. Amma restava sveglia tutta la notte pensando che, se non si fosse addormentata, il giorno non sarebbe stato perso. C'era sempre questa domanda: 'Dove sei? Dove sei?' Incapace di sopportare il dolore di non vedere il Signore, Amma si mordeva e feriva il corpo. A volte rotolava sul pavimento, piangendo forte, chiamando il Signore per nome. Scoppiava spesso a piangere. Non aveva mai voglia di ridere. A cosa serve ridere quando non si è ancora conosciuto il Signore? 'Come faccio ad essere felice senza conoscerti? Perché mangiare se non ti conosco? Perché fare il bagno?' Amma passava ogni giorno in questo modo."

La Madre si fermò per un momento e poi proseguì: "Quando si prova un forte distacco, si può avere avversione per il mondo. Ma bisogna superare anche questa fase. Si deve riuscire a vedere che tutto è Dio.

"Amma provava un grande amore per i poveri quando era piccola. Quando soffrivano la fame, Amma rubava il cibo da casa sua e glielo portava. In seguito, quando provava un dolore insopportabile per non aver ancora visto Dio, si rivoltò contro il mondo intero e si arrabbiò con la Natura. Diceva: 'Non mi piaci per niente, Madre Natura, perché ci fai fare cose che sono sbagliate!' Amma sputava a Madre Natura e le urlava tutte le parole che le venivano in mente. Diventò una specie di pazzia.

"Quando le mettevano davanti del cibo, ci sputava sopra. Era una condizione molto difficile. Era arrabbiata con tutto. Aveva voglia di tirare del fango a tutti quelli che le venivano vicino. Quando vedeva persone che soffrivano, pensava che fosse a causa del loro egoismo e che stessero semplicemente sperimentando i frutti del loro karma. Ma presto la sua attitudine cambiò. Incominciò a pensare: 'Le persone commettono errori per ignoranza; se li perdoniamo e li amiamo, smetteranno di sbagliare. Se ci arrabbiamo con loro, non ripeteranno semplicemente le loro cattive azioni?' Quando le vennero questi pensieri, il suo cuore si riempì di compassione e la sua rabbia svanì completamente." La Madre rimase seduta in meditazione per un po'. Nella loro mente, tutti i presenti dipinsero un quadro dell'infanzia della Madre, ognuno secondo la propria immaginazione. Madre Natura, che era stata testimone di quegli avvenimenti senza paragone, era anche lei quieta ed immobile.

La Madre disse con voce profonda: "Figli miei, il vostro cuore dovrebbe pulsare e gemere costantemente per Dio. Non ci dovrebbe essere nemmeno un istante in cui non vi ricordate di Dio. Soltanto chi ha fatto così ha raggiunto la salvezza."

Le parole della Madre, che consigliavano il distacco e il desiderio intenso per la liberazione, toccarono il cuore di chi La stava ascoltando. Rimasero tutti lì in silenzio, dimentichi del mondo esterno.

ॐ

# Capitolo 4

## Brahmachari e devoti laici

Alcuni devoti erano di fronte alla sala di meditazione ad aspettare la Madre. Dopo aver dato ai brahmachari istruzioni sulla meditazione, la Madre uscì dalla stanza e salutò i devoti, dicendo: "Da dove venite, figli miei?"

Devoto: "Siamo di Kollam, Amma."

Madre: "Sei già stato qui, figlio mio?"

Devoto: "Ho cercato di venire due o tre volte, ma non ci sono mai riuscito a causa di qualche imprevisto. Dopo tutto, non è forse vero che non basta la nostra decisione per avere il darshan di un mahatma? Vado spesso a Kanyakumari per lavoro, ma finora non sono ancora riuscito ad incontrare Mayi Amma, non so perché. Faccio visita a molti ashram; l'anno scorso sono andato con tutta la famiglia a Rishikesh."

Madre: "Trovi il tempo di fare queste cose nonostante tu sia molto impegnato. Questa è in se stessa una benedizione di Dio."

Devoto: "Questa è l'unica cosa che mi dà serenità. Altrimenti, come farei a dormire tranquillo con tutte le mie attività? Avere un rapporto con gli ashram e i sannyasi mi permette di sperimentare un po' di sollievo dai problemi della vita, e mi dà pace. Se non fosse per questo, mi sarei dato da tempo all'alcool."

Madre: "Oh, Shiva, Shiva!"

Devoto: "Amma, anche se ho visitato molti ashram non ho mai trovato un'atmosfera così carica di essenza divina come qui. E non ho mai visto così tanti residenti giovani da nessun'altra parte."

Madre: "I figli che vivono qui hanno incontrato Amma quando erano all'università o stavano lavorando da qualche parte. Hanno lasciato ogni cosa e sono venuti da Amma, anche se la maggior parte di loro non sapeva niente di spiritualità o meditazione. È come se fossero stati presi da una qualche forma di pazzia quando hanno visto Amma. Non riuscivano più a tenere la mente sul lavoro o sugli studi. Non mangiavano più all'ora giusta e non si preoccupavano di lavarsi i vestiti; non s'interessavano a nient'altro, e non volevano allontanarsi da Amma. Amma ha cercato di mandarli via, ma non se n'è andato nessuno. Infine, Amma ha dovuto ammettere la sconfitta, ed è stata costretta a tenerli tutti qui. Anche se Amma è tutto per loro, essi devono comunque fare la sadhana. Oggi non sono interessati al mondo esterno grazie al loro amore per Amma, ma non possono mantenere questo stato senza compiere la sadhana.

"Amma non deve forse prendersi cura di loro in ogni maniera, visto che si sono rifugiati in Lei? In passato, Amma aveva più tempo per prendersi cura di loro, ma adesso non riesce a prestar loro abbastanza attenzione, a causa del numero crescente di devoti. Perciò, quando ha un po' di tempo, Amma li fa sedere e meditare, com'è successo adesso. Inoltre, Amma ha detto loro di raccontarle immediatamente quando hanno un problema: per questo non devono aspettare un'occasione adatta. Dopo tutto Amma è l'unica madre, padre e guru che hanno."

Devoto: "Amma, io rimpiango di essermi sposato. Sarò in grado di raggiungere la realizzazione del Sé?"

Madre: "Figlio mio, agli occhi di Dio non ci sono né brahmachari né persone sposate. Lui guarda soltanto la nostra mente. Puoi condurre una vera vita spirituale anche rimanendo sposato. Anche tu puoi godere della beatitudine del Sé, ma la tua mente deve essere sempre fissa su Dio. Allora potrai raggiungere facilmente la beatitudine. Mamma uccello pensa sempre ai suoi piccoli nel nido, anche quando esce in cerca di cibo. In modo simile, mentre sei impegnato nel mondo devi sempre pensare a Dio. La cosa importante è essere completamente dediti a Dio o al guru. Quando si ha questa dedizione, la meta non è lontana.

"Un giorno un guru arrivò in un paese con i suoi discepoli, per tenere una serie di discorsi spirituali. Un uomo d'affari andava tutti i giorni con la famiglia ad ascoltare i suoi discorsi. Quando i satsang finirono, egli era diventato un devoto del guru e così lui e la sua famiglia decisero di trasferirsi all'ashram del guru.

"Quando il guru tornò all'ashram, vide che l'uomo d'affari e la sua famiglia lo stavano aspettando. Essi dissero al guru che avevano deciso di vivere all'ashram. Il guru spiegò loro le difficoltà della vita nell'ashram, ma siccome non riuscì a scoraggiare i devoti, alla fine acconsentì. E così l'uomo d'affari e la sua famiglia diventarono residenti permanenti dell'ashram.

"Partecipavano come chiunque altro al lavoro dell'a-shram. Però, agli altri discepoli non piaceva che una persona sposata vivesse all'ashram con la sua famiglia, ed incominciarono a lamentarsi di loro. Il guru decise allora di dimostrare ai discepoli la qualità della dedizione del nuovo devoto. Chiamò il devoto e gli disse: 'Hai rinunciato alla tua casa e alla tua ricchezza, e adesso non hai più niente. Sfortunatamente, l'ashram non ha molti mezzi. In un modo o nell'altro riusciamo a cavarcela perché i brahmachari lavorano duro. Sarebbe più facile se tu non avessi famiglia; è difficile sostenere anche le spese di tua moglie e dei tuoi bambini. Quindi, da domani, devi andare a lavorare, e guadagnare abbastanza per il loro mantenimento.' Il devoto fu d'accordo.

"Il giorno dopo, trovò lavoro in una città vicina, e ogni sera portava i suoi guadagni al guru. Dopo qualche giorno i discepoli ricominciarono a lamentarsi; allora il guru chiamò il devoto e gli disse: 'I soldi che porti sono sufficienti per il tuo mantenimento, ma non per quello di tua moglie e dei tuoi figli. Visto che l'ashram finora si è sobbarcato tutte le loro spese, devi lavorare il doppio e ripagare il tuo debito all'ashram. Soltanto allora tu e la tua famiglia potrete mangiare all'ashram.'

"Il devoto chiamò la moglie e i figli e spiegò loro: 'Finché non ripaghiamo il debito, non dobbiamo più mangiare all'ashram. Sarebbe un peso per il guru, e quindi un peccato. Vi porterò qualcosa da mangiare la sera. Abbiate pazienza fino ad allora.' La famiglia fu d'accordo. A partire dal giorno dopo, l'uomo prese a lavorare dal mattino fino a tarda sera; consegnava tutti i guadagni al guru e divideva con la moglie e i figli il cibo che gli davano al lavoro. A volte non ne riceveva, e quindi la famiglia non mangiava.

"Gli altri discepoli furono stupiti nel vedere che il devoto e la sua famiglia non lasciavano l'ashram nonostante tutte queste difficoltà. Si lamentarono di nuovo con il guru: 'Ultimamente, l'uomo d'affari torna tardi la sera. Guadagna dei soldi lavorando fuori, mentre la moglie e i bambini vivono tranquillamente all'ashram. Che soluzione comoda!'

"Quella notte il guru aspettò che il devoto tornasse e, quando questi arrivò e s'inchinò ai suoi piedi, il guru gli disse: 'Sei un truffatore! Non inchinarti davanti a me. Tieni qui la tua famiglia mentre tu accumuli ricchezza lavorando fuori, affermando di dare all'ashram tutto quello che guadagni.' Il devoto non disse niente. Ascoltò il guru con le mani giunte e poi andò in silenzio nella sua stanza.

"Più tardi il guru chiamò tutti i discepoli e disse: 'Domani ci sarà una festa all'ashram, e non abbiamo legna. Qualcuno deve andare subito nella foresta a raccogliere della legna. Ne abbiamo bisogno prima dell'alba.' Poi il guru andò a dormire. Chi sarebbe andato nella foresta a quell'ora? I discepoli svegliarono il devoto. Gli riferirono l'ordine del guru di andare a raccogliere legna da ardere per la festa del giorno dopo. Il devoto partì con gioia per la foresta, mentre gli altri discepoli andarono a letto.

"Quando il giorno dopo, all'alba, il guru non vide il devoto, chiese sue notizie agli altri discepoli. Essi risposero che era andato nella foresta a prendere la legna. Il guru e i discepoli andarono a cercarlo, ma non riuscirono a trovarlo da nessuna parte. Infine, quando gridarono il suo nome, sentirono una voce provenire da un pozzo. Il devoto era scivolato e caduto nel pozzo mentre stava ritornando al buio con la legna. Anche se il pozzo non era molto profondo, era difficile uscirne senza aiuto. Inoltre, poiché non mangiava da diversi giorni, il pover'uomo non aveva la forza di uscire con tutta la legna.

"Il guru chiese ai discepoli di far uscire il devoto. Nel pozzo c'era un buio assoluto e quando essi allungarono le mani, l'unica cosa che riuscirono a toccare fu un fascio di legna. Chiesero al devoto di alzare le mani, ma lui rispose: 'Se mollo la presa, la legna finirà nell'acqua. La tengo sollevata così almeno non si bagna. Vi prego, consegnatela al guru il più presto possibile: è per la festa di questa mattina. Poi potete tornare per farmi uscire.'

"Gli occhi del guru si riempirono di lacrime quando vide la dedizione del suo devoto. Chiese ai discepoli di tirarlo immediatamente fuori dal pozzo, ma lui acconsentì ad uscire soltanto dopo che qualcuno avesse preso la legna. Il guru abbracciò il devoto, che tremava di freddo per esser stato così a lungo nel pozzo. Il guru fu così contento del suo amore disinteressato e del suo abbandono che lo benedì immediatamente concedendogli la realizzazione del Sé.

"Figli miei, non si perde la possibilità di realizzare il Sé soltanto perché si è sposati. Che si sia brahmachari o persone sposate, la cosa importante è l'attitudine di abbandono e la fede nel guru."

## Alcuni momenti con i brahmachari

Br. Ramakrishnan portò ad Amma dell'acqua da bere. Dal modo in cui si muovevano le sue labbra, si capiva che il brahmachari ripeteva costantemente il mantra.

Amma insiste particolarmente che si reciti sempre il mantra mentre si prepara o si serve del cibo per Lei. Un giorno Gayatri Le portò del tè. La Madre le restituì subito la tazza dicendo: "Mentre preparavi il tè, la tua mente non era concentrata né su quello che stavi facendo, né sul mantra. Stavi pensando all'Australia. Puoi bertelo tu."

Gayatri se ne andò in silenzio, ricordandosi che mentre stava facendo il tè, si era messa a parlare con una brahmacharini del suo passato in Australia. Preparò di nuovo il tè, questa volta con shraddha e recitando costantemente il mantra. Mentre lo beveva, Amma disse: "In questo tè c'è il tuo cuore. È questo, più del gusto, che mi fa venir voglia di berlo."

Ramakrishnan s'inchinò alla Madre e si sedette vicino a Lei. Il giorno prima, sulla barca qualcuno aveva detto delle brutte cose sull'ashram. Ramakrishnan per caso aveva sentito e non era riuscito a sopportarlo: aveva ribattuto in modo secco. Quando Ramakrishnan accennò all'avvenimento, la Madre disse:

"Figlio, tu sei felice quando tutti lodano Amma e dimostrano amore verso di voi. Sei soddisfatto quando gli altri sono d'accordo con quello che dici. Ti gusti tutto questo come se fosse nettare. Quando migliaia di persone si radunano, può darsi che due o tre parlino male di noi. Quello è il momento di guardarsi dentro. Dobbiamo osservare con quanta pazienza accettiamo una situazione simile. Non dobbiamo arrabbiarci con quelle persone. Se ci arrabbiamo con loro e gli diciamo di non tornare più, essi trarranno forse qualche beneficio dalle nostre azioni?

"Ogni nostra azione dovrebbe essere di beneficio al mondo. Non apprezziamo l'abilità di un insegnante specialmente quando gli studenti peggiori, che di solito non imparano niente, riescono a superare gli esami? Possiamo dire che la nostra vita è stata utile soltanto se possiamo coltivare e ricavare un raccolto da una terra abbandonata, piena di immondizia ed erbacce.

"Le persone che hai incontrato ieri viaggiano soltanto sulla superficie dell'oceano. Tutto quello che vogliono è il pesce. Ma noi non possiamo fare come loro, perché noi stiamo cercando le perle. Soltanto se ci tuffiamo in profondità e cerchiamo con attenzione riusciremo forse a trovare una perla.

"Magari loro hanno detto qualcosa per ignoranza, ma se noi reagiamo con rabbia, chi è più ignorante? Se facciamo tanto rumore, proprio come loro, che cosa penseranno le persone che ci stanno attorno? Dobbiamo fare attenzione a mantenere il nostro equilibrio anche quando gli altri ci ostacolano o parlano male di noi. Questa è una sadhana. Dobbiamo accogliere tali situazioni con equanimità."

Un brahmachari spostò la conversazione su tre residenti di un ashram del nord dell'India, che recentemente erano venuti all'ashram di Amma e vi si volevano trasferire.

Madre: "Qualcuno in visita al loro ashram ha dato loro una biografia di Amma. Quando l'hanno letta, essi hanno provato immediatamente il desiderio di stare con Lei. Hanno inventato qualche scusa per lasciare il loro ashram e sono venuti qui. Amma ha dovuto insistere per convincerli a tornare al loro ashram. Non possiamo tenere qui persone che vengono da altri ashram senza il permesso dei loro responsabili."

Un gruppo di devoti si era ormai radunato intorno alla Madre, e Lei li condusse tutti alla capanna del darshan.

## Nutrire i Suoi figli

La Madre parla spesso dell'importanza dei voti e delle osservanze nella vita di un aspirante spirituale. I voti sono un mezzo per conquistare la mente; ciononostante, Amma non vuole che si diventi schiavi di un determinato voto. La Madre dà particolare importanza al digiuno e al voto di silenzio. Aveva chiesto ai residenti dell'ashram di digiunare e, se possibile, di osservare il silenzio il sabato. Quest'abitudine veniva rispettata regolarmente. Alcuni residenti osservavano il silenzio per tutto il giorno, e parlavano soltanto con Amma. Altri mantenevano il silenzio fino alle sei di sera. A tutti era richiesto di rimanere nella sala di meditazione fino al crepuscolo. Nessuno doveva uscire.

Un sabato, la Madre fece andare tutti nella stanza di meditazione alle sette del mattino e poi chiuse la porta dall'esterno. Aveva detto che si aspettava che tutti passassero l'intera giornata facendo japa e meditazione. Tutti si misero a sedere e s'immersero in meditazione. Alle nove del mattino aprirono gli occhi sentendo la voce della Madre.

"Figli miei…"

C'era un bicchiere di caffè di fronte ad ognuno, dell'*aval* (riso schiacciato) dolce e due banane. La Madre era lì davanti a loro che li guardava sorridendo.

"Figli, riprendete a meditare soltanto dopo aver mangiato queste cose."

Chiuse la porta e uscì. Tutti mangiarono il prasad della Madre con grande devozione e poi ripresero il japa e la meditazione.

Suonò una campana. I brahmachari si guardarono l'un l'altro meravigliati, perché era la campana del pranzo. Erano le dodici e mezza. Il brahmachari che cucinava tutti i giorni era nella sala di meditazione, quindi la domanda era: 'Chi ha cucinato oggi? Cos'è questo nuovo *lila* (gioco divino) di Amma?' Mentre tutti si chiedevano queste cose, un devoto venne ad informarli che Amma li stava chiamando per il pranzo. Trovarono Amma che li stava aspettando nella sala da pranzo. Aveva sistemato i loro piatti al solito posto, aveva servito il riso e il curry e messo un bicchiere d'acqua di fronte ad ogni piatto. Tutto ciò che dovevano fare era mangiare! C'era un curry in più del solito, lo speciale del giorno della Madre! Fu Lei stessa a servirli mentre mangiavano.

La Madre disse ai devoti laici che stavano mangiando con i brahmachari: "Quando Amma è uscita dalla sala di meditazione dopo aver chiuso dentro i suoi figli, ha incominciato a pensare a quant'era crudele a farli morir di fame in quel modo. È andata in cucina e quando ha visto che non c'era niente da mangiare, ha preparato dell'aval dolce e del caffè, e ha trovato anche qualche banana. Ha messo tutto di fronte ai suoi figli. Dopotutto, se fossero usciti dalla stanza, la loro mente avrebbe perso la concentrazione. Amma voleva anche insegnar loro la lezione che se prendiamo completamente rifugio in Dio, Lui porterà tutto quello di cui abbiamo bisogno proprio di fronte a noi.

"Poi Amma è tornata in cucina e ha preparato il riso e le verdure. Siccome Amma aveva detto ai suoi figli che nessuno poteva uscire dalla stanza, erano tutti nella sala di meditazione. Era tanto tempo che Amma non cucinava qualcosa per i suoi figli e oggi, finalmente, ha avuto la possibilità di farlo. Amma è pronta a digiunare anche molto a lungo, ma non ha la forza di vedere i suoi figli affamati. A causa del numero sempre crescente di devoti, Amma non ha più così tanto tempo da dedicare ai figli che vivono all'ashram; ma sa che Dio si assicura che non manchi loro niente."

Un brahmachari si fermò mentre si stava dirigendo verso la sala di meditazione; sentì dei passi alle sue spalle e si voltò. La Madre stava andando verso di lui con un sorriso; con Lei c'era anche Br. Rao[12].

"A cosa stavi pensando?" chiese la Madre.

---

[12] Swami Amritatmananda

"Mi è venuto in mente che un sabato di qualche tempo fa ci hai fatti digiunare."

Madre: "Perché ti è venuto in mente adesso?"

Brahmachari: "Oggi è sabato, giusto?"

Madre: "Non perder tempo a star lì fermo. È l'ora della meditazione." Amma entrò con i due brahmachari nella sala di meditazione.

La Madre disse ai brahmachari che stavano aspettando nella stanza: "Figli, quando vi sedete in meditazione non cercate di calmare la mente con la forza. Se fate così, i pensieri sorgeranno con una forza dieci volte maggiore. È come comprimere una molla. Cercate di scoprire dove hanno origine i pensieri, e poi controllateli con questa conoscenza. Non mettete la mente sotto pressione. Se in qualche parte del vostro corpo c'è tensione o dolore, la mente vi si soffermerà. Rilassate ogni parte del corpo e osservate i vostri pensieri con assoluta consapevolezza. In questo modo la mente si placherà da sola. Non seguite i vostri pensieri. Se li seguite, resterà qui soltanto il vostro corpo, ma la mente sarà da qualche altra parte. Avete mai visto le macchine che viaggiano su una strada polverosa? Mentre passano sollevano moltissima polvere, e non si riesce nemmeno a vederle. Se siete dietro una di queste macchine, sarete immersi nella polvere. Anche se siete sul ciglio della strada, verrete ricoperti di polvere. Quindi, quando vedete che sta arrivando una macchina, dovete tenervi a distanza. Allo stesso modo, dobbiamo osservare i nostri pensieri a distanza. Se ci avviciniamo, essi ci trascineranno con sé senza che noi ce ne accorgiamo; ma se li osserviamo da una certa distanza, possiamo vedere che la polvere si posa e ritorna la pace."

## La Madre con Ottur

Ottur Unni Nambudiripad, un grande devoto di Krishna ed un poeta famoso, era venuto a vivere all'ashram. Aveva ottantadue anni ed era in pessime condizioni di salute. Il suo unico desiderio era di morire in grembo alla Madre. Gli venne data una stanza costruita sopra la grotta di meditazione, proprio dietro il kalari. Erano le nove di sera quando Amma entrò nella camera di Ottur. Nella stanza c'erano anche alcuni brahmachari. Anche se Amma cercò di impedirglielo, Ottur scese dal letto e, con grande difficoltà, s'inchinò alla Madre. Amma lo aiutò ad alzarsi, lo fece sedere sul letto e si sedette accanto a lui. Se fosse rimasta in piedi, lui si sarebbe rifiutato di sedersi.

Ottur: "Amma, ti prego, dì qualcosa! Fammi ascoltare le Tue parole!"

Madre: "Ma tu sai tutto, figlio mio."

Ottur: "Questo tuo figlio non ha causato molti problemi ai brahmachari?"

Un brahmachari: "No, niente affatto! È una grande fortuna per noi avere l'opportunità di servirti. È per noi un ottimo satsang."

Madre: "La vostra prima preghiera dovrebbe essere, infatti, di avere la fortuna di poter servire i devoti di Dio. Questo è l'unico modo per raggiungere Dio."

## Seva e sadhana

Brahmachari: "Ma Amma, non è vero che il servizio, per quanto grande sia, è soltanto karma yoga? Shankaracharya ha detto che anche se la mente si purifica con il karma yoga, si raggiunge la realizzazione del Sé soltanto attraverso lo *jnana*."

Madre: "Il Sé non è solo dentro di voi, ma pervade ogni cosa nell'universo. Possiamo raggiungere il livello della realizzazione del Sé solo quando percepiamo l'unità di tutte le cose. Non saremo ammessi nel mondo di Dio senza la firma della più piccola formica sul nostro visto d'ingresso. Il primo requisito, insieme al pensiero costante di Dio, è di amare tutto e tutti, sia gli esseri senzienti che quelli non-senzienti. Se abbiamo un cuore così grande, la liberazione non è lontana.

"Andiamo al tempio, lo circumambuliamo tre volte e ci inchiniamo alla divinità; ma all'uscita trattiamo male il mendicante che è alla porta! Questa è la nostra disposizione attuale. Ci meriteremo la realizzazione soltanto quando vedremo anche nel mendicante Colui al quale ci siamo appena inchinati. Mentre lavoriamo nel mondo, dovremmo servire le persone, vedendo Dio in loro; in questo modo, diventeremo umili e pieni di rispetto. Ma se incominciamo a pensare: 'Sto servendo il mondo', allora è inutile. Qualsiasi cosa facciamo con l'attitudine dell''io', non ha niente a che vedere con il seva. Il vero seva significa che le nostre parole, sorrisi e azioni sono accompagnati dall'amore e dall'attitudine 'io non sono niente'.

"La gente non è consapevole della propria vera essenza. Guardate gli uccellini che vivono vicino allo stagno; essi non sanno di avere le ali. Non vogliono volare in alto e godersi il nettare dei fiori sugli alberi intorno allo stagno. Vogliono soltanto vivere nel fango dello stagno. Però, se si librassero nell'aria e assaggiassero il nettare, non tornerebbero nel fango. In modo simile, le persone passano la vita ignorando la beatitudine che viene dal puro amore di Dio. Il nostro obiettivo è di renderle consapevoli di ciò e di condurle alla loro vera natura. Questo è il nostro dovere verso l'ashram."

Brahmachari: "Come facciamo a compiere del servizio disinteressato senza conoscere la verità del Sé?"

Madre: "Figli, il servizio è anch'esso una forma di sadhana. Se dite di aver raggiunto la perfezione dopo aver fatto sadhana seduti da qualche, Amma non vi crederà. Uscire nel mondo e prestare servizio è una parte molto importante della sadhana. Se vogliamo eliminare i nemici che fanno capolino nei recessi più nascosti del nostro cuore, dobbiamo servire il mondo. Soltanto allora saremo in grado di dire quanto è stata efficace la meditazione. Soltanto quando qualcuno si arrabbia con noi, sapremo se in noi c'è ancora della rabbia.

"Lo sciacallo pensa, seduto tutto solo nella foresta: 'Adesso sono forte; la prossima volta che vedrò un cane non ululerò.' Ma non appena vede un cane, si dimentica tutto e incomincia ad ululare rumorosamente. Quando siamo a contatto con la gente e qualcuno si arrabbia, dobbiamo riuscire a non farci prendere dalla collera. Soltanto allora potremo capire fino a che punto siamo cresciuti.

"Anche se si prendono degli ottimi voti agli esami, non è detto che poi si trovi lavoro. Per qualificarsi per un lavoro, bisogna superare con ottimi voti il concorso a cui partecipano le migliaia di persone che si presentano per quel lavoro. In modo simile, una volta che la meditazione vi ha portato ad un certo livello, dovete lavorare per la società. Soltanto quando avrete la forza di affrontare gli insulti e la derisione che vi cadono addosso, Amma dirà che siete completi.

"Anche un guidatore inesperto sa guidare la macchina in un luogo deserto. Il vero test delle proprie abilità è guidare in modo sicuro per strade affollate. Allo stesso modo, non si può dire che qualcuno è coraggioso soltanto perché siede in solitudine e compie pratiche spirituali. È veramente coraggioso chi, pur essendo impegnato in una varietà di compiti, può procedere senza vacillare di fronte alle avversità. Può essere definito un vero saggio se nessuna circostanza distrugge il suo equilibrio mentale.

"Quindi il servizio va visto come una sadhana e deve essere un'offerta a Dio. In questo caso, se qualcuno ci ostacola, potremo anche provare una certa ostilità, ma possiamo eliminarla attraverso la contemplazione: *Chi* in lui era l'oggetto della mia rabbia? Non mi sono arrabbiato con lui perché ho pensato di essere il corpo? Che cosa ho imparato dalle Scritture? Il viaggio che sto compiendo è verso un mondo materiale o spirituale? Come posso provare dei sentimenti negativi verso quella persona, dopo aver dichiarato che non sono né il corpo né la mente, ma l'anima?' Dovremmo fare continuamente questo tipo di auto-esame. Alla fine non proveremo più rabbia nei confronti di nessuno; proveremo del rimorso, e ciò ci condurrà sulla strada giusta."

Brahmachari: "Se non rispondiamo agli altri quando essi ci dimostrano ostilità, non stiamo dando loro l'opportunità di sbagliare e di usare un brutto linguaggio? È giusto restare in silenzio in tali circostanze, immaginando di essere l'Atman? Essi non prenderanno la nostra pazienza per debolezza?"

## Non-dualità nella vita quotidiana

Madre: "Dovremmo cercare di vedere tutto come Brahman; ma dobbiamo anche usare il nostro discernimento per agire nel modo giusto in ogni situazione. Supponiamo di essere sul ciglio della strada, quando arriva correndo un cane, inseguito da una folla che urla: 'Il cane è rabbioso!' Il cane rabbioso non ha alcun discernimento e ci morderà se ci trova sul suo cammino. Quindi dobbiamo spostarci, o magari addirittura prendere un bastone. Amma non ci dice di chiudere gli occhi di fronte a questo tipo di minaccia. Però non dobbiamo picchiare inutilmente il cane, perché non sa la differenza tra ciò che è giusto e ciò che è sbagliato. Invece, dobbiamo toglierci di mezzo per non dargli la possibilità di morderci.

"In altre parole, dobbiamo vedere come Brahman non solo il cane, ma anche le persone che ci hanno avvertito. Bisogna dare ad ogni cosa la giusta importanza. Se ignoriamo l'avvertimento di spostarci e rimaniamo semplicemente di fronte al cane pensando che sia Brahman, verremo morsi senz'altro, e sarà inutile pentirsene in seguito.

"Figli, dobbiamo usare la nostra discriminazione in ogni situazione. Un aspirante spirituale non deve mai essere debole. Pensate ad un bambino, per esempio al nostro Shivan (il nipote di Amma). Commette molti errori e magari lo sculacciamo anche, ma non abbiamo animosità nei suoi confronti. Non lo sculacciamo per vendicarci; è un bambino, e sappiamo che sbaglia per ignoranza. Nonostante ciò, lo puniamo oggi, in modo che faccia attenzione domani; a volte quindi facciamo finta di essere arrabbiati. Questa è l'attitudine che dovremmo avere. Certo che dobbiamo frenare coloro che agiscono senza discriminazione, ma facendo ciò non dobbiamo perdere la nostra equanimità. Anche se esteriormente dimostriamo la nostra scontentezza, dobbiamo amarli e desiderare che diventino buoni. In questo modo, miglioriamo anche noi.

"Come un leone all'esterno, ma come un fiore all'interno – così deve essere un sadhak. Il suo cuore deve essere come un fiore in boccio che non appassisce mai. Ma esternamente deve essere forte e coraggioso come un leone; allora sarà in grado di guidare il mondo. Mentre fa la sua sadhana, però, deve essere come il più umile dei servi. Un aspirante spirituale dovrebbe assumere l'attitudine di un mendicante: egli mendica il cibo e se ne va senza arrabbiarsi anche se ha ricevuto solo insulti. Con questa attitudine si progredirà. Figli, soltanto una persona coraggiosa può essere paziente. Avere l'attitudine di un mendicante durante la sadhana rinforzerà il coraggio dell'aspirante; il seme del coraggio germoglierà soltanto nel terreno della pazienza."

Il vecchio 'Unnikannan' (il piccolo Krishna, come Amma chiamava Ottur) era seduto sul letto, proteso in avanti, e il suo viso brillava di gioia, mentre assorbiva la dolce ambrosia delle parole che sgorgavano dalla Madre. Quando vide che la Madre si alzava per andarsene, s'inchinò a Lei e Le offrì un pacchetto di zucchero, che era stato offerto al Signore nel tempio di Guru-vayur[13]. La Madre diede a lui la possibilità di godersi per primo

---

[13] Ottur era stato in stretto rapporto con il tempio di Guruvayur per tutta la vita e teneva sempre con sé un po' di prasad del tempio.

il prasad del pacchetto, mettendogli con cura sulla lingua un po'
dello zucchero benedetto.

**Martedì 24 settembre 1985**

## Una lezione di cucina

Erano le cinque di sera. Una brahmacharini stava tagliando le
verdure per la cena e ogni cinque minuti si alzava per attizzare il
fuoco. Entrata in cucina, quando Amma vide ciò, disse: "Figlia,
vai ad occuparti del fuoco, al resto ci pensa Amma." La brahmacharini andò a badare al fuoco e Amma incominciò a tagliare le
verdure. Vedendo la Madre impegnata in questo compito, molte
altre persone si unirono a Lei.

Madre: "Figli, questa figlia stava faticando tutta sola. Doveva tagliare le verdure e mantenere il fuoco acceso nello stesso
tempo. Nessuno di voi è venuto ad aiutarla ma, non appena è
entrata Amma, siete arrivati tutti di corsa. Figli, fare sadhana non
significa star seduti da qualche parte senza far niente. Dovreste
provare compassione quando vedete gli altri in difficoltà. Dovreste
sentire l'impulso di aiutarli. Si compie la sadhana per sviluppare
una mente piena di compassione; quando avrete ciò, avrete tutto.
Quando arriva Amma, allora vengono tutti. Questa non è vera
devozione. Soltanto chi è in grado di amare tutti allo stesso modo
ama davvero Amma."

Un brahmachari: "Amma, l'altro giorno sono entrato in
cucina per aiutare, ma ho finito per prendermi una sgridata."

Madre: "Devi aver combinato qualche pasticcio."

Brahmachari: "Pare che avessi tagliato le verdure in pezzi
troppo grossi."

La Madre e gli altri si misero a ridere; Amma chiamò la
brahmacharini.

Madre (ridendo): "L'altro giorno hai sgridato questo figlio, anche se era venuto ad aiutarti?"

Brahmacharini: "È vero che è venuto ad aiutare, ma come risultato il mio lavoro è raddoppiato. Gli ho detto di tagliare le verdure in pezzi piccoli, ma lui ha fatto dei pezzi troppo grossi, e così ho dovuto tagliare di nuovo ogni singolo pezzo. C'è voluto il doppio del tempo. Gli ho detto che se voleva continuare così, non c'era più bisogno che venisse ad aiutare."

Madre: "Ma lui non è abituato a fare questo lavoro; non è questa la ragione per cui ha tagliato i pezzi in quel modo? Non avresti dovuto fargli vedere come li volevi? Non è abituato a tagliare le verdure, perché a casa sua non ha mai fatto niente."

La Madre spiegò a tutti come tagliare le verdure nel modo giusto. Quando la lezione di cucina finì, tutte le verdure erano state tagliate. Una brahmacharini portò dell'acqua, Amma si lavò le mani ed uscì dalla cucina.

## La Madre benedice una mucca

La Madre si diresse verso la stalla. Le persone che La stavano seguendo furono testimoni di una scena incredibile. La Madre si chinò accanto ad una mucca e incominciò a berne il latte direttamente dalle mammelle! La mucca faceva uscire il latte generosamente; quando la Madre si staccò da una mammella e incominciò a succhiare da un'altra, il latte Le colò sulla faccia. Gli occhi di quella mucca, che aveva la buona sorte di allattare la Madre dell'Universo, sembravano dire: "Tutte le mie tapas sono state fatte per questo momento. Adesso la mia vita si è realizzata."

La Madre uscì pulendosi il viso con il bordo del sari. Vedendo tutti i Suoi figli lì radunati, disse: "Quella mucca desiderava da tempo dare il latte ad Amma."

La Madre esaudisce persino i desideri silenziosi di una mucca. Doveva trattarsi davvero di un'anima benedetta.

La Madre continuò: "Tanto tempo fa, quando la sua famiglia e i vicini erano ostili ad Amma, le venivano in aiuto uccelli ed animali. Per esperienza, Amma può dire che se ci si abbandona completamente a Dio, Egli organizzerà le cose in modo che non ci manchi niente. Quando non c'era nessuno che le desse da mangiare, un cane le portava un pacchetto di riso preso da qualche parte, tenendolo fra i denti. A volte, Amma non mangiava per giorni e, dopo la meditazione, giaceva priva di sensi sulla sabbia. Quando apriva gli occhi, trovava una delle mucche vicino a Lei, con le mammelle piene di latte. Amma poteva bere quanto voleva. Quella mucca offriva il latte ad Amma tutte le volte che Lei si sentiva stanca."

I devoti, che si rammaricavano di non esser stati presenti durante quel lila, oggi avevano però avuto la buona sorte di osservare una mucca allattare Amma.

## Venerare le divinità e il guru

Mentre la Madre ritornava all'ashram, un brahmachari chiese: "Amma, le divinità esistono davvero?"

Madre: "Esistono su un piano sottile. Ogni divinità rappresenta una caratteristica che è latente dentro di noi. Ma dobbiamo considerare la nostra divinità prediletta come il Sé Supremo. Dio può assumere qualsiasi forma vuole. Dio prenderà diverse forme a seconda dei desideri dei devoti. L'oceano non si solleva forse in risposta all'attrazione esercitata dalla luna?"

Brahmachari: "Amma, invece di venerare le divinità che non abbiamo mai visto, non è meglio prendere rifugio nei mahatma che sono vivi in mezzo a noi?"

Madre: "Sì. Un vero *tapasvi* ha il potere di prendere su di sé il peso del nostro *prarabdha* (karma). Se prendiamo rifugio in un mahatma con devozione, il nostro prarabdha finirà presto.

Bisogna sforzarsi molto di più per trarre beneficio dalla venerazione delle divinità, o dai riti nei templi.

"Se veneriamo la nostra divinità prediletta considerandola come il Sé Supremo, possiamo davvero raggiungere la realizzazione del Sé. Una forma è come una scala. Proprio come tutte le ombre scompaiono a mezzogiorno, tutte le forme si fonderanno infine nel senza-forma; ma se prendiamo rifugio in un satguru, il nostro cammino sarà più semplice. L'aiuto del guru è necessario per rimuovere gli ostacoli nella sadhana, e per indicarci la strada. Un guru ci può aiutare chiarendo i nostri dubbi nei momenti di crisi; allora il viaggio sarà più semplice. Un bambino può fare quello che vuole se la mamma lo tiene per mano. Non cadrà nemmeno se solleva entrambi i piedi da terra. Il bambino non deve cercare di liberarsi dalla stretta della mamma; deve lasciare che lei lo guidi, altrimenti cadrà. In modo simile, un guru verrà sempre in aiuto al discepolo."

Un devoto: "Meditare su un mahatma equivale a meditare sul Sé?"

Madre: "Se vediamo un mahatma nella giusta luce, possiamo raggiungere Brahman. In realtà, il mahatma è senza forma. Se diamo a del cioccolato la forma di un limone, esso resterà comunque dolce. I mahatma, che hanno raggiunto la perfetta conoscenza del Sé, equivalgono a Brahman con forma. Tutte le loro forme e i loro stati d'animo sono dolci."

Brahmachari: "Alcune persone meditano su Amma, altre su Kali. C'è qualche differenza tra le due?"

Madre: "Se guardi la vera *essenza*, qual è la differenza? Su qualsiasi forma meditiate, la cosa importante è il vostro sankalpa, ciò che attribuite alla forma. Alcune persone meditano su certe divinità e ricavano delle siddhi: lo fanno per ottenere determinati risultati. Il loro concetto della divinità è molto limitato. Dobbiamo vedere il principio dietro la divinità; soltanto così potremo andare oltre la forma, oltre tutti i limiti. Dobbiamo capire che ogni cosa è il Sé onnipervadente, dobbiamo considerare la divinità che veneriamo come l'unico Sé. È soltanto una differenza in sankalpa. Le persone a volte venerano una divinità nel corso di certe osservanze e certi rituali: ciò implica soltanto il concetto di una divinità, non di Dio.

"Tutte le forme sono limitate. Non c'è albero che raggiunga il paradiso, e nessuna radice che arrivi nei mondi sotterranei. Noi stiamo cercando di raggiungere il Sé Supremo. Quando saliamo su un autobus, non abbiamo l'intenzione di viverci sopra, giusto? Il nostro obiettivo è di arrivare a casa. L'autobus ci porterà fin davanti al cancello, poi spetta a noi camminare dal cancello fino a casa. Le divinità ci condurranno fin sulla soglia del Supremo *Sat-cit-ananda* (Essere-Coscienza-Beatitudine); da lì lo stato della realizzazione del Sé non è lontano. Anche coloro che hanno trasceso tutte le limitazioni continuano ad appoggiarsi ad una forma. Si dice che persino i *jivanmukta* (coloro che hanno raggiunto la liberazione in questa vita) desiderano ardentemente ascoltare il nome di Dio."

Le parole della Madre accesero una luce nuova nella mente degli ascoltatori, rivelando le sfumature sottili della sadhana. Tutti s'inchinarono a Lei con un senso di appagamento, e ritornarono ai loro compiti.

### Domenica 13 ottobre 1985

*Chi vede ogni essere in se stesso*
*e vede se stesso in ogni cosa,*
*da quel momento in poi*
*non prova avversione verso nulla.*

-Isavasya Upanishad-

La Madre si stava preparando a svuotare e a pulire la fossa settica dei gabinetti dell'edificio per gli ospiti, che era ormai piena. Amma era appena ritornata da un programma di bhajan e darshan che era durato una giornata intera. Non appena era rientrata all'ashram, la Madre si era messa al lavoro. Non che i Suoi figli fossero riluttanti a fare questo lavoro – anzi, avevano pregato Amma di farsi da parte, ma Lei aveva insistito a voler dare l'esempio. Ciò succedeva regolarmente; raramente Amma chiedeva a qualcun altro di fare un lavoro.

"Ad una mamma non dispiace pulire gli escrementi del suo bambino, perché ha quel senso di 'mio' verso il bambino. Dovremmo avere questo tipo d'amore nei confronti di tutti, e allora non proveremmo né avversione né disgusto."

L'eccitazione di lavorare fianco a fianco con la Madre è qualcosa di speciale; è inebriante e, persino in questo caso, tutti desideravano lavorare con Lei, anche se si trattava di un lavoro faticoso. In queste occasioni, a nessuno importa sapere se si ha a che fare con sabbia, cemento o feci.

La Madre continuò: "Ai vecchi tempi, non c'erano gabinetti per chi veniva all'ashram. Ciò voleva dire che, ogni mattina, il primo lavoro dei figli di Amma era di pulire l'area circostante l'ashram. Non c'erano recinti che dividevano le proprietà, quindi la maggior parte delle volte finivamo per pulire anche le proprietà dei vicini."

Un brahmachari maneggiava con cautela i secchi pieni del contenuto della fossa settica, facendo attenzione a non versare niente. Quando si incominciò a far passare più velocemente i secchi, la sua attenzione vacillò, un secchio cadde per terra e tutti gli escrementi gli si rovesciarono addosso.

Madre: "Non ti preoccupare, figlio mio. Dopotutto, portiamo queste cose dentro di noi. Si laverà via. La vera sporcizia è il pensare di essere noi a compiere un'azione, sia che si tratti di una puja o di pulire le fogne. Quest'attitudine è difficile da lavare via. Figli miei, dovete imparare a considerare ogni lavoro che fate come un'offerta a Dio; in questo modo vi purificherete interiormente. Questo è il motivo per cui Amma vi fa fare queste cose. Amma non vuole che i Suoi cari figli si facciano da parte, ordinando agli altri di fare lavori simili. Un brahmachari deve essere pronto a fare qualsiasi tipo di lavoro."

Partecipavano al lavoro non soltanto i brahmachari, ma anche alcuni devoti. Un devoto fu svegliato dalla luce e dal rumore, e venne a vedere cosa stava succedendo. Quando vide cosa stava facendo la Madre, non riuscì trattenersi. Si tolse la camicia, si sollevò il dhoti e incominciò a scendere nella fossa settica.

Madre: "No, figlio mio. Il lavoro è quasi finito. Non c'è bisogno che tu faccia un altro bagno questa notte."

Le labbra del devoto tremavano per l'emozione: "Amma, mi dai quel secchio e ti fai da parte?"

La Madre sorrise, sentendo nella sua voce un senso d'autorità che nasceva dall'amore.

Madre: "Figlio, Amma non prova alcuna avversione nel pulire gli escrementi dei suoi figli. È un piacere."

"Amma, adesso lascia perdere questo piacere. Me lo vuoi dare?", disse il devoto con voce rotta dall'emozione, mentre cercava di strappare il secchio dalle mani della Madre.

Spesso vediamo i devoti prendersi con la Madre delle libertà che i residenti dell'ashram esiterebbero a prendersi, ma Amma cede di fronte alla devozione pura e perfetta.

All'ora propizia che precede l'alba, il lavoro era terminato. A coloro che osservavano la vita in questo ashram, sembrava che si dovesse correggere l'affermazione della *Gita*: 'Quando è notte per tutti gli esseri, lo yogi si mantiene sveglio.' Qui, la notte era giorno anche per coloro che avevano scelto di star vicini alla yogini.

*Sabato 19 ottobre 1985*

## Seguire il principio che sta dietro ai rituali

La Madre scese nel kalari nel tardo pomeriggio, anche se non era ancora l'ora dei bhajan. Con Lei c'erano dei brahmachari e alcuni devoti laici. Il parente di Ottur, che era all'ashram per occuparsi dell'anziano, era malato. Per questo motivo, si prendevano cura di Ottur alcuni brahmachari. Per quel che riguardava i rituali, Ottur era molto esigente, ed era difficile farlo contento. Quando la conversazione si spostò su questo argomento, la Madre disse:

"Amma non sa niente delle *achara* (osservanza dei rituali); non è cresciuta rispettandole. Nonostante ciò, Damayantiamma (la madre di Amma) era molto severa. Non ci permetteva di fare nessuna amicizia. Ma in questo c'era un vantaggio: quando sei solo, puoi cantare le lodi del Signore e puoi parlare con Lui. Quando sei con qualcun altro, si spreca il tempo in chiacchiere inutili. Bastava un granello di polvere in una delle pentole appena lavate perché Damayantiamma picchiasse Amma; e se, dopo che aveva spazzato il cortile, rimaneva un filo di sporco, Damayantiamma picchiava Amma con la scopa fino a che questa non si rompeva. (Ridendo) Forse è perché è stata allevata in questo modo che adesso Amma è così severa con i suoi figli. Lei è un terrore, adesso, non è vero?

"A quei tempi, dopo aver spazzato il cortile di casa, Amma si metteva in un angolo, immaginando che il Signore stesse camminando di fronte a Lei. Immaginava di vedere le Sue impronte sulla sabbia. Qualsiasi cosa facesse, pensava sempre e soltanto a Dio.

"Figli, qualsiasi cosa stiate facendo, dovreste pensare solo a Dio. Questo è lo scopo dei rituali. Le consuetudini vi aiutano a coltivare le buone abitudini e a fare ordine nella vita. Però, dobbiamo andare oltre; non dovremmo rimanere legati ai rituali fino al giorno della nostra morte."

Un brahmachari: "Non è vero che i rituali dirigono la mente all'esterno, e non verso Dio?"

Madre: "I riti sono stati creati per aiutare a mantenere un ininterrotto ricordo di Dio ma a poco a poco si sono trasformati in mera routine. Conoscete questa storia? C'era una volta un sacerdote che veniva infastidito dal suo gatto tutte le volte che faceva una puja; era così seccato da questo fatto che un giorno, prima di incominciare la puja, chiuse il gatto in un cestino e lo liberò solo alla fine della puja. Questa divenne presto un'abitudine. Suo figlio era solito aiutarlo e, quando il vecchio sacerdote morì, il figlio si assunse la responsabilità della puja. Anche lui non si dimenticava mai di mettere il gatto nel cestino prima di incominciare il rito. Dopo qualche tempo, morì anche il gatto. Il giorno dopo, quando venne l'ora di incominciare la puja, il figlio si preoccupò. Come poteva iniziare il rito senza mettere il gatto nel cestino? Corse fuori, prese il gatto del vicino, lo mise nel cestino e procedette. Siccome non si riusciva sempre a trovare il gatto del vicino in tempo per la puja, l'uomo si prese un nuovo gatto.

"Il figlio non sapeva per quale motivo suo padre metteva il gatto nella cesta, e non glielo aveva mai chiesto; copiava semplicemente quello che aveva fatto suo padre. I rituali non dovrebbero essere così; dovremmo compiere gli achara soltanto dopo averne compreso il principio di base. Soltanto così ne potremo trarre beneficio; altrimenti essi degraderanno a mera routine.

"In tutte le nostre azioni dovremmo essere in grado di mantenere il pensiero su Dio. Per esempio, prima di sederci da qualche parte, dovremmo toccare la sedia ed inchinarci ad essa, immaginando la nostra divinità prediletta di fronte a noi. Dovremmo fare la stessa cosa quando ci alziamo. Ogni qualvolta prendiamo in mano qualcosa, dovremmo mostrare rispetto nello stesso modo, immaginando la divinità dentro l'oggetto. Così, se manteniamo sempre questa vigilanza, la nostra mente rimarrà centrata su Dio senza scivolare verso questioni materiali.

"Avete osservato una madre che lavora a servizio nella casa di un vicino, e ha lasciato il suo bambino a casa? In tutto quello che fa, i suoi pensieri saranno rivolti al bambino. 'Non andrà mica troppo vicino al pozzo? Gli altri bambini non gli faranno del male? Non arriverà fino alla stalla rischiando di finire sotto le mucche? Si avvicinerà al fuoco di cucina?' La madre penserà sempre a queste cose. Un sadhak dovrebbe essere così, e pensare costantemente a Dio.

"I brahmachari qui non hanno imparato nessun rituale. Servendo persone come lui (riferendosi ad Ottur), essi impareranno qualcosa. (Rivolgendosi ad un brahmachari) Figlio, anche se ti sgrida, non ti devi arrabbiare. Se ti arrabbi, tutto quello che hai fatto andrà perduto. Devi considerare come una grande benedizione ogni opportunità di servire un sadhu."

## Come affrontare le lodi e gli insulti

Un brahmachari si lamentò con la Madre del carattere di uno dei devoti laici. Questo devoto, diceva il brahmachari, considerava le più piccole mancanze dei brahmachari come fossero dei gravi errori, e non esitava a criticarli severamente, senza vedere nessuno dei loro lati positivi.

Madre: "Figlio, è facile avere in simpatia coloro che ci lodano, ma dovremmo apprezzare ancora di più coloro che mettono in evidenza le nostre colpe e mancanze. Dovremmo dire che sono loro quelli che ci amano veramente. Quando capiamo i nostri errori, possiamo correggerli e progredire. Dovremmo considerare nostri nemici coloro che ci lodano, e amici coloro che ci criticano. Ma teniamo per noi questa attitudine, non rendiamola nota a nessuno. È vero che è un'attitudine molto difficile da coltivare ma, comunque sia, siamo partiti per realizzare il Sé, non per realizzare il corpo. Non dimenticartene. "Le lodi e gli insulti appartengono al piano fisico, non al piano del Sé. Dovremmo essere in grado di considerare le lodi e gli insulti allo stesso modo. Dovremmo imparare a non perdere il nostro equilibrio mentale, sia che dagli altri riceviamo amore o rabbia, lodi o insulti. Questa è la vera sadhana. Possiamo progredire soltanto se riusciamo a fare ciò."

Brahmachari: "Amma, perché hai detto che dovremmo considerare chi ci loda come nostro nemico?"

Madre: "Perché ci allontana dalla meta. Dobbiamo capirlo ed avanzare con discernimento, ma ciò non significa che dobbiamo provare antipatia per qualcuno.

"Tutti gli esseri viventi cercano amore. Finché cerchiamo amore terreno soffriremo, proprio come una lucciola che muore nel fuoco. Ogni ricerca di amore terreno finisce in lacrime. Questa al momento è la storia della nostra vita. Il vero amore non si trova da nessuna parte; esiste solo amore artificiale. È proprio come la luce che usa il pescatore. Egli getta le reti, accende delle luci abbaglianti e aspetta. I pesci arrivano, attratti dalla luce. In poco tempo la rete è piena e il pescatore riempie la sua cesta. Tutti amano gli altri in modo egoistico.

"Quando gli altri ci amano, ci avviciniamo a loro credendo che ci daranno la pace, ma non vediamo che il miele che ci offrono è una goccia sulla punta di un ago; se cerchiamo di gustarci il miele, l'ago ci pungerà la lingua. Quindi, cercate di capire la verità e comportatevi di conseguenza. Sappiate che non abbiamo altro amico all'infuori di Dio; in questo modo non vi capiterà niente di male."

Il cielo e la terra erano immersi nella luce dorata del sole della sera. Presto il cielo ad occidente assunse un colore rosso intenso.

"I pescatori che andranno in mare, saranno molto contenti questa sera," disse la Madre. Indicando il rosso glorioso del cielo, aggiunse: "Dicono che significhi una pesca abbondante." Qualcuno incominciò a suonare l'harmonium, e la Madre si sedette nel kalari. In poco tempo, si ritrasse completamente dal mondo esterno. Assunse lo stato d'animo di pura devozione di un'aspirante in solitudine. I bhajan incominciarono con 'Kumbho-dara varada...'

*Tu che hai un gran pancione,*
*E la faccia di elefante,*
*Che esaudisci i desideri, figlio di Shiva,*
*Signore dei Gana...*

*Tu che hai cinque mani che concedono favori,*
*Distruttore del dolore,*
*Figlio di Shiva, benedicici dandoci la salvezza.*
*Fa' che il tuo sguardo magnanimo*
*Cada su di me!*

*Signore Primordiale che ci fai attraversare*
*Il fiume del samsara,*
*Dimora di misericordia, che doni cose propizie,*
*Hari, nettare di beatitudine,*
*Tu che rimuovi gli ostacoli,*
*Mostraci la Tua compassione.*

L'ashram e i dintorni erano pervasi dalle melodie di questa dolce musica devozionale. Tutti erano immersi nell'estasi della bhakti.

183

*Domenica 20 ottobre 1985*

## Un inconveniente causato da un cane

"Figli, bisogna amare tutte le creature, ma questo amore non deve far soffrire nessuno. Dobbiamo andare nel mondo a servire la gente, ma la compassione che dimostriamo verso un essere vivente non deve far soffrire nessun altro. Se viviamo in un posto isolato, possiamo avere cani, gatti e altri animali. Questo, però, è un posto in cui viene molta gente; se teniamo qui un cane, i bambini piccoli cercheranno di giocare con lui, e potrebbero essere morsi. È meglio non tenere cani in un ambiente come l'ashram."

Sentendo la voce della Madre, diverse persone arrivarono e si radunarono attorno a Lei. Amma quel mattino era scesa dalla Sua camera sentendo dei forti rumori. La nonna della Madre (Achamma, che significa mamma del papà) si era recata dietro la capanna a prendere un bastone per raccogliere i fiori dagli alberi. Una cagna aveva recentemente dato alla luce dei piccoli, e in quel momento li stava allattando dietro alla capanna, ma Achamma non lo sapeva. La cagna, nell'agitazione, aveva morso Achamma, che si era messa a piangere e a gridare. Quando era scesa Amma, i brahmachari e i devoti si erano già tutti radunati attorno alla nonna.

Madre: "Poverina, come farà adesso a raccogliere i fiori? Il cane le ha dato un morso profondo."

Ogni giorno Achamma raccoglieva nel vicinato i fiori per la puja nel kalari. Non interrompeva mai questa routine, neanche quando si sentiva debole. D'estate, quando era difficile trovare fiori freschi, spesso vedeva in sogno il posto dove trovare i fiori, e i suoi sogni non si sbagliavano mai: nel posto indicato trovava sempre moltissimi fiori, e i vicini di solito le permettevano di entrare nella loro proprietà per raccoglierli.

I residenti dell'ashram incominciarono a discutere dell'accaduto.

Br. Rao: "È Unni che ha incominciato a tenere qui il cane. Gli dà del riso tutti i giorni, quindi perché mai il cane vorrebbe lasciare l'ashram?"

Madre: "Dov'è Unni? Chiamatelo." Poi vide che Unni era in piedi dietro di Lei. "È tuo questo cane, figlio mio? Sei venuto qui per allevare cani?"

Unni: "Amma, per diversi giorni di fila, mentre mi lavavo le mani dopo mangiato, vedevo il cane vicino al rubinetto. Mi dispiaceva per lui."

Madre: "Da quanto tempo gli stai dando da mangiare?"

Unni: "Gli ho dato da mangiare ogni tanto. Non pensavo che avrebbe dato alla luce dei cuccioli proprio qui."

Madre: "Il cane ha forse bisogno del tuo permesso per dare alla luce dei cuccioli?"

Unni: (cercando di non ridere) "Amma, mi ha commosso il suo sguardo affamato."

Madre: "Se vuoi continuare a dargli da mangiare, portalo da qualche parte lontano da qui e dagli da mangiare là. Se l'avessi fatto dal principio, adesso non avremmo questo problema."

La Madre continuò in tono serio: "Ti dispiaceva per il cane affamato. Adesso non ti dispiace per questa vecchia nonna, che sanguina per il morso del cane? È vero che dobbiamo vedere Dio in ogni cosa ed offrire il nostro servizio, questa è sadhana. Dobbiamo avere compassione per ogni essere vivente. Ma c'è un ambiente giusto per tutto. Questo non è il posto per tenere cani e gatti. Il povero animale sa che questo è un ashram o che Achamma stava solo cercando di prendere un bastone? Ti meriteresti una sculacciata per aver tenuto qui il cane e avergli dato da mangiare."

La Madre prese le mani di Unni e le tenne strette.

Unni: "Amma, non gli ho dato da mangiare tutti i giorni. L'ho fatto solo una volta ogni tanto."

Madre: "No, non dire niente. Adesso ti lego!"

Senza lasciarlo andare, la Madre si diresse verso la sala da pranzo. Si fermò vicino ad un pilastro e chiese a un devoto di portare una corda. Sapendo che tutto questo era un Suo lila, il devoto portò un piccolo pezzo di corda. Quando vide la corda, l'umore di Amma cambiò. La Madre disse: "Questa corda non va bene. Se Amma la usa, gli farà male. Magari per questa volta lo lasciamo andare." Così, liberò il brahmachari.

La dottoressa Lila[14] portò Achamma dalla Madre e disse: "Amma, non so se il cane ha la rabbia o no. Devo fare un'iniezione ad Achamma?"

Madre: "Il cane non ha nessuna rabbia. Metti soltanto un medicamento sulla ferita, questo basterà."

Siccome era domenica, erano arrivati molti devoti. Quando la Madre raggiunse la capanna del darshan, essi si affollarono attorno a Lei. Una donna bisbigliò all'orecchio della Madre: "L'umore di Amma di questa mattina mi ha spaventata."

La Madre scoppiò a ridere e stampò un bacio affettuoso sulla guancia della devota. Chi non è abituato, si sente confuso o intimidito quando vede la Madre sgridare i brahmachari. In tali occasioni il Suo viso diventa estremamente serio; ma poi ci si sorprenderà nel vedere il nettare dell'amore e dell'affetto sgorgare dalla Madre un attimo dopo. Amma è amore. Lei non sa essere arrabbiata; sa soltanto amare.

## La Madre che concede benedizioni invisibili

La Madre chiese ad una devota: "Figlia, Amma ti cercava l'altro giorno. Perché te ne sei andata così presto?"

---

[14] Swamini Atmaprana

Qualche giorno prima, mentre usciva dalla Sua stanza, Amma aveva trovato fuori dalla porta un pacchetto di radici di tapioca bollite con delle spezie. La Madre ne aveva assaggiate un po' e aveva chiesto ad una brahmacharini di far venire la persona che aveva portato il pacchetto. La donna non si trovava da nessuna parte; evidentemente se n'era andata. Nessuno sapeva chi avesse lasciato il pacchetto fuori dalla porta.

Devota: "Ero molto preoccupata quel giorno, Amma. Dovevamo concludere l'affare sulla proprietà che stavamo per comprare. Avevo promesso di essere in tribunale alle undici con il denaro. Però, anche dopo aver impegnato i miei braccialettii e la collana, non eravamo riusciti a raggiungere la somma richiesta. Avevamo chiesto a diverse persone, ma nessuno ci aveva aiutato. Se non registravamo l'affare entro le undici, avremmo perso l'anticipo che avevamo versato. Comunque, quella mattina ho pensato di venire a trovare Ammachi, e ho portato della tapioca bollita. Sono arrivata alle nove e mezza, e qualcuno mi ha detto che Amma sarebbe uscita soltanto più tardi. Se fossi arrivata in tribunale prima di mezzogiorno avrei potuto chiedere il rimborso di almeno metà deposito, anche senza aver concluso l'affare, così ho lasciato il pacchetto davanti alla porta di Amma e me ne sono andata. Ho pianto moltissimo. Avevo sperato che, con la benedizione di Amma, sarei riuscita a riavere per lo meno metà deposito.

"Quando sono arrivata ad Ochira, ho visto una mia vecchia amica che aspettava l'autobus. Suo marito lavora in Arabia Saudita. Visto che ci eravamo incontrate, ho pensato di provare a chiederle aiuto. Le ho spiegato la situazione: 'Se non trovo diecimila rupie entro le undici, l'affare va a monte.' Per grazia di Amma, la mia amica aveva esattamente quella somma con sé! Aveva fatto un prestito a qualcuno e la somma le era appena stata restituita: stava ritornando a casa dopo aver ricevuto i soldi. Mi ha dato il denaro senza dire una parola, e io sono scoppiata a piangere. Siamo riusciti a concludere l'affare solo per grazia di Amma!" Gli occhi della donna erano pieni di lacrime. La Madre l'abbracciò stretta e le asciugò le lacrime con il Suo sari.

## Il tesoro interiore

A casa di un devoto stava per essere celebrata una puja. Il brahmachari che doveva compiere il rito venne a ricevere la benedizione della Madre prima di partire.

Amma lo benedì e disse: "Figlio, sul terreno di quelle persone c'è un termitaio. Loro lo proteggono, seguendo il consiglio di qualcuno che ha detto loro di non distruggerlo. Amma non pensa che sia una cosa molto importante. Anche se facciamo tutte le cose per bene, se i devoti non hanno una vera fede ed un senso dell'abbandono, non ne ricaveranno alcun beneficio. Certe persone sono superstiziose e non cambiano assolutamente idea, anche se gli si spiega che le cose stanno diversamente. Quindi dobbiamo scendere al loro livello e comportarci di conseguenza. In questo stadio, è appropriata qualsiasi cosa dia loro pace.

"Ciò non significa che dobbiamo lasciarli alle loro cieche credenze. Quindi, dì loro: 'Questo termitaio non vi recherà alcun danno, ma non c'è bisogno di lasciarlo così. Tenetene soltanto una piccola parte nella stanza della puja, e distruggete il resto. Se continua a crescere, perderete tutto questo spazio.' Alla fine della puja, prendi un po' di sabbia dal termitaio e dì loro che la mettano nella stanza della puja."

La Madre disse ai devoti che erano radunati attorno a Lei: "Una volta è venuta qui una persona con una storia simile. Vicino a casa sua c'era un termitaio. Un astrologo l'aveva convinto che lì sotto c'era nascosto un tesoro, e che avrebbe potuto trovarlo se avesse fatto delle puja. Quest'uomo si rivolse a moltissimi astrologi e ad altre persone perché lo aiutassero a recuperare il tesoro.

Molte persone promisero di aiutarlo e si fecero dare molti soldi da lui, ma il tesoro non si trovò mai. Infine venne qui. La sua unica domanda era 'quando' avrebbe trovato il tesoro; non 'se' c'era davvero un tesoro. Cosa poteva dirgli Amma? Lui si arrabbiò quando Amma gli disse che non esisteva nessun tesoro. 'Tutti gli astrologi che ho consultato mi hanno detto che c'è un tesoro. Se tu non riesci a vederlo, che cosa sono venuto a fare io qui?' Dopo aver detto ciò se ne andò. La sua mente era piena del sogno di un tesoro. Cosa si poteva fare? Amma gli ha detto che non c'era nessun tesoro, ma lui non è riuscito ad accettarlo.

"Qualche tempo dopo è ritornato. Ha avuto un'esperienza che l'ha riportato qui." La Madre rise. "Adesso gli interessa il tesoro interiore, non quello esteriore. Se all'inizio Amma l'avesse respinto, il suo futuro sarebbe stato cupo. Per cui, quando persone di questo tipo vengono qui, dobbiamo capire qual è il loro livello di comprensione e partire da lì. Poi gradualmente possiamo insegnar loro idee e princìpi spirituali.

"Tutti vogliono il tesoro esteriore, e sono disposti a tutto pur di trovarlo. Nessuno vuole il tesoro interiore. Abbiamo un tesoro dentro di noi che non perderemo mai e che nessuno ci può rubare, ma non lo troveremo cercandolo all'esterno. Dobbiamo guardare all'interno e offrire il fiore del nostro cuore a Dio."

Salendo le scale della Sua stanza, la Madre fece a tutti un dolce sorriso, uno di quelli da conservare nel proprio cuore. Magari alcuni di loro si domandavano quale fosse 'il fiore del cuore' degno di essere offerto a Lei. Serbando nel cuore il ricordo del sorriso di Amma, alcuni di loro si ricordarono di un canto che la Madre cantava spesso, a proposito del fiore da offrire alla Madre Divina, *'Pakalonte karavalli thazhukatha pushpam...'*

*Il fiore che non viene accarezzato dai raggi del sole,*
*Il fiore che non viene rubato furtivamente dal vento,*
*La mente è quel fiore – pienamente sbocciato.*

*La mente non macchiata da alcun desiderio,*
*La mente che non getta fiamme di rabbia,*
*Il fiore che non viene offerto*
*Per amore ad una fanciulla,*
*È quella la mente in cui dimora*
*L'Imperatrice Divina.*

*La mente che dà alla tua vita il pieno significato,*
*La mente che desidera ardentemente*
*Il bene degli altri,*
*La mente piena d'amore immacolato,*
*È quella mente la ghirlanda indossata dalla Madre!*

*La forza che cerchi è dentro di te,*
*Abbandona questa ricerca vacillante, oh mente!*
*Procedi coraggiosamente*
*Verso la meta della tua vita;*
*Quando svanirà l'egoismo,*
*Allora la Madre risplenderà.*

*Quando si abbandona tutto di sé, rimane un'anima,*
*Libera dal falso orgoglio, colma di pace.*
*Quella è una luce che non si può*
*Catturare con le parole,*
*Lì la Madre divina danzerà per sempre!*

**Mercoledì 23 ottobre 1985**

# L'iniziazione al sapere da parte
## della Dea della Conoscenza

In questo giorno speciale, Vijaya Dashami, i devoti incominciarono ad arrivare fin dal primo mattino con i loro bambini, che avrebbero ricevuto le prime lezioni direttamente dalla Dea della

Conoscenza. La maggioranza dei devoti erano madri delle zone costiere locali. Chi veniva da lontano era già arrivato già da due giorni e si era fermato all'ashram. La Madre arrivò nella sala di meditazione con alcuni bambini che avevano già posato i loro libri dove si sarebbe svolta la puja a Saraswati, la Dea della Conoscenza. Molti devoti avevano già preso posto a sedere nella sala. Nell'ashram c'era un'atmosfera festosa.

Nella stanza di meditazione non c'era abbastanza spazio perché tutti potessero sedersi contemporaneamente. "Prima, tutti i bambini!", disse la Madre.

I bambini si radunarono intorno alle pile di libri, tenendo in mano delle foglie di tulasi.

*Om mushika vahana modaka hasta*
*Chamarakarna vilambita sutra*
*Vamanarupa maheshwara putra*
*Viswa vinayaka pahi namaste*

*Signore Ganesha, che cavalchi un topo,*
*Che hai in mano il modaka[15] dolce,*
*Che hai orecchie come ventagli,*
*Che rimuovi tutti gli ostacoli,*
*Ti prego, proteggimi,*
*Io m'inchino a te.*

*Saraswati namastubyam*
*Varade Kamarupini*
*Vidyarambham karishyami*
*Siddhir Bharata me sada*

*Saraswati,*
*Prima di incominciare gli studi,*

---

[15] Pallina zuccherata fatta di riso e noce di cocco.

*M'inchino a Te,*
*Che esaudisci i desideri e*
*Che hai una forma incantevole.*
*Possa io aver sempre successo.*

*Padma putra vishalakshi*
*Padma Kesara varnini*
*Nityan padmalaya Devi*
*Sa mam pata Saraswati.*

*Omaggio a Saraswati,*
*I cui occhi sono grandi*
*Come le foglie del loto;*
*La cui carnagione è color zafferano*
*Come lo stame di un loto,*
*E che dimora costantemente nel fior di loto.*

*Molte tenere voci si unirono ai mantra che la Madre*
*recitava verso dopo verso, in lode al Signore Ganesha e a*
*Devi Saraswati.*

Madre: "Adesso, bambini, immaginate la vostra divinità preferita davanti a voi. Baciatele i piedi divini ed inchinatevi."

La Madre s'inchinò per prima e i bambini seguirono il Suo esempio. Molti altri bambini stavano aspettando fuori.

I brahmachari si sedettero in un angolo della stanza per incominciare i bhajan. Anche la Madre si mise a sedere, con in mano un piatto pieno di chicchi di riso crudo, su cui stavano per prendere forma le lettere dell'alfabeto, tracciate dalle dita dei bambini. Ad uno ad, i genitori accompagnavano i figli dalla Madre, in modo che Lei potesse guidare i loro primi passi nel mondo della conoscenza. Uno dopo l'altro, Amma prendeva tutti i bambini in grembo e li tranquillizzava dando loro una caramella. Tutti i presenti osservavano affascinati come la Madre guidava le piccole dita dei bambini e faceva scrivere loro alcune lettere nel riso. "Hari!", disse la Madre. Il bambino che Le era in braccio, adornato nel suo nuovo *mundu* (dhoti) dai bordi dorati, e con la pasta di sandalo sulla fronte, La guardò come per chiedersi cosa stesse succedendo.

La Madre lo esortò a dire: "Hari! Di' Ha...ri!"

Il bambini ripeté fedelmente: "Hari, di' Hari!" Tutti, inclusa la Madre, scoppiarono a ridere.

Molti bambini arrivando da Lei si mettevano a piangere, ma la Madre non li lasciava andare prima che avessero scritto qualche lettera nel riso. Nel frattempo, i bhajan in lode alla Dea della Conoscenza rispecchiavano i sentimenti nel cuore dei genitori:

*Oh Saraswati,*
*Dea del sapere,*
*Dacci la tua benedizione!*

*Non siamo dotti,*
*Siamo poco intelligenti,*
*Soltanto pupazzi nelle tue mani!*

Ad Amma non piace che i Suoi figli Le diano la *dakshina* (tradizionale offerta a chi conduce un rito o una cerimonia), ma nonostante ciò i genitori volevano che in questa occasione i loro figli offrissero qualcosa alla Madre. Con i loro bambini c'erano molte persone povere dell'area costiera, che non si potevano permettere di offrire niente in confronto a molti altri. Per assicurarsi che non si sentissero feriti, la Madre decise che, per rispettare la tradizione, tutti offrissero soltanto una rupia, da mettere di fronte al quadro di Saraswati. Non voleva che nessuna delle madri si sentisse a disagio perché il figlio non poteva offrire una dakshina pari agli altri. Quando tutti i bambini ebbero ricevuto l'iniziazione all'alfabeto, erano ormai le undici.

Poi la Madre uscì nel cortile. I devoti ed i brahmachari erano seduti in fila. La Madre si sedette con loro e pronunciò 'Om' ad alta voce. Tutti ripeterono la sillaba primordiale e la scrissero sulla sabbia. La lezione continuò: "Hari Sri Ganapataye Namah!" Infine, per evidenziare la dolcezza del sapere, tutti i devoti ricevettero il prasad dalle mani di Amma. Verso mezzogiorno, molti devoti fecero ritorno a casa. Erano tutti felici di aver ricevuto istruzioni dalla Madre di ogni sapere. I brahmachari erano seduti un po' dappertutto e ripetevano la lezione o recitavano mantra vedici. Non avendo potuto scaricare il fardello del loro dolore nel grembo della Madre a causa della celebrazione, molti devoti aspettavano con occhi ansiosi. La Madre instancabile li radunò tutti e si diresse verso la capanna del darshan.

## Donare ai bisognosi

Janaki, proveniente da Pandalam, stava parlando con la Madre. Era un'insegnante in pensione e veniva spesso ad incontrare Amma. Era preoccupata per il comportamento del suo figlio maggiore.

Madre: "Come sta tuo figlio adesso?"

Janaki: "Devi raddrizzarlo tu, Amma. Io non ci riesco. Cosa posso fare se una persona della sua età non sa badare a se stessa?"

Madre: "Questo succede quando si dà troppo affetto ai figli."

Janaki: "Ha moltissimo tempo per gli amici e i vicini di casa. Se qualcuno gli parla dei suoi problemi economici, è pronto ad aiutarlo, anche se ciò significa svaligiare la nostra casa. Io adesso sono in pensione. È triste rendersi conto che probabilmente non sarà in grado di badare a se stesso d'ora in avanti. Che cosa ci guadagna dallo sperperare il denaro in quel modo? Domani, nessuna di quelle persone ci riconoscerà nemmeno, se andremo da loro a chiedere aiuto."

Madre: "Quando doniamo qualcosa, dobbiamo sapere a chi la stiamo dando. Dovremmo donare agli altri quando c'è un vero bisogno, e senza aspettarci niente in cambio. Se offriamo qualcosa per avere qualcos'altro in cambio, non è una specie di affare?

"Dovremmo capire chi ha davvero bisogno e aiutarlo. Bisognerebbe aiutare coloro che hanno perso la salute e non possono più lavorare, gli handicappati, i bambini che sono stati abbandonati dai loro genitori, chi è malato ma non ha i soldi per le cure mediche, chi è vecchio e non ha famiglia. Questo è il nostro dharma, e non dobbiamo aspettarci niente in cambio del nostro aiuto. Ma è meglio pensarci due volte prima di dare denaro a chi è in salute ed è in grado di lavorare. Se gli diamo dei soldi, egli diventerà ancora più pigro. E se molte persone gli danno del denaro, allora diventerà ricco, giusto? Sprecherà tutti i soldi in alcool e droghe. Se succede una cosa simile, il peccato che deriva dalle sue azioni ricadrà su di noi, perché, se non gli avessimo dato i soldi, egli non avrebbe compiuto quegli errori.

"Possiamo dare una parte del nostro cibo a chi ha fame, comprare medicine ai malati e vestiti a chi deve proteggersi dal freddo. Se qualcuno non riesce a trovare un lavoro stabile, possiamo trovargli qualche lavoretto da fare e in questo modo aiutarlo finanziariamente. Se diventiamo poveri per aver dato via stupidamente i nostri soldi, non possiamo incolpare Dio di questo.

"Dare soldi agli ashram e ad altre istituzioni che sono di servizio al mondo va bene. Istituzioni come gli ashram non sprecheranno il denaro; investono i soldi in opere di beneficenza. Ma comunque non bisogna fare delle donazioni per diventare famosi per la nostra generosità. Dovremmo vederla come un'opportunità per servire Dio. In ogni caso, il merito di aver donato rimarrà con noi. Quando offriamo qualcosa, dovremmo essere gli unici a saperlo. Non c'è un detto che afferma che la mano sinistra non dovrebbe sapere cosa fa la destra?"

Asciugando le lacrime della donna, la Madre l'abbracciò e la consolò dicendo: "Smetti di preoccuparti, figlia mia. Amma è qui per te!"

Janaki: "Amma, che mio figlio dia pure via tutti i soldi a chi crede, non mi lamento. Ma non ho la forza di vederlo elemosinare, un giorno. Dovrai portarmi via prima che capiti una cosa simile, Amma."

Madre: "Non piangere, figlia mia. Non dovrai mai vedere una cosa simile. Non vi mancherà mai niente. Amma non è forse sempre con te?" La Madre l'abbracciò di nuovo e le diede un bacio.

## Non c'è povertà per il vero devoto

Non appena la donna si tirò indietro, con un sorriso pieno di pace grazie al bacio della Madre, tra le braccia di Amma c'era già il devoto successivo, un uomo di nome Divakaran.

Madre: "Quando sei arrivato, figlio? Amma non ti ha visto mentre distribuiva il prasadam a tutti."

Divakaran: "Volevo venire questa mattina, Amma, ma l'autobus era in ritardo e sono arrivato soltanto adesso."

Madre: "La volta scorsa sei venuto con un altro figlio."

Divakaran: "Sì, era Bhaskaran. È sempre in difficoltà, Amma. Sono diciassette anni che visita regolarmente il tempio di Sabarimala. Ci sono pochi templi in cui non sia andato, eppure la povertà ed altri problemi lo tormentano sempre. Quando penso alla sua situazione, mi chiedo persino a cosa serva pensare a Dio."

Madre: "Figlio, se ci rifugiamo completamente in Dio, ci capiteranno soltanto cose belle, sia materialmente che spiritualmente. Non si è mai sentito di un mahatma che sia morto di fame. Il mondo intero s'inginocchia davanti a lui. Una persona che si rifugia soltanto in Dio non soffrirà per la povertà. La ragione principale della nostra sofferenza attuale è che non ci abbandoniamo completamente a Dio. La nostra devozione non è disinteressata, ma al fine di esaudire i nostri desideri. E i desideri conducono al dolore."

Un altro devoto: "Kuchela[16] non aveva forse una grande devozione per il Signore? Ma soffrì lo stesso per la povertà."

Madre: "Non è esatto dire che Kuchela soffriva per la povertà. Dove poteva trovare il tempo di soffrire quando era costantemente assorbito nel pensiero di Dio? La sua devozione pura gli diede la capacità di rimanere immerso nella beatitudine anche in mezzo alla miseria. Grazie al suo abbandono a Dio, persino la povertà, che era parte del suo prarabdha (karma), scomparve. Kuchela non crollò sotto il peso della miseria, né si dimenticò di Dio in un eccesso di gioia quando gli arrivò la ricchezza.

"Se prendiamo rifugio in Dio senza alcun desiderio, Egli ci darà tutto ciò di cui abbiamo bisogno, quando ne avremo bisogno. Quando ci abbandoniamo a Dio avendo fede che si prenderà cura Lui di tutto, allora non abbiamo niente da temere. Ci saranno sempre felicità e prosperità. La Dea della Prosperità sarà la serva di chi ha devozione pura. Ma che tipo di devozione abbiamo noi? Diciamo che andiamo al tempio; ma nessuno ci va soltanto per incontrare il Signore. Persino alla Sua sacra presenza, parliamo solo di cose materiali. A cosa serve andare al tempio se non facciamo altro che parlare della nostra famiglia e dei vicini? Per lo meno quando siamo al tempio dovremmo meditare soltanto su Dio, affidandogli tutti i fardelli, rendendoci conto che Lui conosce i nostri problemi senza bisogno che glieli raccontiamo. Non dovremmo andare al tempio soltanto per lamentarci, ma per venerare Dio e rafforzare in noi il Suo ricordo."

[16] Un devoto e compagno di scuola di Sri Krishna

A questo punto della conversazione, alcuni altri devoti, che erano rimasti in silenzio fino ad allora, incominciarono a fare domande.

## Mettete in pratica la vostra fede

Un devoto: "Ma Amma, hai detto tu stessa che dovremmo aprire il nostro cuore a Dio e raccontargli tutto."

Madre: "Non proviamo forse un po' di sollievo quando confidiamo i nostri problemi alle persone che ci sono care? Bisognerebbe provare lo stesso amore e lo stesso senso di intimità per Dio. Dovremmo sentire che Lui ci appartiene. Non abbiamo bisogno di nascondergli niente. È in questo senso che Amma dice che dovremmo raccontargli tutto. Fa bene alleggerire il fardello dal nostro cuore raccontando a Dio tutti i nostri dolori. In tutte le nostre difficoltà bisognerebbe fare affidamento soltanto su di Lui. Il vero devoto non racconta mai a nessun altro i suoi guai; Dio è il suo unico parente. Ma allo stesso tempo non serve a niente andare da Dio con il cuore pieno soltanto di desideri e di problemi familiari.

"All'avvocato dobbiamo spiegare gli antecedenti del fatto se vogliamo che assuma la nostra difesa. Allo stesso modo, dobbiamo descrivere i sintomi al dottore se vogliamo che ci curi. Ma non abbiamo bisogno di entrare nei dettagli per far conoscere a Dio i nostri problemi. Lui sa tutto; Egli dimora dentro di noi, e osserva ogni nostro movimento. È il Suo potere che ci permette di vedere, di sentire e di agire. È grazie al Suo potere che possiamo arrivare a conoscerLo. Siamo in grado di vedere il sole soltanto grazie alla Sua luce. Quindi, ciò che dobbiamo fare è abbandonare ogni cosa a Dio e ricordarci costantemente di Lui.

"Quello con Dio dovrebbe essere il nostro legame più forte. Se decidiamo di raccontargli le nostre pene, dovremmo farlo soltanto con lo scopo di avvicinarci a Lui. Sono la fede e l'abbandono a

Dio o al guru che rimuovono i nostri dolori; non serve a niente raccontare soltanto le nostre difficoltà."

Un brahmachari seduto lì vicino espresse un dubbio: "Amma, è possibile raggiungere la realizzazione del Sé soltanto credendo in Dio?"

Madre: "Avere una fede totale è in se stessa realizzazione – ma voi non l'avete. Quindi dovete senz'altro sforzarvi per raggiungerla e praticare la sadhana. Non basta avere fiducia nel dottore: per guarire bisogna anche prendere le medicine. Allo stesso modo, sono necessari sia la fede che lo sforzo personale. Se pianti un seme, esso germoglierà, ma per crescere bene ha bisogno di acqua e di fertilizzante. La fede ci rende consapevoli della nostra vera natura, ma per farne l'esperienza diretta serve lo sforzo.

"C'è una storia di un padre e un figlio. Il figlio era malato e il dottore aveva prescritto come medicina l'estratto di una determinata pianta. Essi cercarono la pianta dappertutto, ma non riuscirono a trovarla. Camminarono molto a lungo, e divennero molto stanchi ed assetati. Vedendo un pozzo, vi si avvicinarono e trovarono una corda ed un secchio lì vicino. Lì intorno crescevano molte piante selvatiche. Mentre faceva scendere il secchio nel pozzo per tirare su l'acqua, il padre notò in fondo al pozzo la pianta medicinale che avevano cercato dappertutto. Egli cercò di calarsi nel pozzo ma non ci riuscì, perché non c'erano gradini e il pozzo era molto profondo.

"A quel punto il padre sapeva cosa fare: legò la corda intorno alla vita del figlio e con molta attenzione lo calò nel pozzo. "Quando arrivi in fondo al pozzo raccogli la pianta," disse al figlio. In quel momento passarono di lì dei viandanti. Furono sconcertati da ciò che il padre stava facendo e chiesero: 'Che tipo di persona è colui che cala il proprio figlio in un pozzo, legato ad una fune?' Il padre non disse nulla. Il ragazzo arrivò in fondo al pozzo e raccolse con cura la pianta. Il padre lo tirò su lentamente e, quando il ragazzo uscì dal pozzo, le altre persone gli chiesero: 'Dove hai trovato il coraggio di scendere nel pozzo legato ad una fune?' Il figlio rispose senza esitare: 'Era mio padre che reggeva la fune.'

"Il figlio aveva una profonda fede nel padre, ma è stato soltanto nel momento in cui l'ha messa in azione, scendendo nel pozzo a raccogliere la pianta, che ha tratto beneficio dalla sua fede. Figli, questo è il tipo di fede che dovremmo avere in Dio. Bisognerebbe pensare in questi termini: 'Dio è qui per proteggermi, quindi perché dovrei essere triste? Non sono nemmeno preoccupato di non riuscire a raggiungere la realizzazione del Sé.' Dovremmo avere una fiducia di questo tipo. La devozione di una persona tormentata dai dubbi in ogni momento non è vera devozione; una tale fede non è vera fede."

## Fede in Dio e in se stessi

Un giovane: "Amma, perché dovremmo fare affidamento su Dio? Non basta contare sullo sforzo personale? Dopotutto, abbiamo in noi tutti i poteri. Gli dèi non sono forse stati creati dall'uomo?"

Madre: "Figlio, adesso noi viviamo con l'attitudine di 'io' e 'mio'. Finché durerà quest'attitudine, non riusciremo a trovare il potere in noi stessi. Quando le tende della finestra sono chiuse, non si può vedere il cielo. Tira le tende ed il cielo diventerà visibile. Allo stesso modo, se eliminiamo il senso dell''io' dalla nostra mente, saremo in grado di vedere la luce dentro di noi. Il senso dell''io' non può essere rimosso senza umiltà e dedizione.

"Per costruire una canoa, bisogna scaldare il legno sul fuoco, in modo da poterlo piegare nella forma desiderata. Possiamo dire che in questo modo si dà al legno la sua vera forma. In modo simile, l'umiltà rivela la nostra vera forma.

"Se un filo è troppo spesso o sfilacciato, non passerà per la cruna dell'ago. Deve venire assottigliato per poter passare. Questo abbandono da parte del filo gli permette di cucire insieme moltissimi pezzi di tessuto. In modo simile, l'abbandono è il principio che conduce il sé individuale (jivatman) al Sé Supremo (Paramatman). Tutto questo è dentro di noi, ma per farlo venire alla luce è necessario uno sforzo continuo.

"Anche se abbiamo un talento musicale, soltanto se ci esercitiamo regolarmente possiamo cantare in un modo che dia gioia a chi ci ascolta. Ciò che abbiamo dentro di noi deve essere portato sul piano dell'esperienza. Non serve a niente dire: 'Tutto è dentro di me.' Siamo orgogliosi del nostro stato sociale, della nostra posizione e delle nostre abilità, ma quando si presentano delle circostanze avverse vacilliamo e perdiamo la fede in noi stessi. Per cambiare questo stato di cose è necessario uno sforzo costante.

"Pensiamo che tutto funzioni grazie alle nostre forze. Invece, senza il potere di Dio, siamo soltanto dei corpi inanimati. Ci vantiamo di poter ridurre il mondo in cenere soltanto premendo un bottone; ma per premere quel bottone non abbiamo forse bisogno di muovere il dito? Da dove ci viene la capacità di fare ciò?

"Ci sono dei segnali stradali dipinti con una speciale vernice fosforescente. Essi si illuminano quando i fari delle macchine proiettano la luce su di loro e danno agli automobilisti informazioni sul percorso e sulle condizioni della strada. Ma immaginatevi un segnale stradale che pensi: 'Queste macchine viaggiano grazie alla mia luce. Come farebbero a trovare la strada senza di me?' Quando noi diciamo 'la mia forza' o 'la mia abilità', ci comportiamo in modo simile. Il segnale si illumina soltanto quando la luce dei fari cade su di lui. Allo stesso modo, noi siamo in grado di muoverci e di agire soltanto grazie al potere e alla grazia dell'Onnipotente. È Lui che ci protegge in ogni momento. Se ci abbandoniamo a Lui, Dio ci guiderà sempre. Con una fede così, non vacilleremo mai."

Era ormai mezzogiorno e la Madre non aveva ancora mangiato niente. Era con i Suoi figli fin dal primo mattino. Questo è ciò che accade ogni giorno.

*Ci inchiniamo alla personificazione dell'altruismo*
*Che considera il mondo intero come Suo figlio*
*E riversa costantemente il Suo affetto su tutti.*

ॐ

# Capitolo 5

## Le benedizioni infinite della Madre

Sethuraman e la sua famiglia arrivarono e s'inchi-narono davanti alla Madre. Lui lavorava in Assam. Dopo aver finito l'università, per diversi anni Sethuraman non era riuscito a trovare lavoro. Era sempre più disperato ed infine si era rivolto alla Madre. Lei gli aveva dato un mantra e gli aveva detto di recitarlo centootto volte al giorno, e di fare anche l'archana; lui aveva seguito alla lettera le istruzioni della Madre. Tre settimane dopo, suo zio, che lavorava in Assam, era tornato a casa per le vacanze e aveva promesso che gli avrebbe trovato un lavoro. Sethu era partito per l'Assam poco dopo, e adesso era tornato a casa in vacanza. Con lui c'era anche la moglie, che lavorava con lui, e che aveva sposato con la benedizione della sua famiglia e della Madre. Era stata Amma a condurre la cerimonia del nome della loro prima figlia, Saumya. Amma diede il benvenuto alla moglie e alla figlia di Sethu accogliendole tra le Sue braccia. Il Suo volto era raggiante per la felicità, come quello di una madre di famiglia che accoglie in casa la giovane nuora. Sethu osservava la scena con gli occhi pieni di lacrime di gioia.

Madre: "Non vi fermate fino a domani, figli miei?"

Sethu: "Pensavamo di ripartire subito dopo averti visto, Amma, ma abbiamo deciso di passare la notte qui."

Madre (rivolta ad un brahmachari lì vicino): "Dà loro la tua stanza, figlio." A Sethu disse: "Amma ti parlerà dopo i bhajan."

I brahmachari si erano già seduti, e i bhajan incominciarono.

*'Prapanchamengum...'*

*Apparenza Illusoria*
*Che riempi l'Universo intero,*
*Splendore, non vuoi*
*Sorgere nel mio cuore e restare lì*
*A diffondere la Tua Luce per sempre?*

*Mi sazierò*
*Bevendo il Tuo Amore materno;*
*Avvicinandomi a Te e*
*Immergendomi nel Tuo splendore Divino*
*Tutte le mie angosce scompariranno!*

*Per quanto tempo ho vagato*
*Alla ricerca di Te che sei il Cuore*
*Di ogni cosa; Madre,*
*Non vuoi venire dinanzi a me e*
*Concedermi la beatitudine del Sé?*
*Non vuoi venire?*

In cielo brillavano le stelle. La Madre incominciò a scavare sotto alcune piante di cembu, cercando dei tuberi commestibili, ma non ne trovò nessuno. In diverse occasioni precedenti, la Madre ne aveva trovati. L'eco della musica devozionale proveniente dal kalari pervadeva l'aria. La Madre stava cantando e, alla fine di un kirtan, era uscita dal kalari e si era diretta verso il lato settentrionale dell'ashram. Di tanto in tanto ciò succedeva: se si assorbiva troppo nel canto e sentiva di non potersi mantenere sul piano normale di coscienza, cercava di far scendere la mente impegnandola in qualche tipo di lavoro. Amma ha detto spesso: "Amma non può cantare nemmeno un verso con totale attenzione, altrimenti perderebbe il controllo! Quindi quando canta un verso, cerca coscientemente di ricordarsi quello successivo. Amma si chiede come facciano i suoi figli a cantare i bhajan senza piangere!"

Dopo aver scavato sotto molte piante di cembu, la Madre trovò una manciata di tuberi commestibili. Li lavò, li mise in una pentola con un po' d'acqua, accese un fuoco e incominciò a cuocerli. Erano cotti soltanto a metà quando la Madre se ne mise un pezzo in bocca, diede il resto ai Suoi figli e andò in camera Sua. Il prasad della Madre arrivò sotto forma di pezzi di cembu mezzi crudi, insipidi e sconditi che assomigliavano a piccole uova di rondine! Dirigendosi verso il kalari con il prasad in mano, i figli della Madre arrivarono in tempo per l'arati alla fine dei bhajan. Nella loro mente sorse, come un fiore che sboccia la notte, il ricordo di ciò che Amma aveva detto in un'occasione precedente: "Figli miei, sapete quanti sforzi deve fare Amma per rimanere qui nel vostro mondo?"

All'una di notte, la Madre scese dalla Sua stanza. Un brahmachari stava facendo japa nel kalari. Vedendo la Madre di fronte a lui inaspettatamente, egli s'inchinò ai Suoi piedi. Amma gli disse di chiamare tutti gli altri. Tutti si sentirono completamente svegli quando udirono che la Madre li stava chiamando e corsero da Lei, senza sapere per quale motivo li stesse chiamando. Lei disse loro di prendere qualcosa su cui sedersi e incominciò a camminare verso il mare.

Tutti sapevano che era l'ora della meditazione. La Madre ogni tanto portava i brahmachari a meditare sulla spiaggia, senza un orario preciso; poteva succedere in qualsiasi momento. Si sedettero tutti attorno alla Madre sulla spiaggia; tutto era silenzioso, ad eccezione del profondo 'Om...' che risuonava dal mare, e delle onde che si infrangevano incessantemente a riva. Le luci dei pescherecci brillavano in lontananza. Amma recitò 'Om' tre volte, e tutti i brahmachari risposero con un altro 'Om'. La Madre disse: "Se avete sonno, alzatevi e recitate il mantra in piedi. Se continuate ad aver sonno, correte sulla spiaggia per un po' e poi tornate a sedervi. Quest'ora, quando tutta la Natura è silenziosa, è il momento migliore per la meditazione."

Passarono velocemente due ore. Alla fine, la Madre recitò di nuovo 'Om' e tutti risposero. Seguendo le Sue istruzioni, i brahmachari immaginarono la loro divinità prediletta davanti a loro e s'inchinarono. La Madre cantò un inno in lode alla Madre Divina: 'Sri chakram ennoru...' La luce della luna illuminava il mare. L'orizzonte era parzialmente coperto da un leggero strato di foschia. Alcune stelle solitarie brillavano in cielo. Sembrava che persino le onde cercassero di non fare rumore. I brahmachari vestiti di bianco sulla spiaggia erano come uno stormo di cigni scesi a riposare un momento sulle sponde del tempo, al crepuscolo di un'epoca antica. La forma della Madre risplendeva nella loro mente come la bianca montagna[17] riflessa nelle acque tranquille del lago Manasarovar.

## Martedì 29 ottobre 1985

## Amma beve del latte avvelenato

Nel pomeriggio, la Madre chiamò tutti i brahmachari nella Sua camera. Era seduta al centro della stanza, e di fronte a Lei c'erano tanti pacchetti, ognuno dei quali conteneva una varietà di dolci.

Madre: "Era da un po' che Amma voleva darvi queste cose, ma fino ad ora non aveva trovato il tempo."

Diede dei dolci ad ognuno. Accorgendosi che alcuni ashramiti non erano venuti, la Madre chiese: "Dove sono gli altri?"

Un brahmachari: "Due persone hanno un'infezione agli occhi e stanno riposando."

Madre: "Sono a letto? Non sono in grado nemmeno di camminare?"

---

[17] Il Monte Kailash in Tibet

Brahmachari: "Sì che possono camminare, ma hanno paura di attaccarti l'infezione, Amma."

Madre: "Non devono preoccuparsi di questo. Qualsiasi malattia abbiate, potete sempre venire da Amma. Figlio, gente con tutti i tipi di malattie infettive viene da Amma per il darshan. Quante persone con infezioni agli occhi, varicella e malattie cutanee sono venute da Amma? Finora, Amma non ha mai dovuto annullare un darshan. Dio l'ha sempre protetta e Amma crede che continuerà sempre così.

"Una volta, una devota ha portato ad Amma un bicchiere di latte. Amma l'ha bevuto tutto e subito dopo ha incominciato a vomitare. È diventata molto debole per la disidratazione, ma pensava solo alla folla di devoti che stavano aspettando di avere il darshan. Tra di loro c'erano persone molto povere che avevano dovuto lavorare come braccianti per molti giorni, per risparmiare abbastanza paise per poter comprare il biglietto dell'autobus e venire da Amma. Se fossero andati via senza vedere Amma, quando avrebbero avuto di nuovo la possibilità di tornare? Quando ha pensato a loro, Amma si è sentita triste. Ha pregato e poi si è rialzata. Ha chiamato i devoti, li ha consolati e dato loro i consigli di cui avevano bisogno. Poi Amma ha ripreso a vomitare: ha chiuso la porta, si è seduta per terra e ha vomitato. Si è cambiata i vestiti e ha ricominciato a dare il darshan. Dopo aver ricevuto una decina di persone, ha vomitato di nuovo. Quando era troppo debole per rialzarsi, immaginava di cantare un kirtan e di danzare. Questo le dava un po' di energia, ma dopo un po' vomitava di nuovo, e poi ricominciava a dare il darshan.

"Tutto ciò è continuato fino al mattino dopo. Alla fine Amma era molto debole, anche se aveva continuato finché non aveva ricevuto l'ultimo devoto. Non appena ha dato il darshan all'ultimo devoto, Amma è svenuta e qualcuno l'ha portata in camera. Erano tutti preoccupati, perché temevano che Amma potesse morire. Se Amma avesse pensato solo ai propri comodi, tutto ciò non sarebbe successo. Sarebbe bastato che fosse andata in camera a sdraiarsi e si sarebbe sentita meglio in poco tempo. Ma pensando al dispiacere di tutte le persone che erano venute a trovarla, Amma non ha potuto farlo. Era pronta a morire, se necessario.

"Il latte che avevano dato ad Amma era avvelenato. Una famiglia ostile ad Amma aveva dato ad una devota del latte da portare qui. La donna non sapeva che il latte era stato avvelenato, e non sapeva nemmeno che la famiglia che le aveva dato il latte era ostile ad Amma."

Amma distribuì i dolci a tutti i brahmachari e poi scese. Si sedette vicino alla cisterna, accanto alla sala di meditazione. Lì vicino c'erano piante di canna da zucchero che crescevano sulla riva del canale. Una delle canne era spezzata, ed uno dei brahmachari la tagliò e la portò alla Madre. Lei la tagliò in piccoli pezzi che distribuì ai brahmachari. Poiché la canna da zucchero cresceva vicino all'acqua salata, la sua dolcezza aveva un leggero gusto salato. Anche la Madre ne masticò un paio di pezzetti.

Sputando la scorza, Amma disse: "Figli, quando studiate le Scritture, dovete ricordarvi di questa scorza. Dopo esserci gustati il succo della canna da zucchero, sputiamo via la scorza. Allo stesso modo, dovremmo assorbire l'essenza delle Scritture e scartare il resto. Sarebbe sciocco aggrapparsi alle Scritture fino al giorno della nostra morte. Dovremmo fare la stessa cosa con le parole di un mahatma, ovvero accettare soltanto ciò che possiamo assimilare e utilizzare nella nostra vita. Non tutte le loro istruzioni sono adatte a tutti. Essi tengono in considerazione le circostanze particolari e il livello di comprensione della persona che stanno consigliando."

La Madre si diresse verso il kalari. I devoti che stavano aspettando Le corsero incontro. La Madre li portò tutti al kalari e si sedette.

## La vera forma della Madre

Una devota s'inchinò alla Madre e incominciò a singhiozzare disperatamente, mentre giaceva in grembo ad Amma. La sua sofferenza era dovuta agli insulti che aveva ricevuto da alcune persone mentre veniva all'ashram con il traghetto. La Madre le asciugò le lacrime e la consolò. Poi disse ai devoti:

"Se pizzicate la corteccia di un albero, essa non sentirà niente; ma se pizzicate un tenero bocciolo, questo sì che sentirà dolore. Amma può sopportare qualsiasi cosa si dica su di Lei; ma se qualcuno fa soffrire i devoti, se qualcuno dice delle brutte cose sui suoi figli, Amma non riesce a sopportarlo. Anche se siamo tutti lo stesso e unico Atman, Amma non può farsi da parte quando vede la sofferenza dei suoi figli. Krishna non si scompose quando Bhishma gli tirò cento frecce. Ma quando le frecce si diressero verso Arjuna, quando vide che il Suo devoto era in pericolo, Krishna non si scagliò forse contro Bhishma, impugnando il Suo *chakra* (un'arma divina)? Per il Signore, proteggere i devoti è più importante che mantenere una promessa: questo è ciò che ci ha dimostrato Krishna."

Un devoto: "Amma, non è possibile liberarsi di chi parla male di Dio e critica il cammino spirituale?"

Madre: "Figlio, se avessimo quest'attitudine, recheremmo più danno di loro. Una persona spirituale non dovrebbe mai pensare di far del male agli altri. Dovrebbe pregare Dio di rendere migliori quelle persone e di aprire il loro cuore. Lo scopo della devozione e della preghiera è di sviluppare amore per tutti. Non rattristatevi se qualcuno parla male di voi. Dovete pensare che anche questo è per il meglio. Esiste forse un mondo senza opposti? Non è grazie all'oscurità che apprezziamo la grandezza della luce?"

Devoto: "Come siamo fortunati ad essere arrivati a Te, Amma! Quando siamo con Te esiste solo la beatitudine!"

Madre (ridendo): "Non siatene troppo sicuri, figli miei. Adesso voi siete tutti malati. Le vostre ferite sono infette. Amma schiaccerà queste ferite per farne uscire il pus. Farà apparire enormi i vostri più piccoli errori. Questo sarà un po' doloroso.

"Amma dice ai suoi figli: 'Ad Amma piace il Signore della Morte più del Signore Shiva. Non è per paura della morte che la gente si rivolge a Shiva? Altrimenti chi prenderebbe rifugio in Shiva? Per paura di Amma, per lo meno vi rivolgerete a Dio." La Madre rise. "I primi tempi, i brahmachari erano soliti cantare *'Amme, snehamayi!...'* (Madre piena d'amore!) Adesso cantano *'Amme, kruramayi!...'* (Madre piena di crudeltà!)"

La Madre rise e cantò *'Amme, kruramayi!...'*, adagio e con la tonalità giusta. Tutti scoppiarono a ridere.

La Madre continuò: "A volte, Amma dice che i suoi figli hanno torto anche quando hanno ragione. Perché? Perché devono avere shraddha, e fare attenzione ad ogni passo. Se Amma dovesse prenderli a calci o picchiarli, non servirebbe a niente, essi continuerebbero semplicemente a sorridere. Loro spesso dicono: 'Ci piace quando Amma ci sgrida un po'. In quei momenti per lo meno abbiamo la possibilità di starle vicino e di guardarla. Se ci dà un paio di sculacciate, è anche meglio.' Per quanto li punisca, essi sanno che un attimo dopo Amma non potrà fare a meno di sorridere loro. Quindi, ormai l'unica arma che ha Amma è lo sciopero della fame. Essi non riescono a sopportare che Amma non mangi a causa loro."

Per qualche momento nessuno parlò. Erano tutti stupiti dalle premure e dall'affetto che la Madre aveva per i Suoi figli, rari anche nelle madri che li avevano messi al mondo.

# Abbandonarsi a Dio

Una devota fece una domanda: "Amma, tu dici che dobbiamo vedere Dio in ogni cosa, ma come si fa?"

Madre: "Figli, è necessario eliminare tutte le *vasana* che sono dentro di voi. Dio dovrebbe diventare il vostro solo rifugio. Dovreste coltivare l'abitudine di pensare a Dio qualsiasi cosa stiate facendo. Così, a poco a poco, incomincerete a percepire l'unità in tutta questa molteplicità."

Una ragazza si avvicinò e abbracciò la Madre. Mise la testa sulla spalla di Amma e incominciò a singhiozzare. Era figlia di un camionista, e suo padre era raramente a casa. La matrigna la stava spingendo verso una vita immorale. La ragazza aveva appena finito le superiori ma nessuno voleva che continuasse gli studi.

Ragazza: "Amma, non ho nessuno! Resterò qui e farò qualche lavoro."

Gli occhi della Madre si riempirono di compassione. Amma disse: "Figlia, Dio si prende sempre cura di noi. È la dimora della compassione. È il nostro vero padre e la nostra vera madre. Le persone che chiamiamo genitori ci hanno soltanto allevati. Se fossero i nostri veri genitori, non saprebbero salvarci dalla morte? Ma non sono in grado di farlo. Noi esistevamo prima di diventare loro figli. Dio è il nostro vero padre, madre e protettore."

La Madre consolò la ragazza e le diede sicurezza. "Va' a casa, figlia mia, e dì a tuo padre in modo deciso che vuoi andare all'università. Lui sarà d'accordo. È Amma che te lo sta dicendo. Non preoccuparti, figlia mia, non preoccuparti!"

Una devota: "Vorrei venire a trovarti tutti i giorni, Amma, ma sono sola a casa. Come faccio a venire qui e a lasciare la casa incustodita? Oggi ho chiuso casa e, prima di partire, ho lasciato la chiave al vicino."

Madre: "Fai bene a chiedere a qualcuno di dare un'occhiata alla tua casa quando vieni qui. Dobbiamo fare attenzione alle cose materiali. Tuttavia, non succedono forse dei furti anche se usiamo le serrature più moderne e assumiamo delle guardie per proteggere la nostra casa? Come si spiega tutto ciò? In realtà, non sono loro le nostre guardie. La nostra vera guardia è Dio. Se mettiamo tutto nelle Sue mani, Egli rimarrà sveglio e proteggerà ogni cosa. Le altre guardie si potranno addormentare e allora i ladri non si lasceranno scappare l'opportunità di portarci via tutto. Ma con Dio a fare la guardia, non abbiamo niente da temere!

"Immaginiamo di salire in barca con una borsa molto pesante, che continuiamo a tenere in mano invece di appoggiarla. Vedendoci faticare, il barcaiolo dice: 'Adesso sei sulla barca. Non vuoi appoggiare la borsa?' Ma noi non siamo disposti a posare la borsa, anche se ci lamentiamo che è pesantissima. Che senso ha? Allo stesso modo, perché portiamo tutti questi pesi? Posiamo ogni cosa ai piedi di Dio! Si prenderà cura Lui di tutti i nostri fardelli."

## Non c'è tempo per la sadhana

Soman, un insegnante, si avvicinò alla Madre con una domanda: "Amma, dopo la scuola ci sono centinaia di cose da fare a casa. Dove posso trovare il tempo per il japa?

Madre: "Figlio, se davvero vuoi, il tempo lo trovi. Devi avere la convinzione che non c'è niente di più importante che pensare a Dio. Allora troverai il tempo anche in mezzo a tutto il tuo lavoro. Una volta un uomo ricco andò dal suo guru e si lamentò, dicendo: 'Maestro, la mia mente non ha pace. Sono sempre preoccupato. Cosa posso fare?'

"Il guru disse: 'Ti darò un mantra; recitalo regolarmente.' Il ricco replicò: 'Ma ho così tante responsabilità durante la giornata. Dove troverò il tempo per recitare il mantra?'

"Il guru chiese: 'Dove fai il bagno?' 'Nel fiume.' 'Quanto tempo ci vuole per arrivarci?' 'Tre minuti.' Il guru disse: 'Allora puoi recitare il mantra dal momento in cui esci di casa fino a quando arrivi al fiume. Provaci.'

"Dopo qualche mese, l'uomo tornò a trovare il guru. Era entusiasta. S'inchinò e disse: 'La mia agitazione se n'è andata e la mia mente è in pace. Recito regolarmente il mantra che mi hai dato. Adesso non posso fare a meno di recitarlo! Ho incominciato a ripetere il mantra andando al fiume. Poi ho iniziato a praticare tornando dal fiume, e anche mentre facevo il bagno. Poi ho incominciato a farlo anche andando al lavoro. Poi, in ufficio, quando mi veniva in mente il mantra, incominciavo a recitarlo. Adesso lo ripeto anche quando vado a letto e mi addormento facendo japa. Ora desidero solo recitarlo ogni giorno di più. Quando non ripeto il mantra sono infelice.'"

La Madre continuò: "Attraverso una pratica costante, ripetere il mantra diventa un'abitudine. Dovresti incominciare ad alzarti presto la mattina. Non appena ti svegli, medita per dieci minuti. Dopo aver fatto il bagno, medita per un'altra mezz'ora. All'inizio, è sufficiente meditare per un po'. Poi puoi fare le tue faccende. Prima di andare a scuola, medita di nuovo un'altra mezz'ora. Se dopo la meditazione rimane del tempo, utilizzalo per fare japa. Puoi fare japa camminando, stando seduto e qualsiasi cosa tu stia facendo. Figlio, Amma ti suggerisce questo tipo di disciplina perché tu ami la vita spirituale. All'inizio basta meditare mezz'ora o un'ora. Il resto del tempo può essere impiegato facendo japa o cantando kirtan."

Soman: "Amma, come faccio a tenere la mente su Dio? Sono sposato da un anno. Devo ancora restituire i soldi che ho preso in prestito per costruire la casa. Mia moglie non sta bene. Con tutti questi problemi che mi disturbano la mente, come faccio a fare japa e a meditare?"

Madre: "Questo è vero. Ma a cosa serve preoccuparsi, figlio mio? Preoccuparti ti aiuterà forse a trovare i soldi per ripagare il prestito? Quindi, impegnati nel tuo lavoro. Non perdere tempo. Cerca di ripetere il mantra continuamente. Anche se a volte te ne dimentichi, ricomincia a recitarlo non appena ti ricordi.

"Se bagni un albero alle radici, l'acqua arriverà a tutti i rami e a tutte le foglie. Se invece bagni la parte superiore, non servirà a niente. Non si guadagna niente preoccupandosi. Abbandona semplicemente la tua mente a Dio; rifugiati in Lui, e nella vita non ti mancherà niente. Ti sarà dato tutto ciò di cui hai bisogno. In un modo o nell'altro i tuoi problemi si risolveranno, e tu troverai la pace. A chi prega Dio e medita sinceramente su di Lui, non mancherà mai l'essenziale. Questa è la promessa di Dio. Amma ne ha fatto l'esperienza personalmente. Se non potete fare di più, recitate ogni giorno il *Lalita Sahasranama* con amore e devozione. In questo modo, non vi mancherà niente. Figli miei cari, qualsiasi cosa possediate, non avrete pace mentale se non fate sadhana. Non importa quanto siate ricchi, se volete dormire sonni tranquilli dovete prendere rifugio in Dio. Potete anche dimenticarvi di mangiare, ma non dimenticatevi di pensare a Lui."

Completo abbandono a Dio: questa è l'essenza degli insegnamenti della Madre. Quali che siano i nostri fardelli, se li abbandoniamo a Lui, il loro peso non ci schiaccerà. È basandosi sulla propria esperienza che Amma ci assicura che Dio si prenderà cura di noi in tutti i sensi. Le Sue risposte a qualsiasi domanda di tipo materiale c'innalzano al livello della devozione e della spiritualità. Quando la Sua presenza piena di beatitudine si combina alla dolcezza delle Sue parole piene d'amore, questa diventa un'esperienza indimenticabile.

Quando la Madre si alzò, tutti i devoti s'inchinarono e si alzarono.

*Sabato 2 novembre 1985*

## La Madre ad Ernakulam

La Madre e il Suo gruppo erano a casa di un devoto, Gangadharan Vaidyar, vicino ad Ernakulam. Il mattino dopo si recarono ad Elur a casa di un altro devoto e, per la strada, fecero visita ad altre tre famiglie.

Tante persone si erano radunate nella casa di Elur per vedere la Madre: molte di loro La incontravano per la prima volta. C'erano genitori con figli ritardati, persone storpie e mutilate, gente che era da anni alla ricerca di un lavoro, aspiranti spirituali che avevano bisogno di istruzioni sul metodo della loro sadhana, e persone che desideravano condurre una vita di sannyasa all'ashram della Madre.

Un devoto si avvicinò con suo figlio, che sembrava avere circa dodici anni. S'inchinò alla Madre e, tirando suo figlio verso di Lei, disse: "Amma, questo ragazzino è un vero monello. Va nella migliore delle scuole, ma dimostra abilità soltanto nel combinare guai e non negli studi. È soltanto un bambino, ma è andato a chiedere ad una sua compagna di classe di sposarlo. La cosa peggiore è che ha picchiato il compagno che è andato a riferire questo fatto all'insegnante. Amma, ti prego, benedicilo e mettilo a posto tu."

Madre (abbracciando il ragazzino): "Cosa sono queste cose, figlio mio? Tuo padre sta dicendo la verità?" La Madre si mise il dito di fronte al naso, un gesto che in India significa 'vergogna'. Il ragazzino era molto imbarazzato e voleva sfuggire alla stretta della Madre, che però non lo lasciava andare. Amma lo prese in braccio, gli diede una mela e un bacio sulla guancia. Non poté parlare a lungo con il padre, poiché sarebbe rimasta in quella casa solo per poco, ma gli disse di venire da Lei più tardi. Lui s'inchinò di nuovo e se ne andò. La Madre doveva recarsi in un tempio dedicato a Krishna lì vicino, dove avrebbe condotto i bhajan, ed era già in ritardo. Nonostante ciò, non si alzò prima di aver dato il darshan a tutti.

Dopo i bhajan, la Madre dovette andare a far visita a diversi altri devoti. Quando ritornò a casa di Vaidyar ad Ernakulam era ormai molto tardi. Anche se aveva progettato di ritornare subito all'ashram, cedette alle insistenze dei devoti e decise di passare la notte lì.

Il devoto che quel mattino aveva portato il figlio da Amma, aspettava di poterLa rivedere, ma stava perdendo le speranze, visto che era ormai molto tardi. Improvvisamente un brahmachari gli fece segno che la Madre lo stava chiamando, quindi andò da Lei e s'inchinò.

Devoto: "Non speravo più di vedere Amma questa notte."

Madre: "Amma aveva in programma di partire questa sera, ma ha deciso di fermarsi, visto che tutti i figli hanno insistito. Alcuni figli la stanno aspettando ad Haripad. Li incontreremo domani, sulla via del ritorno. Quando Amma è venuta qui, ha sentito che tu sei molto infelice. Figlio, non devi preoccuparti del tuo ragazzo, tutte le sue birichinate scompariranno quando crescerà."

Devoto: "Ma Amma, i ragazzi d'oggi fanno cose che io non mi sarei nemmeno sognato quando ero giovane. Non riesco a capirne la ragione, per quanto mi sforzi."

## Il dharma dovrebbe incominciare da giovani

Madre: "Figlio, nei tempi antichi i bambini crescevano nei guru-kula, sotto la diretta supervisione di un guru. Vivevano con il guru e veniva insegnato loro come rispettare il guru, come comportarsi con i genitori e come vivere in questo mondo. Imparavano quale fosse l'essenza di Dio. Non soltanto apprendevano queste cose, ma le mettevano anche in pratica. Servizio al guru, tapas e studio delle Scritture erano le fondamenta della loro istruzione. È grazie a ciò che quell'epoca ha dato vita a persone come Harischandra. "Com'era il re Harischandra? Egli dimostrò che mantenere la parola era per lui più importante della sua ricchezza, della moglie e del figlio. Questi sono gli ideali che ci hanno lasciato gli antichi; era il risultato dell'educazione ricevuta. Quando i ragazzi, dopo aver completato la loro istruzione, lasciavano il gurukula ed entravano nella fase del *grihasthashrama*[18], i genitori affidavano loro tutte le responsabilità della gestione della casa ed entravano nella fase del *vanaprastha* (eremiti nella foresta). Persino i re indossavano soltanto un pezzo di stoffa e andavano nella foresta a compiere tapas, senza alcun ornamento regale. Vivevano tenendo a mente l'obiettivo del sannyasa. A quei tempi, la maggior parte delle persone aveva il desiderio di rinunciare a tutto, in un modo o nell'altro, e di fare vita di sannyasa. Grazie a questa cultura, i bambini avevano le loro radici nel dharma, ed erano pieni di coraggio quando crescevano. Erano in grado di procedere senza vacillare di fronte alle circostanze della vita."

Devoto: "Amma, oggigiorno è proprio l'opposto. Giorno dopo giorno, la nostra cultura sta decadendo."

Madre: "Al giorno d'oggi, come possono svilupparsi nei bambini delle buone qualità? Ben pochi genitori osservano i precetti della fase della vita in cui si trovano. Come possono, quindi, instillare delle buone qualità nei loro figli? Ai vecchi tempi, le persone sposate facevano una vita da veri grihasthashrami. Trovavano il tempo di compiere tapas nonostante tutto il loro lavoro. Non vivevano solo per mangiare e bere; essi mangiavano per vivere. Davano dei buoni consigli ai figli, e fornivano loro stessi l'esempio, vivendo in conformità con i consigli che davano. Ma chi si comporta più così oggigiorno? Dove sono i gurukula? Persino alla scuola materna i bambini gridano slogan politici.

---

[18] Vita di famiglia, vissuta secondo i princìpi spirituali

A scuola c'è politica, e ci sono persino scioperi. Tutti, anche i bambini, sono pronti a distruggere i membri del partito opposto. Vengono allevati in modo molto distruttivo. "Il figlio, che dovrebbe curare e consolare il padre vecchio e malato, pretende invece la sua parte di eredità. Quando la proprietà viene divisa, se la parte di suo fratello ha qualche palma da cocco in più, tira fuori un coltello per pugnalare il padre. Il figlio è pronto ad uccidere suo padre per un po' di ricchezza in più!

"Ma cosa ci hanno fatto vedere Sri Rama e gli altri? Per onorare la parola di suo padre, Rama fu pronto a rinunciare al regno. Nemmeno Dasaratha, suo padre, venne meno alla sua parola, e mantenne la promessa che aveva fatto alla moglie Kaikeyi. Le aveva fatto quella promessa in cambio di un grande sacrificio della moglie. A quei tempi, la cosa che aveva fatto impressione su Dasaratha non era stata la bellezza della moglie o il suo amore, ma l'altruismo di cui lei aveva dato prova sul campo di battaglia, quando aveva rischiato la vita per salvare lui. Quindi egli in seguito non ritrattò la promessa per qualche motivo egoistico e Rama accettò senza condizioni la parola di suo padre.

"E Sita? Si lamentò forse quando Rama decise di andare nella foresta? Non gli disse certo: 'Non devi andare in esilio nella foresta, sei il legittimo erede al trono e devi impossessartene con qualsiasi mezzo.' Quando suo marito andò nella foresta, lei lo seguì in silenzio. Anche il fratello di Rama, Lakshmana, li accompagnò. Inoltre, cosa fece Bharata? Egli non disse: 'Se ne sono andati tutti; adesso posso regnare.' Si recò invece alla ricerca del fratello. Ottenne i sandali di Rama, li riportò indietro con sé e li mise sul trono ad indicare che lui stava regnando soltanto in vece di Rama. Nei tempi antichi era così. Questo è il modello che dovremmo emulare nelle nostre vite. Ma ormai chi presta attenzione a quei valori, e chi li mette più in pratica?

"Gli antichi ci hanno insegnato i giusti princìpi, ma noi non ci facciamo caso. Adesso vediamo i risultati di questa negligenza. Che tipo di cultura hanno i bambini d'oggi? Dappertutto ci sono solo la TV e il cinema, che trattano soltanto di storie d'amore, sesso, matrimonio e violenza. Le riviste e i libri parlano quasi esclusivamente di argomenti mondani. I bambini guardano e leggono queste cose; questa è la cultura che i nostri giovani stanno assorbendo. Ciò servirà soltanto a creare individui come Kamsa; in futuro vedremo raramente persone come Harischandra.

"Se vogliamo cambiare questo stato di cose, dobbiamo prestare particolare attenzione ai nostri figli e stare attenti a ciò che diamo loro da leggere. Dovremmo dar loro soltanto cose che li aiutino negli studi o che trattino di argomenti spirituali e stimolarli a leggere tali cose. La cultura basata sui princìpi spirituali resterà in loro anche quando saranno cresciuti. E anche quando faranno qualcosa di sbagliato, dentro di loro se ne renderanno conto, e si pentiranno delle loro azioni. Ciò li farà cambiare.

"Molti ragazzini guardano i film e la TV e sognano una vita matrimoniale come quella descritta nei film. Quante persone possono vivere la vita felice e lussuosa di quelle storie? Quando crescono e si sposano, e scoprono di non poter fare quel tipo di vita, si sentono delusi, e questo crea una distanza tra marito e moglie. Una volta, una donna è venuta a trovare Amma. Si era sposata giovane ed era già divorziata. Quando Amma le chiese la ragione, lei raccontò la sua storia. Aveva visto un film che raccontava di una coppia molto ricca, che possedeva una casa grande, una macchina, e vestiti di lusso. Nel film, ogni sera andavano in auto fino alla spiaggia, e non c'era mai un momento che non fosse colmo di felicità. Dopo aver visto questo film, la ragazza aveva incominciato a sognare una vita così.

"Poco tempo dopo si era sposata, ma suo marito aveva soltanto un lavoro mal retribuito. Non c'erano abbastanza soldi e lui non si poteva permettere lo stile di vita che sua moglie desiderava. Lei voleva una macchina, sempre più sari, andare ogni giorno al cinema e via dicendo. Era sempre delusa. Che cosa poteva fare il povero marito? Alla fine, incominciarono a litigare e persino a picchiarsi. Erano entrambi infelici. Quindi divorziarono, e ciò causò loro ancora più disperazione. Si rammaricavano di tutto quello che era successo, ma ormai cosa potevano fare?

"Pensate ai tempi antichi. Allora, il marito e la moglie erano disposti a morire l'uno per l'altra. Si amavano davvero. Anche se erano due persone distinte, nel cuore erano una cosa sola. Figli, l'amore e l'altruismo sono le ali della vita matrimoniale; vi aiutano a sollevarvi in alto, nel cielo della gioia e della soddisfazione."

La Madre osserva con attenzione anche quelle cose che agli altri possono sembrare insignificanti; ignora le proprie comodità e dà ai Suoi figli la massima attenzione, suggerendo soluzioni ai loro problemi.

Il devoto, che aveva ascoltato attentamente le parole della Madre, disse: "Quando torno a casa, voglio mettere in pratica tutto quello che hai detto. Amma, dammi la tua benedizione!"

Madre: "Figlio, nessuna parola o azione, fatta o detta con shraddha, andrà mai sprecata. Se non oggi, ne trarrai beneficio domani.

"Amma getta i semi e poi procede. Alcuni semi germoglieranno domani, altri il giorno dopo. Alcuni magari germoglieranno solo dopo anni. Anche se non c'è nessuno che ci ascolta, Madre Natura tiene una copia di ogni nostra preghiera sincera. Datevi da fare, figli miei, Amma è con voi!"

*Domenica 3 novembre 1985*

## Bambini ritardati – di chi è il karma
## che causa la loro disabilità?

La Madre e i brahmachari partirono da casa di Gangadharan Vaidyar alle sei e mezza del mattino. Durante il viaggio, i brahmachari incominciarono a parlare dei bambini ritardati che erano venuti a trovare la Madre il giorno prima.

"La condizione di quei bambini è deplorevole. Il loro corpo cresce, ma la mente non si sviluppa per niente. Che vita!"

"La situazione dei genitori è ancora più triste. Non hanno alcuna libertà nella vita. Possono lasciare i bambini e andare da qualche parte senza preoccuparsi?"

"Di chi è questo prarabdha, del bambino o dei genitori?"

Alla fine decisero di chiedere alla Madre. Amma aveva ascoltato attentamente la conversazione.

Madre: "Quei bambini vivono, più o meno, come in un sogno. Non sono consapevoli della sofferenza che noi vediamo in loro. Se ne fossero coscienti, si compatirebbero, pensando: 'Ahimè, perché sono al mondo in queste condizioni?' Ma loro non hanno questa consapevolezza. Sono le famiglie a soffrire, sono loro che devono affrontare le difficoltà. Quindi dobbiamo dedurre che questo è principalmente il prarabdha dei genitori."

Brahmachari: "Poveri genitori! Che speranze o aspettative possono avere da questa vita? Cosa possiamo fare per loro?"

### Consigli ai brahmachari

Madre: "Figli, questa compassione che provate darà loro pace ed aprirà anche il vostro cuore. Dobbiamo provare empatia per chi soffre. Più il pozzo è profondo, più acqua può contenere. Soltanto la compassione farà sgorgare la sorgente perenne del Paramatman. Il Principio Supremo si risveglia in noi grazie alla compassione. "Perfino quando si siedono in meditazione, alcune persone pensano a come vendicarsi di qualcosa. Figli, non si può costruire una casa semplicemente mettendo i mattoni l'uno sull'altro. Per tenere insieme i mattoni serve il cemento; quel cemento è l'amore. Non si può placcare d'argento un contenitore sporco; bisogna prima strofinarlo fino a farlo diventare pulito. Allo stesso modo, soltanto quando la mente è pura, la devozione può mettervi radici, in modo da poter gioire della presenza di Dio. Pensate a Kuchela. I suoi figli stavano morendo di fame e lui uscì a mendicare del cibo. Mentre tornava a casa, vide qualcun altro che chiedeva l'elemosina e piangeva perché la sua famiglia stava morendo di fame. Kuchela gli diede il cibo che aveva ricevuto.

"Conoscete la storia del saggio Durvasas e del re Ambarisha? Il saggio si recò da Ambarisha per cercare di fargli rompere un voto che aveva fatto. Se ci fosse riuscito, avrebbe lanciato una maledizione sul re. Ma Ambarisha era un devoto sincero; anche se Durvasas si arrabbiò moltissimo con lui, Ambarisha non reagì e continuò a comportarsi come un servo nei confronti del saggio. Era consapevole dei propri poteri, ma non si oppose al saggio. A mani giunte pregò Durvasas: 'Ti prego, perdonami se ho commesso qualche errore. Stavo solo cercando di mantenere il mio voto. Perdona la mia ignoranza.' Ma Durvasas non solo non lo perdonò, ma decise di ucciderlo; prima che però ciò potesse succedere, il *sudarshana chakra* (l'arma divina) del Signore Vishnu andò in soccorso ad Ambarisha.

"Terrorizzato dal sudarshana, Durvasas corse dagli dèi in cerca di aiuto. Quando il saggio se ne fu andato, Ambarisha, da parte sua, non pensò: 'Oh, bene, se n'è andato; adesso posso mangiare qualcosa in pace.' Non essendo riuscito a trovare aiuto presso i deva, Durvasas non ebbe altra scelta se non di rifugiarsi presso lo stesso Ambarisha. Persino quando il saggio andò ad implorare il suo perdono, il re volle lavargli i piedi e berne l'acqua. Dio è sempre al fianco di persone così e soccorre chi ha un'umiltà simile. Le persone che pensano: 'Voglio essere felice, voglio essere ricco, voglio la liberazione!', non troveranno Dio al loro fianco."

La Madre smise di parlare e rimase seduta in silenzio, guardano fuori dal finestrino del furgone. Stavano oltrepassando ad una certa velocità alberi e case. Un camion li superò, suonando il clacson. Tutti gli occhi erano fissi sulla Madre. Un brahmachari ruppe il silenzio e disse: "Amma!"

"Sì, che cosa vuoi?" rispose la Madre in modo distaccato.

Il brahmachari abbassò il tono della voce e disse: "Mi dispiace di aver fatto arrabbiare Amma l'altro giorno."

Madre: "È tutto passato. Perché ti preoccupi di questo, adesso? Amma se ne è dimenticata subito. Non è stato forse per amore verso di te che quel giorno Amma ti ha parlato con severità, figlio?"

Lui incominciò a piangere. La Madre gli asciugò le lacrime con l'orlo del sari e disse: "Non preoccuparti, mio caro."

L'altro giorno, la Madre gli aveva chiesto di pulire la veranda del kalari prima di partire ma, nella fretta di viaggiare con Lei, lui se n'era dimenticato. Mentre stava per partire, la Madre si era accorta che la veranda era ancora sporca; aveva chiamato il brahmachari e l'aveva sgridato severamente. Si era poi messa Lei stessa a pulire la veranda. Vedendo ciò, altre persone erano venute ad aiutarLa, mentre il brahmachari se ne stava lì vicino a testa bassa per la vergogna. La Madre aveva lasciato l'ashram solo dopo aver pulito tutta l'area.

La Madre continuò: "Quando Amma vi dice qualcosa in tono severo, non è perché è veramente arrabbiata; è soltanto per evitare che voi diventiate egocentrici. Amma vorrebbe fare Lei stessa tutti i lavori. Finché è in salute, Amma vorrebbe fare tutto Lei, ma spesso la sua mente è al di là di questo piano di coscienza, e allora tende a dimenticare. È soltanto per questo che Amma vi chiede di fare attenzione a determinate cose. Amma vorrebbe lavarsi i vestiti, ma quando cerca di farlo, Gayatri non glielo permette. Amma non vuole dare fastidio a nessuno. "Ad Amma piace servire gli altri, non essere servita. Lei non ha bisogno di nessun servizio. Nonostante ciò, a volte deve accettarlo, per far felici le persone. Anche in quel caso, Amma pensa soltanto al vostro bene.

"Figli, voi siete più fortunati della maggior parte delle persone. Non dovete preoccuparvi di niente. C'è qui Amma a prendersi cura di tutti i vostri problemi. Lei è qui per ascoltare le vostre sofferenze e per consolarvi. C'è un detto che afferma che bisognerebbe uscire nel mondo solo dopo aver raggiunto la realizzazione, ma ciò non vale per chi ha trovato un satguru. Un discepolo che viene inviato nel mondo dal suo satguru non ha niente da temere. Il guru è lì a proteggerlo."

Un brahmachari che aveva ascoltato tutto, chiese: "Amma, hai detto spesso che una persona può fare l'esperienza del Sé in soli tre anni. Che tipo di sadhana raccomandi per questo?"

### Essere pronti per la realizzazione

Madre: "Chi ha un intenso desiderio per Dio non ha bisogno di tre anni. In verità, non ha bisogno nemmeno del tempo che ci vuole per bucare una foglia di loto con un ago. Ma il suo desiderio deve essere incredibilmente intenso. Ad ogni respiro deve piangere per Dio, gridando: 'Dove sei?' Deve raggiungere lo stadio in cui non può più vivere senza aver realizzato Dio.

"Alcune persone non ottengono nessun risultato nemmeno dopo aver praticato tapas per cinquanta o sessant'anni. Se voi seguite quello che vi dice Amma, potete senz'altro raggiungere la meta in tre anni. Ma avete bisogno di shraddha. Dovete avere vera lakshya bodha e vera dedizione. Amma sta parlando di persone così. Se prendete un autobus normale, non potete sapere con precisione a che ora arriverà a destinazione, perché si fermerà in un sacco di posti. Ma se prendete un autobus espresso, saprete con esattezza a che ora arriverà, perché non si ferma sovente lungo la strada. Non possiamo essere sicuri di quelle persone il cui distacco dura soltanto un paio di giorni.

"Figlio, quando il pensiero di essere nati muore, è quella la realizzazione del Sé. Quando si diventa consapevoli di essere pura Esistenza, senza nascita, crescita e morte, è quella la realizzazione. Non è qualcosa che si riceve dall'esterno. Bisogna avere la mente sotto controllo – ecco cosa serve.

"Sai com'era la vita di Amma? Quando spazzava il cortile di fronte a casa, non lasciava nemmeno le orme. Se le sue impronte erano ancora lì, le spazzava via. Perché voleva che, quando fosse stato tutto pulito, si formassero per prime le orme di Dio! Amma aveva la convinzione che Dio camminasse lì. Se le accadeva di fare anche solo un respiro senza pensare a Dio, si tappava il naso per non respirare, si ricordava di Dio e solo allora ricominciava a respirare. Mentre camminava, faceva ogni passo solo dopo essersi ricordata di Dio. Se una volta se ne dimenticava, faceva un passo indietro, pensava a Dio e poi ricominciava a camminare.

"Conoscete la storia dell'uomo che andò in cerca del leone di Tambran? Dobbiamo avere un'intensità di quel tipo. Dovremmo essere costantemente alla Sua ricerca: 'Dove sei? Dove sei?' Grazie all'intensità della nostra ricerca, la temperatura si alzerà dappertutto, cosicché Dio non potrà più starsene seduto tranquillo; dovrà apparire di fronte a noi.

"Prima di incominciare a meditare, Amma decideva per quante ore sarebbe rimasta seduta, e non si alzava mai prima dello scadere del tempo. Se non era in grado di star seduta così a lungo, si arrabbiava con Madre Natura, urlando a squarciagola, ed era pronta a picchiarla. La notte, non dormiva per niente. Se le veniva sonno, si metteva a sedere e piangeva. Ma di solito non aveva mai sonno. Quando arrivava l'ora di andare a dormire, Amma s'intristiva pensando che un altro giorno era andato sprecato. Amma non riesce a sopportare nemmeno il ricordo di quei momenti. È stato davvero un periodo difficile."

Brahmachari: "Se una persona normale non dorme, questo non disturba la sua meditazione?"

Madre: "Una persona che desidera ardentemente la conoscenza di Dio non smette di pensare a Lui nemmeno per un istante. Non avrà sonno, e non si sdraierà nemmeno. E anche se si sdraia, la sua angoscia lo manterrà sveglio. Amma sta parlando di persone così. Per chi ha distacco e desiderio di conoscere Dio, le tapas sono la sua forma di riposo. Non c'è riposo superiore alle tapas. Persone così in realtà non hanno bisogno di dormire. Dobbiamo aspirare a raggiungere quello stadio."

Brahmachari: "La *Gita* non dice forse che chi dorme troppo e chi non dorme affatto non arriveranno allo *yoga* (unione con il Divino)?"

Madre: "Amma non dice che dovreste rinunciare completamente al sonno. Dovreste dormire abbastanza, ma solo abbastanza. Un sadhak non sarà in grado di dormire quando pensa alla meta. Non si sdraierà per dormire, ma continuerà a fare japa e si addormenterà senza accorgersene. Gli studenti che vogliono superare un esame non hanno voglia di dormire. Restano alzati tutta la notte a studiare. Studiare diventa per loro una seconda natura. Un tale comportamento è una cosa naturale per un sadhak.

"I figli cha amano davvero Amma dovrebbero assorbire i princìpi che Lei insegna. Bisognerebbe essere disposti a sacrificare qualsiasi cosa per vivere secondo questi princìpi. Soltanto questi figli amano davvero Amma. Il loro obiettivo dovrebbe essere di aderire fedelmente a questi princìpi, anche se ciò significa affrontare la morte. Invece, chi pronuncia soltanto le parole: 'Amma, ti voglio bene', non la ama davvero.

Un re ha due servi. Uno di loro gironzola sempre attorno al re, senza assolvere nessuno dei suoi doveri. L'altro passa ogni ora della giornata a svolgere i compiti che il re gli ha assegnato; lavora duramente senza pensare a mangiare o a dormire. Chi è il migliore dei due? Quale dei due il re apprezza di più?"

## La vera natura di Amma

La Madre seguitò a parlare, continuando a spiegare la propria natura: "Il fiume scorre spontaneamente. Purifica tutto ciò che si unisce a lui e non ha bisogno dell'acqua di uno stagno. Voi non dovete amare Amma per far piacere a Lei. Amma ama ognuno di voi. Però, per il vostro bene, non sempre vi dimostra il suo amore. Esteriormente, Amma non dimostra nessun amore per Gayatri, ma quando Gayatri non è presente, gli occhi di Amma si riempiono di lacrime anche solo pensando a lei, alle sue sofferenze e al suo duro lavoro. Ciò che Amma ama sono la mente e le azioni di questa sua figlia. Questo amore è naturale e spontaneo, Amma non lo crea coscientemente, ma non lo rivela nemmeno per un secondo. Critica tutto quello che Gayatri fa o tocca. La maggior parte delle volte non la chiama nemmeno 'mol' (figlia).

"Spesso Amma pensa: 'Sono davvero così crudele che non posso mostrare nessuna compassione per Gayatri? La faccio sempre soffrire.' Anche se la sera Amma decide che il giorno dopo dimostrerà il proprio amore a Gayatri, poi finisce comunque per sgridarla, per una cosa o per l'altra. Sveglia Gayatri e la fa alzare. La fa uscire dalla stanza e la chiude fuori. L'ha punita in molti modi simili, ma tutto questo non perché Amma non le voglia bene. L'amore di Amma per lei è completo. Amma mira alla sua mente. Ma Gayatri non ha mai vacillato. Questo è vero *prema* (amore)."

## Regole per servire il mondo

Un brahmachari a questo punto fece una domanda: "Amma, spesso dici che un sadhak non dovrebbe aver nessun rapporto stretto con persone che vivono nel mondo, e che non dovrebbe usare i loro vestiti ed altri oggetti personali, o entrare nella loro camera da letto. Ma allora come fa a servire il prossimo?"

Madre: "Servire non reca alcun danno, ma non bisogna mai perdere la propria shraddha. È vero che tutto è il Sé, che tutto è Dio e che Dio è in ognuno e in ogni cosa – ma bisogna agire con discriminazione a seconda delle circostanze. Quando un sadhak si reca a far visita a qualcuno, deve evitare di entrare nella camera da letto. Se andate in un luogo in cui si commercia in carbone, anche se non toccate niente un po' di fuliggine si attaccherà comunque a voi. Si dice che se si va a Kurukshetra, si possono ancora sentire i suoni della battaglia che vi ebbe luogo nell'antichità. Nelle camere usate da persone mondane, sono presenti le vibrazioni dei loro pensieri. Se passate del tempo in queste stanze, le vibrazioni penetreranno nel vostro subconscio e, prima o poi, ne soffrirete gli effetti negativi. Quindi, se fate visita ad una casa, restate nella stanza della puja il più possibile e parlate lì con i membri della famiglia.

"Nella vostra conversazione, evitate argomenti materiali. È meglio parlare solo di cose che siano spiritualmente utili. Una conversazione su argomenti inutili è come un vortice: trascinerà giù la vostra mente senza che ve ne accorgiate. I vestiti che gli altri indossano contengono le vibrazioni dei loro pensieri; quindi i sadhak non dovrebbero indossare i vestiti delle persone che vivono nel mondo. Non va bene nemmeno usare il loro sapone; se date il vostro sapone a qualcuno, non chiedetelo più indietro. Dovunque andiate portatevi dietro i vestiti necessari e la vostra asana.

"I sadhak non devono mantenere legami stretti con nessuno, specialmente con persone sposate; ma il nostro comportamento non deve mai far soffrire nessuno. Se essi insistono su qualcosa, spiegate le vostre ragioni in poche parole, con un sorriso. Dopo aver raggiunto una certa fase nella sadhana, queste cose non avranno più un grande effetto sull'aspirante. Egli non ne verrà toccato, proprio come una foglia di loto quando l'acqua vi cade sopra. Ma anche allora, bisognerà continuare ad essere vigili."

Dopo aver fatto visita ad alcuni devoti e al Suo ashram di Ernakulam, la Madre arrivò ad Haripad verso mezzogiorno. Il prof. N.M.C.Warrier e la sua famiglia avevano aspettato Amma tutta la notte, senza nemmeno andare a dormire, perché la Madre aveva detto che sarebbe arrivata la sera prima. Poiché avevano deciso di non mangiare finché non fosse arrivata la Madre, avevano digiunato tutti. In questo modo la Madre aveva dato loro l'occasione di fare una buona meditazione. Che cosa non farebbe Dio per tenere saldamente legata a Sé la mente dei devoti! Per dare il benvenuto alla Madre, il figlio del professore aveva disegnato alcuni *kalam* – disegni tradizionali sul pavimento fatti con farina di riso e polvere di curcuma – e vi aveva acceso una lampada ad olio al centro. La Madre guardò attentamente il disegno e disse: "Qui c'è un piccolo errore. Non bisognerebbe fare errori quando si disegna un kalam. Si dice che se si fa un errore, ci saranno dei problemi in famiglia. Dovremmo disegnare queste cose con un determinato sankalpa. Figlio, devi prima esercitarti sulla sabbia. Prendi bene le misure e assicurati che sia corretto. Dovresti disegnare un kalam soltanto dopo esserti esercitato abbastanza. Ma quello che hai fatto va bene, perché l'hai fatto con un cuore puro pieno di amore e devozione per Amma. La prossima volta, però, fa' attenzione."

La Madre visitò altre cinque famiglie ad Haripad. Quando va a casa di qualcuno, anche i vicini la invitano da loro. Per quanto sia stanca, e nonostante le pressioni che le fanno affinché si riposi, Amma va sempre in tutte le case. Nella beatitudine che i devoti provano nell'avere la propria casa santificata dalla polvere dei Suoi santi piedi, essi tendono a dimenticarsi delle difficoltà della Madre.

Quando la Madre arrivò all'ashram, scoprì che molti devoti la stavano aspettando fin dal mattino. Anche se fisicamente era molto stanca, Amma proseguì regolarmente con il bhava darshan.

## Lunedì 4 novembre 1985

Alle tre del pomeriggio, la Madre era nella stanza di Br. Srikumar, seduta sul letto accanto a lui. Srikumar aveva la febbre alta da due giorni. Un brahmachari portò un recipiente con dell'acqua calda, in modo che Srikumar potesse fare un bagno di vapore. Il recipiente era ben coperto da una foglia di banano che era stata legata per chiudere l'apertura.

Madre: "Mettiti sul pavimento, figlio. Fai un bagno di vapore e ti sentirai meglio."

Fu distesa una stuoia sul pavimento, e la Madre aiutò Srikumar ad alzarsi dal letto. Gli tenne la mano e lo fece sedere sulla stuoia. Srikumar era avvolto da una coperta.

Madre: "Figlio, togli il coperchio al recipiente e fai un bagno di vapore finché non suderai per bene; in questo modo la febbre ti passerà."

Alcuni devoti che erano venuti per ricevere il darshan della Madre, sentendo che Lei era lì, entrarono nella capanna.

Madre: "Sri *mon* (mio figlio Sri) ha la febbre da due giorni. Amma ha pensato di fargli fare un bagno di vapore. Quando siete arrivati, figli miei?"

Una devota: "Da un po', ma abbiamo appena scoperto che Amma era qui."

La Madre tolse la coperta che avvolgeva Srikumar. Ormai aveva sudato abbastanza. Lo aiutò a tornare a letto e a sdraiarsi. La Madre si mise a parlare con i devoti e, dopo alcuni preliminari, la conversazione si spostò verso argomenti più seri.

## Vedanta – il vero e il falso

Un devoto: "Amma, l'altro giorno è venuto a trovarmi un amico. È innamorato della moglie di un suo amico. Mentre mi raccontava questo fatto, ha detto: 'Kabirdas cedette sua moglie quando qualcuno gliela chiese, non è vero? Quindi che cosa c'è di sbagliato in questo?'"

Madre: "Ma Kabirdas cedette con gioia la moglie a chi gliela chiese. Non tradì il suo amico rubandogli la moglie. Questa persona, che parla di Vedanta, dovrebbe andare dall'amico a chiedergli se è pronto a cedere la moglie. Se glielo chiede, magari avrà vita breve." La Madre rise.

"Kabir era un uomo giusto. Per lui, il dharma era più importante della moglie o di se stesso, quindi non esitò. Era sua abitudine concedere tutto ciò che gli veniva chiesto, e non deviò dal suo dharma nemmeno quando qualcuno gli chiese la moglie. Ma anche una moglie ha il proprio dharma. Una moglie davvero devota al marito non guarderà nemmeno un altro uomo. Ravana rapì Sita e cercò di tentarla in moltissimi modi, ma lei non vacillò mai. Sita pensava soltanto a Rama. Decise che non avrebbe mai ceduto a nessun altro uomo, anche se questo avesse voluto dire morire. Questo è il dharma di una moglie.

"Ciò che vediamo in Kabir è il segno di un uomo liberato. Egli aveva abbandonato tutte le nozioni di 'io' e 'mio'. 'Ogni cosa è il Sé, o Dio': è questa l'attitudine che dovrebbe avere una persona spirituale. Bisognerebbe vedere Dio in ogni cosa, oppure considerare tutto come il proprio Sé. Dal primo punto di vista, ogni cosa è Dio e quindi non ci può essere rabbia o odio verso nessuno, ma soltanto venerazione. Secondo l'altra prospettiva, niente è distinto dal nostro Sé e quindi non esiste l'altro'. Togli il confine tra due campi, e rimane un campo solo. In questo modo, vediamo noi stessi in ogni cosa. Proprio come la mano destra va a fasciare la ferita della mano sinistra, vediamo il dolore di un altro come il nostro, e veniamo in suo aiuto."

Un brahmachari, che stava andando ad Ernakulam per alcuni giorni a fare acquisti, prese un ombrello da una delle capanne. Poiché non aveva il manico e la stoffa era sbiadita, lo rimise dove l'aveva preso. Appeso dietro alla porta c'era un ombrello nuovo, e il brahmachari prese quello. S'inchinò alla Madre e uscì dalla capanna, pronto per partire.

La Madre lo richiamò. Gli tolse dalle mani l'ombrello nuovo e gli chiese di prendere quello vecchio. Il brahmachari lo fece senza esitazione e se ne andò. Tutti osservavano perplessi la scena. Quando qualcuno Le chiese spiegazioni, la Madre disse: "Non voleva l'ombrello vecchio, ma quello nuovo. La mente di un brahmachari non dovrebbe essere schiava delle apparenze. È per eliminare l'attaccamento ai lussi che vivete all'ashram."

Ma qualche attimo dopo, la Madre disse a qualcuno di richiamare il brahmachari. Si riprese l'ombrello vecchio e gli diede quello nuovo. Lui s'inchinò di nuovo e si alzò.

Madre: "Figlio, un aspirante spirituale non dovrebbe andare alla ricerca della bellezza esteriore, che è temporanea e sarà la sua rovina. Egli dovrebbe rivolgere lo sguardo verso la bellezza interiore, che è eterna. Questo lo farà crescere. Potrà progredire soltanto se rifiuta completamente le trappole esteriori. Amma ti restituisce l'ombrello nuovo perché vede in te l'attitudine di abbandono che ti fa accettare il bello e il brutto allo stesso modo. Hai scelto l'ombrello più bello per avere l'approvazione degli altri, vero? Non essere attratto dalle lodi degli altri. Se aspetti il certificato di approvazione degli altri, non riceverai il certificato di Dio. Ciò di cui abbiamo davvero bisogno è l'approvazione di Dio. Per ottenerla, è necessario ritrarre la mente dagli oggetti esterni e dirigerla all'interno. Bisogna cercare e scoprire ciò che giace all'interno.

"Amma fa attenzione ad ogni dettaglio della vita dei suoi figli. Osserva persino cose insignificanti. Chi se non Amma può correggere anche i più piccoli errori? La vostra attenzione non deve essere diretta verso la bellezza esteriore. La vostra mente deve essere focalizzata su Dio."

Se c'è Amma a prendersi cura perfino degli aspetti apparentemente meno importanti nella vita dei Suoi figli, perché loro si dovrebbero preoccupare delle cose esteriori? Questa è l'attitudine della Madre.

## Il Bhakti Bhava di Amma

Madre: "Dopo questi due o tre giorni di viaggio Amma ha perso completamente la voce,. Non c'è stato riposo. Adesso ha difficoltà a cantare i bhajan. Amma non ha mai avuto disturbi tanto forti in tutti questi anni. A che cosa serve la lingua, se non si possono cantare i bhajan?"

Brahmachari: "Hai preso su di te il prarabdha di quelli che sono venuti ad incontrarti ad Elur, Amma. Ecco perché adesso stai male. Ad Elur sono venute molte persone malate, e quando sono andate via non erano più le stesse. Se ne sono andate sorridendo."

Madre: "Se il mio dolore è il risultato del loro prarabdha, se adesso sto soffrendo quello che erano destinati a soffrire loro, allora non sono infelice. Dopotutto, qualcun altro è guarito. Ma anche in questo caso, non riesco a passare un giorno senza pronunciare il nome di Dio."

La Madre improvvisamente scoppiò a piangere. Le lacrime le rotolavano giù per le guance. Era la perfetta immagine di una devota che si lamenta con il cuore infranto della propria incapacità di cantare il nome di Dio. L'atmosfera circostante, impregnata della sfumatura color porpora del tramonto, sembrava rispecchiare il Suo stato d'animo afflitto. La devozione suprema della Madre faceva risaltare la luminosità del Suo viso. I Suoi singhiozzi a poco a poco si calmarono. La Madre scivolò in uno stato di samadhi, che durò per un'ora.

Tutti i presenti ricevettero dalla Madre una lezione sul modo di invocare Dio e di piangere per Lui. Dopo esser uscita dallo stato di samadhi, la Madre si recò nel kalari e si unì ai bhajan.

Il canto successivo fu 'Kannante Kalocha…'

*Ho sentito i passi di Kanna*
*In una notte illuminata da una luna d'argento.*
*Ho sentito le note del suo flauto,*
*E la mia mente si è immersa*
*In un sogno dorato!*

*Oh, fragranza d'inverno,*
*Che sbocci nel biancore*
*Della luna d'argento!*
*La mia mente danza in beatitudine*
*In quel sorriso dolce come il miele!*

*Oh, Kanna,*
*Ho innumerevoli storie da raccontarti.*
*Kanna, ti prego, non andare!*
*Per favore, resta a fare un bagno*
*Nel lago pieno di beatitudine della mia mente!*

Quando la Madre ritornò nella Sua stanza, un brahmachari La stava aspettando. Il ragazzo aveva gli occhi gonfi e la sua faccia era diversa dal solito.

Madre: "Che cosa ti è successo, figlio mio?"

Brahmachari: "È incominciato questa mattina. La mia faccia si sta gonfiando."

Madre: "Non c'è niente da temere. C'è del gonfiore perché ti è entrata della polvere negli occhi."

La Madre chiese ad una brahmacharini di andare a prendere dell'acqua di rose e, quando questa arrivò, la Madre disse al brahmachari di sdraiarsi per terra. Gli diede il Suo cuscino perché vi appoggiasse la testa, ma lui era riluttante a mettervi la testa sopra.

Madre: "Il vero rispetto per Amma non è trattenersi dall'usare queste cose perché appartengono a Lei. Amma non la vede in questo modo. Il segno di rispetto verso Amma sta nella tua obbedienza a Lei."

La Madre appoggiò la testa del riluttante brahmachari sul cuscino, gli versò un po' d'acqua di rose negli occhi e gli disse di restare sdraiato ancora un po'.

## Venerdì 8 novembre 1985

# Brahma Muhurta

La stella del mattino si era levata. Mentre i brahmachari si alzavano, dalle loro capanne filtrava la luce, attraverso le fessure nelle pareti fatte di foglie intrecciate. La Madre passò davanti ad ogni capanna, con una pila in mano, per assicurarsi che tutti i Suoi figli si fossero alzati. La maggior parte dei brahmachari aveva già fatto il bagno. Mantra vedici echeggiavano nell'aria.

In una delle capanne la luce era spenta, quindi la Madre diresse la luce della pila all'interno. Il brahmachari era profondamente addormentato. La Madre diede uno strattone ad un lembo del lenzuolo che lo copriva. Lui si girò dall'altra parte, tirò di nuovo il lenzuolo verso di sé e si ricoprì. La Madre si stava divertendo: tirò di nuovo il lenzuolo. Lui Le spostò la mano che teneva stretto il lenzuolo e si rannicchiò un'altra volta. La Madre uscì a prendere una tazza d'acqua e, avvicinandosi di nuovo a Suo figlio, gliene spruzzò un po' in faccia.

Lui fece un balzo e si guardò attorno, irritato da questa interruzione nel suo sonno mattutino. Si trovò di fronte due occhi penetranti. Anche in quello stato di dormiveglia, riconobbe immediatamente quella forma vestita di bianco. Si alzò tremando. Quando la Madre vide che si era alzato, il Suo sorriso svanì. Adesso indossava una maschera seria.

Madre: "Durante l'archana, qui sono presenti tutte le divinità. Te ne stai sdraiato per ricevere la loro maledizione? Se non sei nemmeno in grado di alzarti la mattina, perché vieni a vivere all'ashram? Perché non ti cerchi una ragazza e vivi felice? Quando i tuoi bambini piangeranno giorno e notte perché vogliono qualcosa, dovrai cantare per loro, e farli addormentare sulla tua spalla. Soltanto in questo modo le persone come te possono imparare."

Amma non era ancora pronta ad interrompere la sfuriata. "Quanti giorni sono che non vai all'archana?"

Il brahmachari, esitando, rispose: "Due giorni." Non riusciva a sollevare la testa e a guardare la Madre.

"Dovresti vergognarti di quello che hai detto. Persino Achamma, che ha oltre settant'anni, si alza alle quattro e mezza."

I brahmachari, che ormai stavano tornando dall'archana, riuscirono a cogliere la Madre nell'aspetto di Kali e s'inchinarono davanti a Lei. Quando la Madre uscì dalla capanna, il Suo umore cambiò completamente. Il Suo volto era amabile e sorridente. Si sedette con i Suoi figli vicino alla capanna del darshan. Dov'era l'umore feroce di qualche attimo prima? In un istante, il Suo volto di loto era sbocciato in un sorriso di tenero amore.

Madre: "Gli ho chiesto perché vive qui se non sa obbedire alle regole dell'ashram e fare la sua sadhana. Questo deve averlo ferito. Amma soffre quando vi sgrida, figli, ma sono i rimproveri di Amma, più del suo amore, che rimuovono le vostre impurità. Se Amma vi dimostrasse soltanto amore, voi non vi guardereste dentro. I rimproveri di Amma non sono altro che il suo amore per voi, la sua compassione. È questo il vero amore, figli miei. Voi magari vi turbate quando Amma vi sgrida, ma Amma lo fa per indebolire le vostre vasana, e per risvegliare il vostro vero Sé. Non si possono eliminare le vasana senza un po' di dolore.

"Lo scultore colpisce la pietra con lo scalpello, non perché sia arrabbiato con la pietra, ma per portare alla luce la vera forma che vi è nascosta dentro. Il fabbro riscalda il metallo e poi lo batte per dargli la forma desiderata. In modo simile, per curare un ascesso infetto, bisogna premerlo e farne uscire il pus. A volte, il dottore riterrà necessario incidere la ferita, e chi osserva potrà pensare che il dottore sia crudele. Ma se, per tenerezza nei confronti del paziente, il dottore si limita a medicargli la ferita senza aprire l'ascesso, la ferita non guarirà. Allo stesso modo, i rimproveri e le punizioni del guru possono far soffrire il discepolo, ma lo scopo è soltanto quello di eliminare le vasana del discepolo.

"Figli, se una mucca sta mangiando un giovane alberello di cocco, non serve a niente dirle in modo gentile: 'Non mangiarlo, mia cara.' Ma se le si urla: 'Ehi, vattene via!', la mucca smetterà di mangiare la pianticella e se ne andrà. Le parole di Amma devono operare in voi la trasformazione desiderata. Ecco perché Amma assume questo umore così serio."

Per i residenti dell'ashram, chi c'è se non la Madre ad amarli e a rimproverarli, o addirittura a prendere un bastone e a farglielo assaggiare, se necessario?

La Madre rimase in silenzio per un po' e poi continuò: "Figli, se questo vi sconvolge, Amma non vi rimprovererà più. Ad Amma piace vedervi felici. Lei non vuole farvi soffrire."

Sentendo queste parole, i cuori dei brahmachari si agitarono. Ogni volta che Amma li rimproverava, il loro amore diventava più profondo, e il loro legame con Lei si rafforzava soltanto.

La Madre si alzò e si diresse verso la sala da pranzo. Continuò a parlare con i brahmachari che la seguivano come delle ombre.

Madre: "Amma non vi parla con questo tono serio per farvi soffrire. Lo fa perché voi osserviate quanto è forte il vostro legame con Lei. Soltanto chi è disposto a rimanere, anche a costo di essere addirittura picchiato e ucciso, progredirà. Un brahmachari deve portare sulle spalle il mondo intero, e quindi non si deve scoraggiare per così poco. Amma darà davvero una scrollata ai suoi figli. Coloro che desiderano soltanto la realizzazione del Sé rimarranno, gli altri se ne andranno."

## Amma racconta storie del passato

Nel kalari stavano avendo luogo i bhajan serali.

Erano diversi giorni che Ottur sperava di poter passare un po' di tempo con la Madre. Adesso, a passi lenti egli si diresse verso la stanza di Amma e fu molto felice quando La vide. Lei gli prese la mano e lo fece sedere accanto a Sé. Ottur s'inchinò e Le mise la testa in grembo, rimanendo in quella posizione come un bambino piccolo. La Madre gli accarezzava con affetto la schiena. Nella stanza c'erano anche il nipote di Ottur, Narayanan, ed un altro brahmachari.

Sollevando la testa dal grembo della Madre, Ottur disse: "I brahmachari vengono da me e mi raccontano storie dei vecchi tempi. Il mio rimpianto è di non esser stato abbastanza fortunato da vedere quelle cose con i miei occhi. Amma, mi basterebbe poterti ascoltare mentre racconti quelle storie. Mi hanno detto che la Tua famiglia ti legava e ti picchiava. Quando ho sentito ciò, mi è venuto in mente il piccolo Ambadi Kanna (Krishna). Perché ti picchiavano?"

La Madre rise e incominciò a raccontare: "A quei tempi, Amma portava da mangiare ai poveri del vicinato, anche se doveva rubare il cibo da casa. Questo è il motivo per cui la picchiavano. Amma andava nelle case dei vicini a raccogliere bucce di tapioca e *kadi* (acqua di cottura del riso) per dar da mangiare alle mucche.

Nella maggior parte di quelle case la gente soffrivano la fame, e Amma provava compassione per loro. A casa sua, quando nessuno la vedeva, prendeva una pentola e ci metteva del riso bollito e, facendo finta di andare a prendere il kadi, portava il riso ai vicini che non avevano da mangiare. In alcune case, le nonne non avevano nemmeno il sapone o altri articoli di prima necessità, allora Amma portava loro il sapone preso da casa e lavava anche i loro vestiti."

Ottur: "Oh, queste persone devono aver avuto molti meriti, per poter prendere parte ai lila di Amma!"

Madre: "Amma faceva tutte queste cose, ma in seguito incominciò a provare un intenso distacco verso tutto. Non voleva che nessuno le venisse vicino e ostacolasse la sua meditazione. Provava avversione verso ogni cosa. Non sopportava nemmeno Madre Natura. Odiava il proprio corpo, si mordeva e si feriva. Si strappava persino i capelli. Soltanto in seguito si ricordava di aver fatto tutte queste cose al suo corpo."

Ottur: "I tuoi genitori si accorgevano di queste cose?"

Madre: "Quando il padre di Amma la vedeva piangere e urlare, si avvicinava e la prendeva in braccio. Non aveva la più pallida idea del perché Amma piangesse e facesse queste cose. Un giorno, Amma si mise a piangere e gli disse: 'Portami in un luogo isolato. Portami sull'Himalaya!' A quei tempi Amma era molto giovane. Suo padre se la prese in braccio per farla smettere di piangere e disse: 'Ti ci porterò subito. Adesso dormi, figlia mia!'"

All'improvviso la Madre scivolò in uno stato di profondo samadhi. Le sue mani erano immobili, chiuse in qualche mistico *mudra* (posizione delle mani). Rompevano il silenzio soltanto il dolce ritmo e l'armonia dei bhajan provenienti dal kalari.

*'Amba Mata Jaganmata...'*

*Madre Divina, Madre dell'Universo,*
*Coraggiosissima Madre,*

*Che doni Verità e Amore Divino!*
*Tu che sei l'universo stesso,*
*Tu che sei Coraggio,*
*Verità e Amore Divino…*

Mentre il bhajan raggiungeva il crescendo, i brahmachari s'immersero completamente nel canto, dimenticando tutto il resto. La Madre era sempre in samadhi. Lentamente, il bhajan giunse alla fine. Gli strumenti musicali si fecero silenziosi, mentre l'harmonium veniva accordato per il kirtan successivo. La Madre lentamente uscì dal Suo stato d'animo sublime e ritornò al Suo umore normale. La conversazione riprese.

Ottur: "Quanti anni avevi a quei tempi?"

Madre: "Sette o otto. Il padre di Amma la teneva in braccio e passeggiava avanti e indietro. Non aveva forse detto che l'avrebbe portata sull'Himalaya? Amma gli credeva ciecamente, proprio come ogni bambino, e si addormentò in braccio a lui. Quando si svegliò, ricominciò a piangere, vendendo che non l'aveva portata sull'Himalaya. A quei tempi, le cose non erano facili per mio padre. La notte, io meditavo, seduta in cortile, senza dormire. Allora anche mio padre rimaneva sveglio per tenermi d'occhio. Aveva paura a lasciare lì sua figlia da sola la notte.

"Amma era solita andare a raccogliere dei rami per dare da mangiare alla capra. C'era un grande albero che si sporgeva sull'acqua; Amma si arrampicava sull'albero e si sedeva lì. All'improvviso, sentiva di essere Krishna e, seduta sull'albero, incominciava a dondolare le gambe. Con naturalezza, incominciava ad imitare il suono del flauto. Dopo aver spezzato e gettato a terra i rami dall'albero, venivano a raccoglierli delle altre ragazzine, e Amma immaginava che fossero le gopi. Questi pensieri le venivano spontaneamente. Amma si chiedeva se non fosse impazzita.

"Poiché la sua famiglia non voleva che Lei si mescolasse con gli altri, Amma di solito andava a prendere l'acqua da sola. Un giorno

Amma salì improvvisamente sul baniano e si sdraiò su un ramo, come il Signore Vishnu sdraiato su Ananta[19]. Era un ramo molto sottile, ma non si ruppe. Quell'albero oggi è ancora lì sulla spiaggia."

Ottur: "Ti arrampicavi e ti sdraiavi su un ramo sottile?"

Madre: "Sì, proprio come il Signore che riposa su Ananta. Le persone che osservavano dicevano, ad esempio, che c'erano diversi colori sul corpo di Amma. Amma non lo sa. Probabilmente ciò era dovuto alla loro fede. Amma adesso non riesce più nemmeno pensare a quel mondo."

Ottur: "Vorrei sentire la storia di quando Amma ha trasformato l'acqua in *panchamritam*[20]."

Madre: "Amma l'ha fatto fare a coloro che non avevano fede in Lei. Amma non ha toccato niente.

"A quei tempi c'erano tante persone che non credevano in Amma. Era il periodo in cui il bhava darshan era appena incominciato. Amma chiese ad alcune persone che la osteggiavano di portare dell'acqua. Essi portarono una brocca d'acqua e Amma chiese loro di immaginare che l'acqua si trasformasse. Proprio in quel momento, mentre avevano la brocca tra le mani, l'acqua si trasformò in panchamritam."

Nel kalari i bhajan erano terminati. I mantra che invocano la pace risuonavano dappertutto.

*Om purnamadah purnamidam*
*purnat purnamudachyate*
*purnasya purnam adāya*
*purnam evavashishyate*
*Om shanti, shanti, shantihi*
*Om Shri gurubhyo Namah!*
*Harihi Om!*

---

[19] Un enorme serpente che simboleggia il tempo
[20] Un budino dolce come il nettare

*Quello è il Tutto, questo è il Tutto,*
*Dal Tutto, deriva il Tutto;*
*Togliendo il Tutto dal Tutto,*
*Rimane il Tutto.*
*Pace, Pace, Pace!*
*Rendiamo lode ai guru!*
*Hari Om!*

Per qualche istante, ovunque fu silenzio. Poi la campana dell'arati incominciò a suonare. Narayanan aiutò Ottur ad alzarsi, e insieme si diressero verso il kalari per assistere all'arati. Il brahmachari ritornò nella sua stanza con un sentimento di riverenza e gratitudine per essere stato testimone di quella scena, in cui la devozione piena d'amore di Ottur e il profondo affetto materno di Amma per il devoto si erano combinati in modo così incantevole.

ॐ

www.ingramcontent.com/pod-product-compliance
Lightning Source LLC
LaVergne TN
LVHW051548080426
835510LV00020B/2909